KB219455

매일 아침 하나님을 경험하는 삶 365

Experiencing God, Day by Day
by Henry T. Blackaby and Richard Blackaby

Copyright © 2006 by Henry T. Blackaby and Richard Blackaby

Korean Traslation Copyright © 2009 by Duranno Press
95 Seobinggo−Dong, Yongsan−Gu, Seoul, Korea

매일 아침
하나님을 경험하는 삶 365

지은이 | 헨리 블랙커비·리처드 블랙커비
옮긴이 | 유정희
초판 발행 | 2009. 11. 11
22쇄 발행 | 2023. 12. 4
등록번호 | 제1988-000080호
등록된 곳 | 서울시 용산구 서빙고로65길 38
발행처 | 사단법인 두란노서원
영업부 | 2078-3333 FAX | 080-749-3705
출판부 | 2078-3332

▮ 책값은 뒤표지에 있습니다.
ISBN 978-89-531-1234-6 03230

▮ 독자의 의견을 기다립니다.
tpress@duranno.com http://www. Duranno.com

두란노서원은 바울 사도가 3차 전도 여행 때 에베소를 중심으로 성령 받은 제자들을 따로 세워 하나님의 말씀으로 양육하던 장소입니다. 사도행전 19장 8-20절의 정신에 따라 첫째 목회자를 돕는 사역과 평신도를 훈련시키는 사역, 둘째 세계선교TIM와 문서선교교본,잡지사역, 셋째 예수문화 및 경배와 찬양 사역, 그리고 가정·상담 사역 등을 감당하고 있습니다. 1980년 12월 22일에 창립된 두란노서원은 주님 오실 때까지 이 사역들을 계속할 것입니다.

매일 아침 하나님을 경험하는 삶 365

헨리 블랙커비 · 리처드 블랙커비 지음 | 유정희 옮김

두란노

아침에 나로 하여금 주의 인자한 말씀을 듣게 하소서
내가 주를 의뢰함이니이다
내가 다닐 길을 알게 하소서
내가 내 영혼을 주께 드림이니이다

시편 143:8

이 책에 담긴 묵상에는 매일 성경말씀 안에서 하나님을 찾았던 우리 평생의 삶이 반영되어 있다. 또한 지난 몇 년 동안 하나님이 은혜로 우리에게 나눠 주신 통찰들도 담겨 있다. 그 생각들을 당신과 함께 나누게 되어 참으로 기쁜 마음이다.

성경을 읽음으로써 삶이 변화되는 경험과 바꿀 수 있는 것은 아무것도 없다. 당신의 삶에서 하나님의 말씀을 대신하기를 바라는 마음으로 이 책을 쓰지 않았다. 오히려 하나님의 말씀을 더 깊이 생각하고 묵상하기를 바라는 마음으로 365일에 맞춰 말씀을 소개한 것이다.

이 묵상의 글을 읽는 동안 성령께서 친히 당신의 스승이 되어 마음에 깊은 감동을 주시리라 믿는다. 보통은 매일 한 구절씩 묵상하는 것을 원칙으로 했다. 그러다 보면 자연스레 성경을 가까이 두고 전후 문맥을 읽으며 하나님이 더 큰 본문 속에서 주시는 계시를 읽고 싶어질 것이다.

「매일 아침 하나님을 경험하는 삶 365」를 읽으면서, 하나님이 성경말씀에 대해 당신에게 주시는 생각과 감동들을 기록해 보라. 하나님이 당신에게 말씀하신 날짜, 또는 특정한 기도에 응답해 주신 날짜를 기록해 두라. 이 책을 지침서로 삼아 하나님과 동행하라. 이 책이 여러 해 동안 하나님과 동행하는 데 필요한 영적 일기가 되고, 당신에게 힘과 격려가 되어 주기를 기도한다. 그리고 부모의 영적 여정이 담긴 그 책을 자녀들에게 물려주기 바란다.

우리가 주님과 동행하면서 경험한 이 진리들이 우리 삶을 풍요롭게 해 주었던 것처럼, 이 경건의 안내서가 당신에게도 축복이 되기를 바란다.

_ 헨리 블랙커비·리처드 블랙커비

001
다시 시작하자

**그들이 조반 먹은 후에 예수께서 시몬 베드로에게 이르시되
요한의 아들 시몬아 네가 이 사람들보다 나를 더 사랑하느냐 요 21:15**

우리가 예수님을 실망시켰을 때, 예수님은 놀라운 방법으로 우리를 회복시켜 주신다. 그분은 우리에게 창피를 주지 않으신다. 우리를 비난하지도, 더 열심히 노력하기로 결심하라고 다그치지도 않으신다. 오히려 우리를 따로 부르신 후, 그분에 대한 사랑을 다시 고백하게 하신다.

베드로는 겟세마네 동산에서 다른 제자들과 함께 도망쳤을 때 주님을 실망시켜 드렸다. 그 후에는 예수님을 모른다고 부인하기까지 했다. 베드로는 가장 중요한 순간에 예수님께 충실하지 못한 자신이 과연 예수님의 제자가 될 자격이 있을까 하는 의구심이 들었을 것이다. 그런 베드로에게 예수님은 다음과 같이 물으신다. "네가 나를 사랑하느냐?" 만일 당신이 베드로처럼 '네, 주님' 하고 대답한다면, 주님께서 당신을 향한 그분의 뜻을 다시 확고히 말씀하실 것이다.

예수님은 당신의 사랑을 요구하신다. 당신이 진정으로 주님을 사랑한다면, 그분이 원하시는 대로 그분을 섬길 것이다.

Experiencing GOD

002
성결의 기준은 하나님

그때에 내가 말하되 화로다 나여 망하게 되었도다 ……
만군의 여호와이신 왕을 뵈었음이로다 사 6:5

하나님을 크게 보면, 죄를 분명히 보고 자신을 현실적으로 본다. 반면에 하나님을 작게 보면, 죄에 대한 관심이 줄어들고 자신을 부풀려서 본다.

이사야는 말할 수 없는 영광 속에서 하나님을 뵙기 전까지 자신의 개인적인 성결함에 만족했을 것이다. 그러나 거룩하신 하나님을 뵙자마자, 자신의 성결치 못함과 주변 사람들의 죄악을 예리하게 깨달았다. 하나님을 예배하는 사람은 변화되지 않을 수가 없다. 우리가 진실로 예배를 드렸다는 가장 좋은 증거는 바로 변화된 마음이다.

성결치 못한 삶에 만족할 만큼 죄악된 세상에 익숙해져 버렸는가? 하나님의 뜻대로 사는 사람을 '뛰어난 영성을 가진' 사람으로 간주할 만큼 하나님의 기준에 훨씬 못 미치는 삶을 살고 있는가? 하나님은 그분이 거룩하신 것처럼 당신도 거룩하길 원하신다. 하나님이 당신을 다루시면, 세상이 보여 줄 수 있는 것과 완전히 다른, 철저한 순결함이 당신 삶에 나타날 것이다.

003
부르신 곳에 서 있기

다니엘은 뜻을 정하여 왕의 음식과 그가 마시는 포도주로
자기를 더럽히지 아니하리라 하고 단 1:8

당신이 사는 시간과 장소를 당신을 향한 하나님의 부르
심과 연관지어 본 적이 있는가? 당신을 부르시고 성령으로
무장시켜 주신 하나님이 당신을 통해 능력 있게 일하실 수
있다고 믿는가? 하나님은 뜻이 있으시기에 당신을 지금 그
자리에 두셨다.

다니엘은 온갖 유혹들이 자신과 하나님의 관계를 훼방
하도록 내버려 두지 않았다. 세상에서 가장 권세 있는 왕
이 뭐라고 명령하든 간에, 오직 순종하는 마음으로 하나님
의 뜻이라고 확신하는 것을 절대로 타협하지 않았다. 하나
님은 결정적인 시기에 에스더를 전략적으로 왕의 궁정에
두심으로써 하나님 백성의 목숨을 구하게 하셨다(에 4:14 참
조). 또한 요셉을 애굽 바로 왕의 가장 힘 있는 조언자가 되
게 하심으로써 야곱과 그의 가족을 극심한 가뭄에서 구원
하셨다(창 41:39-40 참조).

하나님이 당신을 사용하여 당신 세대에 변화를 일으키시
길 원하는가? 당신을 향한 하나님의 목적과 당신의 삶에
대한 그분의 뜻을 보여 달라고 간구하라.

Experiencing GOD

004
거룩한 기대

무릇 마음이 가난하고 심령에 통회하며 내 말을 듣고 떠는 자
그 사람은 내가 돌보려니와 사 66:2

요한은 하나님의 음성을 듣고 온몸의 힘이 다 빠졌다(계 1:17 참조). 바울은 다메섹으로 가는 길에서 그리스도를 만났을 때 땅에 쓰러졌다(행 9:4 참조). 모세는 하나님이 말씀하실 때 무서워 떨었다(행 7:32 참조). 베드로는 예수님이 누구신지 깨달았을 때 "예수의 무릎 아래 엎드려 이르되 주여 나를 떠나소서 나는 죄인이로소이다"(눅 5:8)라고 고백했다.

성경은 "여호와를 경외하는 것이 지혜의 근본"(잠 9:10)이라고 말한다. 당신이 하나님을 공경하고 두려워함으로써 보고 들을 것들이 있는데, 그것은 다른 방법으로는 경험할수가 없다. 성경을 공부할 때, 말씀으로 우주를 창조하신 하나님이 지금 당신에게 말씀하신다는 그 두려운 사실을 생각해 보자.

예수님이 말씀으로 죽은 자를 살리시고, 폭풍우를 잠잠케 하시고, 귀신들을 쫓아내시고, 불치병자들을 낫게 해주셨다면, 지금 그분의 말씀이 당신 삶에는 어떤 결과를 가져오겠는가? 그 가능성을 생각하며 당신은 하나님을 경외하는 마음으로 무서워 떨어야 한다. 하나님의 말씀을 펼칠 때는 반드시 거룩한 기대감을 가지고 보라.

005
예배는 관계다

그들이 우리를 애굽 땅에서 인도하여 내시고 광야[를]……
우리가 통과하게 하시던 여호와께서 어디 계시냐 하고
말하지 아니하였도다 렘 2:6

하나님은 우리가 영광중에 계신 하나님을 보고 적절하게 반응하도록 하기 위해 예배를 계획하셨다. 그러나 오늘날 많은 이들에게 예배는 '종교'로, 습관적으로 참석해야 하는 또 하나의 모임으로 전락해 버렸다.

하나님이 희생제사 제도를 세우신 것은, 그의 백성인 우리가 하나님께 사랑을 표현할 수 있게 하기 위함이었다. 그러나 우리는 종종 주님께 바치는 선물을 그분의 환심을 사고 양심의 가책을 씻기 위한 헛된 시도로 만들어 그 가치를 떨어뜨린다. 하나님이 우리에게 기도를 주신 것은 하나님과 대화할 수 있게 하시려는 것인데, 우리는 '말하는 기도'만 하고 아버지의 생각이 어떤지는 듣지도 않는다. 또 하나님이 사랑하는 자들을 보호하시기 위해 정하신 율법은 그저 율법주의로 가는 길이 되곤 한다.

기도하고, 예배에 참석하고, 헌금을 하면서도 하나님의 임재를 경험하지 못하는 것이 가능할까? 슬프게도 많은 그리스도인들이 그런 경험을 했다. 예수 그리스도와의 생생한 관계가 결핍된 종교 생활에 만족하지 말라.

006
순종하는 흙

**이스라엘 족속아 이 토기장이가 하는 것같이 내가 능히
너희에게 행하지 못하겠느냐 이스라엘 족속아 진흙이
토기장이의 손에 있음같이 너희가 내 손에 있느니라 렘 18:6**

하나님은 당신의 가족과 친구, 공동체와 세상을 구원할
방법을 아신다. 그리고 자신을 주의 거룩한 일에 필요한
도구로 만들어 달라고 구하는 자들을 찾으신다.

우리는 때때로 흥분해서 하나님께 이렇게 말한다. "저의
장점과 재능을 발견했으니, 이제는 어떻게 하나님을 가장
잘 섬길 수 있는지 알았습니다." "저의 약점이 무엇인지 알
았으니, 이제는 제가 하나님을 위해 할 수 없는 일들이 어
떤 건지 알겠습니다."

하나님의 일은 우리의 능력에 의해 제한받지 않는다(고
후 12:9-10 참조). 하나님은 우리를 필요한 어떤 도구로도 만
드실 수 있다. 하나님의 일이 겸손을 요구할 때는, 기꺼이
자신을 낮추는 종을 찾으신다. 하나님의 일에 열정이 필요
할 때는, 성령 충만함을 받을 수 있는 사람을 찾으신다. 하
나님은 거룩한 그릇을 사용하시므로, 하나님께 자신의 더
러운 것들을 없애 달라고 간구하는 자들을 찾으신다.

흙은 자신의 계획이 없다. 흙으로써 주인의 뜻에 온전히
순종한다. 하나님이 원하시는 모습으로 당신을 만들어 가
시게 온전히 순종하라.

007
묵시를 따르는 삶

**묵시가 없으면 백성이 방자히 행하거니와
율법을 지키는 자는 복이 있느니라** 잠 29:18

하나님의 백성은 하나님의 묵시(revelation)에 따라 자신의 삶을 조정한다. 하나님은 무엇이 우리의 장래에, 우리 가정에, 우리 교회에, 또는 우리 나라에 최선인지 우리의 의견을 묻지 않으신다. 이미 다 알고 계시기 때문이다. 하나님은 백성의 주의를 집중시키고 하나님의 마음과 뜻을 우리에게 보여 주기를 원하신다. 이는 하나님의 길은 우리의 길과 다르기 때문이다(사 55:8-9 참조).

하나님의 묵시에 따르지 않는 이들은 자신들이 보기에 옳은 대로 행한다. 스스로 목표를 정하고, 계획을 세우고, 하나님께 축복해 달라고 기도한다. 많은 그리스도인들이 하나님의 뜻에서 완전히 벗어난 삶을 살면서 뻔뻔스럽게 하나님께 자신의 노력을 축복해 달라고 기도하기도 한다.

하나님의 뜻을 알 수 있는 유일한 방법은 하나님께 계시를 받는 것이다. 아버지의 말씀을 들으면, 곧바로 해야 할 일이 떠오를 것이다. 바로 순종이다!

008
나보다 더 크신 하나님

우리 가운데서 역사하시는 능력대로 우리가 구하거나 생각하는
모든 것에 더 넘치도록 능히 하실 이에게 엡 3:20

우리는 마치 하나님과 하나님의 교회를 위해 애쓰는 모든 일들로 하나님을 감동시킬 수 있는 것처럼 생각한다. 그러나 당신이 아무리 거창한 목표를 세우고 아무리 의미 있는 일을 시도한다 해도, 하나님은 그보다 훨씬 더 위대한 일들을 당신의 삶에서, 그리고 당신의 삶을 통해 이루실 수 있다.

다소의 사울은 자신의 노력으로 하나님을 감동시키기 위해 누구보다 더 열심히 노력했으나, 자신의 가장 큰 업적도 그의 인생을 향한 하나님의 뜻에 비하면 배설물에 불과하다는 것을 알았다(빌 3:7-8 참조).

우리는 자신의 계획에 너무나 쉽게 매혹된다. 숭고한 일이나 어려운 일을 시도하면 틀림없이 최고의 인생을 경험할 것이며, 하나님도 그런 우리를 기뻐하실 거라고 생각한다. 하지만 아버지 하나님은 우리가 상상도 할 수 없는 '큰 그림'을 보고 계신다. 자신의 계획과 꿈은 모두 내려놓고 하나님의 인도를 따르라. 그제야 비로소 오직 하나님의 강력한 임재로만 설명할 수 있는 일들이 우리 삶에 일어나는 것을 볼 것이다.

009
기도하면 알게 된다

새벽 아직도 밝기 전에 예수께서 일어나 나가
한적한 곳으로 가사 거기서 기도하시더니 막 1:35

주 예수님은 중요한 결정을 앞두고 항상 기도하셨다. 아버지의 방법이 아닌 세상의 방법으로 행하라는 유혹을 받을 때도 기도하셨다(마 4장 참조). 제자들을 선택하실 땐 밤새 기도하셨다(눅 6:12 참조). 하나님의 아들이신 예수님도 아버지의 뜻을 알기 위해 밤새 기도하셨는데, 하물며 우리가 아버지의 뜻을 알려면 얼마나 오랜 기도가 필요하겠는가?

예수님은 아버지의 음성을 분명히 듣기 위해선 조용한 장소를 찾아야 한다는 걸 아셨다. 예수님의 삶에 영향을 끼치려 하는 자들이 많이 있었다. 하지만 예수님은 자신의 사명이 군중의 마음을 끄는 것이 아니라 아버지께 순종하는 것임을 알고 계셨다.

예수님의 사역 계획을 세운 것은 바로 기도였다(눅 6:12 참조). 기적을 행하시기 전에 기도하셨다(요 11:42-43 참조). 기도는 예수님이 십자가를 향해 갈 수 있게 해 주었다(눅 22:41-42 참조). 또한 엄청난 고통을 견딜 수 있게 해 주었다(눅 23:46 참조). 구세주의 본을 따르라. 기도하며 하나님과 단둘이 보내는 시간이 당신의 인생 계획을 세우는 시간이 되게 하라.

Experiencing GOD

010
말씀대로 된다

내 입에서 나가는 말도 이와 같이 헛되이 내게로 되돌아오지 아니하고 나의 기뻐하는 뜻을 이루며 사 55:11

태초에 하나님이 말씀하시자, 무에서 우주가 창조되었다. 하나님은 세상을 창조하실 때 한 가지 패턴을 따르셨다. 그것은 하나님이 말씀하시니, 그렇게 되었고, 그것이 좋았다는 것이다(창 1:3-4 참조). 이 패턴은 성경 전체에 걸쳐 계속된다. 하나님은 제안하시지 않는다. 말씀하신 것이 반드시 이루어질 거라는 확신을 갖고 말씀하신다.

예수님이 말씀하실 때마다 그대로 이루어졌다. 나병환자들은 예수님의 말씀이 병을 낫게 해 준다는 걸 알았다(눅 5:13, 17:14 참조). 눈 먼 자들은 예수님의 말씀이 앞을 보게 해 준다는 걸 알았다(눅 18:42 참조). 예수님이 죽은 나사로를 다시 살리실 때 몇 번 시도하셨는가? 단 한 번만에 이루셨다(요 11:43 참조). 예수님이 말씀하신 일이 일어나지 않은 적은 한 번도 없었다.

예수님이 바리새인들을 책망하신 것은, 그들이 말씀하신 분을 경험하는 대신 그 말씀을 소유한 것에 만족했기 때문이다(요 5:39 참조). 하나님의 말씀이 당신의 삶에 얼마나 큰 영향을 미치는가! 성경을 읽고 기도할 때, 당신의 삶을 향한 하나님의 뜻에 귀를 기울이라.

011
의의 씨를 뿌리자

공의를 뿌린 자의 상은 확실하니라 잠 11:18

　의를 추구하는 일에 자신을 바치는 것보다 더 큰 투자는 없다. 구원을 통해 하나님의 거룩하심이 우리의 것이 되므로, 우리 삶의 모든 영역이 하나님의 거룩하심을 나타내야 한다. 우선, 우리의 생각이 그러해야 한다. 그래서 하나님의 자녀로서 합당치 않은 생각을 품지 말아야 한다. 나아가 행동이 변해 우리가 거룩하신 하나님을 섬긴다는 것을 삶으로 보여 주어야 한다.

　당신의 삶에 하나님의 의가 나타나고 있음을 확신하는가? 의는 성령이 당신의 삶에서 역사하셔서만 가능하다. 당신 마음속에서 죄악된 생각들이 자라게 하지는 않는가? 당신 속에서 정욕이 자라도록 놔두지는 않는가? 당신의 삶속에 증오, 원한, 질투, 또는 용서하지 않는 마음이 있지는 않은가?

　예수님은 먼저 하나님과 그의 의를 구하면 다른 모든 것이 따라올 거라고 말씀하셨다 (마 6:33 참조). 의를 뿌리면 큰 상을 받는다. 당신의 삶에 거룩함을 심기 위해 지금 무엇을 하고 있는가?(벧전 1:15 참조) 내일 당신의 삶에서 의를 거두고 싶다면, 오늘 의의 씨앗을 뿌리라.

Experiencing GOD

012
하나 됨의 비밀

아버지여 아버지께서 내 안에 내가 아버지 안에 있는 것같이
그들도 다 하나가 되어 우리 안에 있게 하사 세상으로
아버지께서 나를 보내신 것을 믿게 하옵소서 요 17:21

하나님은 남편과 아내를 함께 살게 하신 이유가 "경건한 자손"(말 2:15) 즉 하나님을 사랑하고 그에게 순종하는 자녀, 잃어버린 세상을 구원하는 하나님의 사역에 쓰임 받을 수 있는 자녀를 낳기 위함이라고 말씀하신다(말 2:14-15 참조). 마찬가지로 교회는 그리스도의 몸이다. 교인들끼리 서로 싸우면 교회는 세상에서 아버지와 함께 사명을 수행할 수가 없다(고전 12:12 참조).

예수님은 십자가에 못 박히시기 전에 그를 따르는 자들이 사랑 안에서 서로 하나 되게 해 달라고 기도하셨다. 하나님을 사랑하면서 다른 사람을 사랑하지 않는 것이 영적으로 불가능하다는 것을 아셨던 것이다.

하나님에 대한 당신의 사랑을 시험해 보고 싶다면 다른 사람들에 대한 사랑을 점검해 보면 된다. 하나님은 '내 아들이 목숨 바쳐 사랑한 이들을 네가 사랑하지 않으면서 나를 사랑할 수는 없다'고 말씀하신다(요 13:34-35 참조). 다른 그리스도인들과 연합하여 살 수 없다면, 당신의 삶을 통해 주변 사람들에게 예수님의 실체를 확신시켜 주지 못한다.

013
말씀을 진지하게 받으라

**하나님의 말씀은 살아 있고 활력이 있어 좌우에 날선 어떤 검보다도
예리하여 …… 마음의 생각과 뜻을 판단하나니** 히 4:12

성경을 읽을 때, 읽은 말씀이 마음을 뜨끔하게 하는가?
설교를 들을 때, 그 내용이 바로 당신을 겨냥한 것 같은가?
하나님의 말씀이 당신에게 말할 때는 항상 목적이 있다.
하나님은 당신의 마음을 아시고, 그리스도를 따르기 위해
당신이 무엇을 해야 하는지 아신다. 만약 당신이 악한 말
을 했다면, 혀에 관한 말씀을 주실 것이다. 용서하기 위해
애쓴다면, 용서에 대한 하나님의 기준을 보여 줄 것이다.
교만한 자에게는 겸손에 대해 가르치실 것이다.

죄를 깨달았다면 시편 기자처럼 "하나님이여 나를 살피
사 내 마음을 아시며"(시 139:23)라고 기도하라. 정기적으로
하나님의 말씀으로 자신을 정결케 하고 죄나 불순한 것이
있는지 살펴보라(엡 5:26 참조). 항상 하나님의 말씀을 통해
당신의 삶과 하나님이 당신에게 하시는 말씀을 연관짓도
록 하라. 하나님의 말씀이 당신의 마음과 생각을 판단한다
는 것을 기억하고, 모든 말씀을 진지하게 받아들이는 습관
을 가지라.

014
유익한 고난

주께서 그 사랑하시는 자를 징계하시고
그가 받아들이시는 아들마다 채찍질하심이라 히 12:6

그리스도인들은 자신에게 일어나는 나쁜 일들은 뭐든지 '영적 전쟁'의 결과로 보는 경향이 있다. 어려운 일이 생기면, 많은 사람들이 그 즉시 하나님께 자신의 괴로움을 거두어 달라고 기도한다. 문제는 그들의 곤경이 사탄이나 영적 전쟁과 아무 관련이 없을 수도 있다는 것이다. 흔히 사탄의 공격으로 오해하는 것이 사실은 사랑하는 아버지의 징계일지도 모른다.

하나님은 당신의 주의를 집중시키고 당신의 삶에 반드시 필요한 변화를 일으키시기 위해 당신을 징계하신다. 그런데 당신의 문제들을 사탄의 행위나 영적 전쟁으로 결론지어 버리면, 하나님의 징계는 당신에게 아무 도움도 되지 않을 것이다. 그렇다고 모든 고난이 하나님의 징계는 아니다. 다만 성경에 보면 하나님이 당신을 징계하실 거라고 분명히 기록되어 있다. 이것은 바로 당신의 죄 때문에 만날 수 있는 위험에 대해 하나님이 경고하시는 것이다.

하나님의 속성은 완전한 사랑이시다. 하나님이 당신을 바로잡으시는 것은, 당신의 유익을 바라시기 때문이다.

015
삶을 드리는 그리스도인

주의 권능의 날에 주의 백성이
거룩한 옷을 입고 즐거이 헌신하니 시 110:3

하나님이 그분의 백성에게 권능으로 임하시는 부흥의 때에 나타나는 특징은, 하나님의 백성이 하나님을 섬기기 위해 자신의 삶을 드린다는 것이다. 우리가 죄에서 구원받은 것은 단지 천국에 들어갈 자격을 얻기 위해서가 아니었다. 하나님은 우리가 그분과 관계를 맺고, 그 관계를 통해 잃어버린 세상을 구원하고자 하신다.

이 세대에는 하나님의 구원 사역을 이루는 데 헌신하려는 사람들이 부족하다. 선교지로 가서 복음을 한 번도 들어 보지 못한 사람들에게 복음을 전할 그리스도인들이 필요하다. 우리에게 필요한 것은 하나님의 능력이 부어지는 것이다. 오직 하나님의 능력만이 우리를 타고난 자기 중심적 성향에서 벗어나 하나님의 사역에 헌신하게 할 수 있다. 우리에게 필요한 것은 하나님께 응답하는 마음이다. 그런 마음이 있을 때, 하나님이 우리를 통해 그분의 능력을 나타내신다. 지금 당신의 마음은 하나님을 향한 사랑으로 충만하여, 이사야처럼 "내가 여기 있나이다 나를 보내소서"(사 6:8)라고 말할 기회를 기다리는가?

016
조급해하지 말라

내가 너로 큰 민족을 이루고 네게 복을 주어 네 이름을
창대하게 하리니 너는 복이 될지라 창 12:2

하나님은 아브람을 통해 세상 모든 나라들에 복을 주기 원하셨으나, 아브람의 인품은 그런 큰일을 감당하기엔 너무 연약했다. 하나님은 그런 아브람의 이름을 창대하게 하셔서, 그가 앞으로 올 세대들에게 복이 되게 하겠다고 말씀하셨다. 그 후 하나님은 그가 주신 이름에 걸맞게 아브라함의 인격을 키워 주셨다.

하나님은 영원한 관점에서 당신의 인생을 바라보신다. 얼마가 걸리든 간에, 하나님은 당신에게 맡기신 임무에 걸맞도록 당신의 인격을 키워 주실 것이다. 너무 성급하게 일을 시작하지 말라. 하나님이 아브라함에게 첫 아들을 맡기시고 이스라엘 나라를 세우기 시작하시기까지 25년이 걸렸다. 그러나 하나님은 약속을 지키셨고, 수천 년이 지난 후에도 사람들은 계속해서 아브라함의 인생 이야기와 그의 후손, 예수님을 통해 복을 받고 있다.

하나님이 어떻게 당신의 인격을 다듬고 계시는가? 현재의 당신보다 훨씬 더 훌륭한 사람이 할 만한 일을 예비하신 것을 느끼는가? 하나님이 다음 임무를 위해 당신을 준비시키려고 당신 삶에 역사하실 때 기꺼이 순종하는가?

017
화목은 명령이다

예물을 제단 앞에 두고 먼저 가서 형제와 화목하고
그 후에 와서 예물을 드리라 마 5:24

형제에게 나쁜 감정을 품고 하나님께 예물을 드려 봐야
아무 소용없다. 예수님은 우리의 화해에 예외 조항을 두지
않으셨다. 그 사람이 원수라도 예수님은 사랑하라고 하셨
다(마 5:44 참조). 그가 당신을 핍박하더라도 그를 위해 기도
해야 한다. 그 사람이 당신에게 공개적으로 망신을 주더라
도 앙갚음을 하면 안 된다(마 5:39 참조). 어떤 사람이 당신을
이용하면, 그가 요구하는 것보다 더 많이 주어야 한다(마
5:41 참조).

세상은 '자기 권리를 주장하라'고 말한다. 그러나 예수님
은 '네 자신을 부인하라'고 가르치셨다. 예수님의 관심사는
그의 제자들이 공평한 대우를 받는 것이 아니라, 그들이
어떤 대우를 받든 간에 다른 사람들을 무조건 사랑하는 것이
이다. 예수님이 십자가 위에서 우리에게 본을 보이셨다(눅
23:34 참조). '나는 상황을 바로잡으려고 노력했는데 원수가
거절했어'라는 생각으로 스스로 위안을 삼지 말라. 하나님
은 '화목하려고 노력하라'고 하시지 않고 '화목하라'고 말씀
하셨다. 화해해야 할 사람이 있다면 당장 하나님이 명하시
는 대로 하라.

018
거듭남의 능력

**그런즉 누구든지 그리스도 안에 있으면 새로운 피조물이라
이전 것은 지나갔으니 보라 새 것이 되었도다** 고후 5:17

　예수님을 마음에 초청함으로써 그리스도인이 되는 것이 아니다. 그리스도인이 되려면 거듭나야 한다. 예수님은 "사람이 거듭나지 아니하면 하나님의 나라를 볼 수 없느니라"(요 3:3)고 하셨다. 사도 바울은 "그리스도 안에" 있으면 이전 것은 지나갔다고 말했다. 당신이 구원받는 순간, 이전에 범한 모든 죄들은 사함을 받는다. 지금까지 겪은 모든 상처를 치유받을 수 있다. 지금까지 경험했던 모든 실패에도 불구하고, 당신은 사랑과 용납을 받는다.

　어떤 사람은 당신의 영적 거듭남이라는 엄청난 사실을 축소시키려 할 것이다. 그래서 이런 식으로 말한다. "당신은 지금 그리스도인이 되었지만, 앞으로 몇 년 동안은 과거의 상처를 극복하기 위해 상담을 받아야 할 겁니다."

　문제는 새 생명을 주신 분께 믿음으로 우리 삶을 맡기기보다는 자신의 의지로 변화를 일으키려 한다는 것이다. 성경은 예수 그리스도의 보혈과 하나님의 아들의 죽음이 당신을 죄로부터 완전히 자유케 할 수 있다고 말한다. 반면에 사탄은 그렇지 않다고 당신을 설득하려 할 것이다. 누구를 믿겠는가?

019
내 안에 그리스도가 사신다

하나님이 그들로 하여금 이 비밀의 영광이 이방인 가운데 얼마나 풍성한지를 알게 하려 하심이라 이 비밀은 너희 안에 계신 그리스도시니 곧 영광의 소망이니라 골 1:27

당신이 그리스도인이라면, 하나님의 모든 충만함이 당신 안에 있다. 그리스도의 생명이 당신의 생명이 된다. 그리스도가 당신 안에 사실 때, 그분은 모든 거룩한 자원을 가지고 오신다. 때때마다 당신 안에 거하시는 만유의 주님의 임재가 당신의 필요를 채워 준다.

제자도는 예수 그리스도가 당신의 삶에 완전히 들어오시게 하여, 그가 당신을 통해 그의 삶을 사시게 하는 법을 배우는 것이다. 당신이 위기에 처했을 때 부활하신 주님이 대응하시는 것을 다른 사람들이 보는가? 당신에게 어떤 필요가 있을 때 그리스도가 변화를 일으키시는 것을 당신의 가족들이 보는가? 예수 그리스도의 임재가 당신의 삶에 어떤 변화를 일으키는가?

하나님은 당신을 통해 큰 능력을 나타내심으로써 주변 사람들에게 하나님 자신을 보여 주기 원하신다. 당신의 삶을 통해 하나님의 사랑을 나타내기 원하신다. '그리스도인의 삶을 사는 것'과 그리스도가 당신을 통해 그의 삶을 사시게 하는 것은 엄청난 차이가 있다.

Experiencing GOD

020
왕 같은 제사장

너희는 택하신 족속이요 왕 같은 제사장들이요 거룩한 나라요
그의 소유가 된 백성이니 이는 …… 그의 기이한 빛에 들어가게 하신
이의 아름다운 덕을 선포하게 하려 하심이라 벧전 2:9

당신이 그리스도인이라면 하나님께 택함을 받은 제사장
이다. 왕 같은 제사장의 한 사람으로서 항상 왕께 나아갈
수 있다. 우리는 삶에 필요한 것이 있으면, 중재자를 찾거
나 다른 제사장의 도움을 받지 않아도 왕께 직접 말씀 드
릴 기회를 얻을 수 있다. 이 특권이 제사장으로서 당신의
지위를 잘 말해 준다.

제사장에게는 맡겨진 직무가 있다. 백성에게 하나님의
뜻을 전하기도 하고, 백성의 문제를 하나님께 가져간다.
우리가 주의해야 할 것은 우리의 직업을 하나님께 받은 소
명보다 우선시하는 것이다. 우리는 제일 먼저 제사장으로
부름 받았고, 그 다음에 세상 직업으로 부름을 받았다. 이
순서가 바뀌면, 주변 모든 사람들이 우리를 통해 아버지께
나아갈 수 없게 된다. 하나님이 당신에게 주신 세상 직업
이 소명일 수도 있지만, 더 중요한 것은 하나님이 당신을
왕 같은 제사장으로 임명하셨다는 사실이다.

021
거룩이 우선이다

그들을 진리로 거룩하게 하옵소서 아버지의 말씀은 진리니이다
아버지께서 나를 세상에 보내신 것같이
나도 그들을 세상에 보내었고 요 17:17–18

하나님은 당신을 보내시기 전에 항상 당신을 거룩하게 하실 것이다. 아버지 하나님은 열두 제자들을 따로 구별하셔서 진리, 곧 하나님의 아들로 그들을 거룩하게 만드셨다. 제자들은 진리이신 예수님과 관계를 맺었을 때(요 14:6 참조) 그 진리로 정제되었고, 복음 전하는 자로 파송될 준비를 갖추었다.

당신이 죄를 짓는 즉시, 속이는 자는 이렇게 속삭일 것이다. "너는 실패자다! 너는 이제 하나님께 아무 쓸모가 없다." 이런 속삭임에 솔깃해하다가는 그리스도인으로서 깊은 패배감과 절망에 빠질 수 있다. 그러나 하나님의 은혜로 자유를 얻은 영혼은 그 어떤 것에서도 자유할 수 있다.

진리가 당신을 자유케 할 것이다. 그 진리는 바로 이것이다. "만일 우리가 우리 죄를 자백하면 그는 미쁘시고 의로우사 우리 죄를 사하시며 우리를 모든 불의에서 깨끗하게 하실 것이요"(요일 1:9).

우리는 다시 하나님께 쓰임 받을 것이다.

022
사랑으로 충만한 삶

**내가 아버지의 이름을 그들에게 알게 하였고 또 알게 하리니
이는 나를 사랑하신 사랑이 그들 안에 있고
나도 그들 안에 있게 하려 함이니이다** 요 17:26

하나님의 사랑에 감화되지 않고는 하나님께 가까이 갈 수 없다. 예수님이 이 땅에서 사람들과 함께 지내실 때, 하나님 아버지의 사랑이 아들 안에 충만했다. 예수님은 보통의 사랑으로는 십자가를 질 수 없다는 것을 알고 계셨다. 오직 아버지의 사랑만이 그가 아버지의 구원 목적을 위해 생명을 바칠 만큼 강력했다.

예수님은 하나님께 이와 똑같은 사랑을 제자들 안에 주시도록 기도했다. 다른 동기로는 하나님이 그들에게 주신 사명을 감당하게 할 수 없다는 것을 아셨기 때문이다. 그래서 하나님은 그분의 아들을 그들 안에 두시기로 결정하셨다.

당신이 먼저 하나님의 무한한 사랑으로 충만하지 않으면, 하나님이 만나게 하시는 모든 사람을 도울 수가 없다. 다른 사람들을 용서할 수도, 친절을 베풀 수도, 다른 사람을 위해 희생할 수도 없다. 아버지 하나님과 그의 측량할 수 없는 사랑을 알려고 애쓰라. 그 다음에 하나님의 아들이 당신을 통해 다른 사람들을 사랑하시게 하라!

진리는 자유를 준다

진리를 알지니 진리가 너희를 자유롭게 하리라 요 8:32

하나님의 진리는 당신을 제한하지 않는다. 그것은 언제나 당신을 자유롭게 해 준다. 당신 앞에 놓인 도전들을 감당할 능력이 없다고 느껴질 때, 빌립보서 4장 13절의 약속에서 용기를 얻으라. "내게 능력 주시는 자 안에서 내가 모든 것을 할 수 있느니라."

주변 상황 때문에 좌절하고 있다면, 하나님이 가장 힘든 상황도 선으로 바꾸실 수 있다고 말하는 로마서 8장 28절의 진리를 붙잡으라. 어떤 죄의 노예가 되어 있다면, 죄를 자백하면 미쁘신 하나님이 당신을 모든 불의에서 깨끗하게 하신다는 약속의 말씀을 삶에 적용하라(요일 1:9 참조).

진리에 대해서 아는 것과 당신의 삶에서 역사하는 하나님의 진리를 경험하는 것은 전혀 다르다. 당신이 믿고 받아들이지 않으면, 하나님의 진리는 당신에게 아무 영향도 끼치지 못할 것이다. 하나님에 대한 어떤 진리를 삶에서 경험하고 싶은가? 오늘 그 진리를 당신의 삶에 이루어 주시도록 기도하라.

024
함께함의 축복

이르되 랍비여 어디 계시오니이까 하니 예수께서 이르시되 와서 보라
그러므로 그들이 가서 계신 데를 보고 그날 함께 거하니 요 1:38-39

그리스도인의 삶에 관한 문제를 토론하고 논쟁하면서 많은 시간을 보낼 수 있지만, 실제로 발걸음을 떼어 그리스도를 따르지 않으면 이런 것은 아무 의미가 없다.

이스라엘은 여러 대에 걸쳐서 메시아의 오심을 깊이 생각하고 예언해 왔다. 안드레는 세례 요한의 말을 들었고, 장차 오실 메시아에 대해서도 들은 적이 있었다. 갑자기 그분을 대면하게 된 안드레에게는 묻고 싶은 질문들이 가득했다. 하지만 예수님은 안드레와 신학적인 대화를 시작하시지 않고, 돌아서서 걷기 시작하셨다.

기독교는 깨달아야 할 일련의 교훈들이 아니라, 따라야 할 인격이다. 안드레는 예수님과 함께 걸으면서, 예수님이 병자를 고쳐 주시고 하나님의 지혜를 가르치시고 하나님의 능력을 나타내시는 것을 보았다. 안드레는 하나님에 대해 배웠을 뿐만 아니라 실제로 하나님을 경험했다.

주님께 하고 싶은 수많은 질문들이 있을 것이다. 매일 예수님과 함께 행하면, 예수님이 당신의 질문들에 답해 주실 것이다. 또 당신이 질문한 것보다 훨씬 더 많은 사실들을 알게 될 것이다.

025
주께 더 가까이

또 이르시되 그러므로 전에 너희에게 말하기를
내 아버지께서 오게 하여 주지 아니하시면
누구든지 내게 올 수 없다 하였노라 하시니라 요 6:65

하나님께 나아가기보다는 하나님을 피해 숨는 것이 죄
악 된 인간의 성향이다(창 3:8, 시 14:2-3 참조). 그래서 예수님
은 아버지께서 어떤 사람을 가까이 이끄시는 것을 볼 때마
다 즉시 그 사람과 대화를 시작하셨다. 사람들에게 멸시받
는 세리 삭개오가 예수님을 보려고 안간힘을 쓰는 것을 아
시고, 즉시 군중을 떠나 이 사람과 함께 시간을 보내신 것
도 같은 이유에서다.

수많은 사람들이 예수님 주변에 모였을 때, 예수님의 말
씀이 너무 어려워서 많은 이들이 듣다가 떠나 버렸지만,
예수님은 낙심하지 않으셨다. 예수님은 아버지께서 제자
들의 삶에서 역사하시는 것을 보셨고, 바로 거기에 자신의
시간을 투자하신 것이다.

예수님과 단둘이 경건의 시간을 보내고 싶을 때는, 하나
님 아버지께서 당신을 그의 아들에게 가까이 이끄시는 것
이다. 성경을 읽고 기도할 때, 하나님께서 그의 인도하심
에 반응하는 당신을 인정해 주시고 그 자신에 대해 더 많
은 것을 가르쳐 주실 것이다.

Experiencing GOD

026
주의 뜻을 이루소서

**그는 육체에 계실 때에 자기를 죽음에서 능히 구원하실 이에게
심한 통곡과 눈물로 간구와 소원을 올렸고 그의 경건하심으로
말미암아 들으심을 얻었느니라** 히 5:7

하나님은 우리를 그의 아들의 형상으로 만들어 가려 하
신다(골 1:27-28 참조). 그리스도처럼 행하려면 우리의 기도
생활이 예수님의 기도 생활을 따라가야 한다. 많은 그리스
도인들이 하나님의 중재자로서 예수님이 치르신 대가를
지불하려 하지 않는다. 예수님의 기도는 통곡과 눈물의 기
도였고, "그의 경건하심으로 말미암아" 하나님이 그의 기
도를 들어주셨다.

그렇다면 하나님은 왜 헤아릴 수 없을 만큼 아들을 사랑
하시면서도 예수님의 요청을 거절하셨을까? 아들을 아끼
면 세상을 구원할 수 없다는 것을 아셨기 때문이다. 하나
님이 당신의 간구를 거절하셔도 기꺼이 받아들이겠는가?
눈물을 흘리면서도 '그러나 저의 뜻이 아니라 주님의 뜻을
이루어 주소서'라고 말할 수 있을 만큼 깊고 친밀한 기도를
드리겠는가?

최근 하나님이 당신의 요청을 거절하신 적이 있는가? 그
렇다면 하나님의 응답을 받아들여라. 고난을 통해 순종을
배웠는가?(히 5:8 참조) 그렇다면 하나님이 그의 아들에게 하
신 것처럼 당신을 통해 다른 사람들을 구원하실 것이다.

027
고난 가운데 성장하는 자

그가 아들이시면서도 받으신 고난으로 순종함을 배워서
온전하게 되셨은즉 자기에게 순종하는 모든 자에게
영원한 구원의 근원이 되시고 히 5:8-9

우리는 모두 어느 정도 고난을 겪는다. 그러나 좋은 소식이 있으니, 바로 그 고난을 통해 예수님을 닮을 수 있다는 것이다. 하나님이 오직 고난을 통해서만 당신의 삶에 이루실 수 있는 일들이 있다. 죄 없으신 하나님의 아들, 예수님도 아버지께서 그의 앞에 두신 고난을 견딘 후에야 온전해지셨다. 고난을 겪으신 후에 주님은 온전하고, 성숙하고, 완벽한 구세주가 되셨고, 그를 통해 온 세상이 구원을 얻었다.

당신이 당하는 고난에 대해 원망을 품으면, 당신 삶의 일부분을 하나님으로부터 차단하게 된다. 그러면 당신은 결코 온전해질 수가 없다. 하나님의 성령은 당신에게 중요한 것들을 가르쳐 주려 하시지만, 이 교훈들은 시련 속에서만 배울 수 있다.

하나님이 당신 삶에 허락하시는 고난을 원망하지 말라. 오직 고난을 피하기 위해 모든 결정을 내리고 당신이 가진 모든 것을 투자하지 말라. 하나님은 자신의 아들도 아끼지 않으셨는데 어떻게 우리를 아끼실 거라고 기대하겠는가? 고통스러울 때에도 순종을 배우라!

028
중보자를 찾으시는 하나님

이 땅을 위하여 성을 쌓으며 성 무너진 데를 막아 서서
나로 하여금 멸하지 못하게 할 사람을 내가 그 가운데에서
찾다가 찾지 못하였으므로 겔 22:30

중보자는 하나님의 마음과 같은 마음을 품은 자들이다. 왜 우리는 마땅히 해야 할 중재를 하지 않는가? 아마 하나님을 시험하기가 두려워서일 것이다. 우리는 하나님이 기도에 응답하지 않으실까 봐 걱정한다. 그러나 하나님은 구하면 주시겠다고 약속하신다(마 7:7 참조).

혹 매일매일 바쁘게 사는 것이 기도보다 더 효과적이라고 믿기 때문에 중보기도를 하지 않는가? 예수님은 그를 떠나서는 우리가 아무것도 할 수 없다고 경고하셨다(요 15:5 참조). 하나님과 그분의 뜻을 알지 못하면 우리의 모든 수고가 헛되다.

예수님은 예루살렘을 위해 중보하실 때 그 성을 바라보며 눈물을 흘리셨다(마 23:37 참조). 우리 안에 하나님의 사랑이 있다면, 하나님의 심판에 직면한 사람들을 위해 간구하지 않을 수 없다. 중보기도는 고독한 일이다. 여러 날, 또는 몇 년 동안 수고한 열매가 보이지 않을 수도 있다. 그러나 중보자는 가족과 하나님의 심판 사이에, 또는 어떤 개인이나 나라와 하나님의 진노 사이에 서 있는 유일한 사람이 될 수 있다.

029
준비하는 예배자

준비하게 하여 셋째 날을 기다리게 하라 이는 셋째 날에
나 여호와가 온 백성의 목전에서 시내 산에 강림할 것임이니 출 19:11

하나님은 두려운 분이시며 완벽하게 거룩한 분이시다.
준비되지 않은 상태에서 하나님 앞에 나아가는 것은 무례
한 일이다. 이스라엘 자손들이 하나님을 만나야 했을 때,
하나님은 먼저 꼬박 이틀 동안 준비하는 시간을 가지라고
명령하셨다. 이윽고 백성이 준비되었을 때, 하나님은 우레
와 번개, 불과 연기, 그리고 커다란 나팔소리와 함께 그들
에게 말씀하셨다(출 19:16-25 참조).

세상에서 살다 보면, 당신의 지성과 의지와 감정은 세상
의 영향을 받지 않을 수 없다. 그렇다 보니 하나님의 길에
서 벗어나는 건 시간 문제다. 세상은 당신의 영적 감각을
무디게 한다. 하나님이 안식일을 정하신 것은, 그의 백성
이 세상에서 6일을 보낸 후에 하루 동안 온전히 하나님과
하나님의 뜻에 초점을 맞추도록 하기 위함이었다.

예배 시간을 어떻게 준비하는가? 전날 밤 당신의 마음속
을 가득 채운 생각은 무엇인가? 진정한 예배를 드리려면
영적인 준비가 필요하다. 당신의 예배 경험은 영적인 준비
상태를 반영한다. 하나님과의 다음 만남을 위해 지금부터
마음의 준비를 하라.

Experiencing GOD

030
끝까지 순종하기

**아그립바 왕이여 그러므로 하늘에서 보이신 것을
내가 거스르지 아니하고** 행 26:19

하나님이 하시는 모든 일에는 이유가 있다. 바울에 대한 하나님의 계획은 환상을 통해 계시되었는데, 거기에는 왕들 앞에서 증거하는 것과 박해를 당하는 것이 둘 다 포함되어 있었다(행 9:15-16 참조). 바울은 기적을 행하고, 수많은 군중에게 설교하고, 교회를 세우는 짜릿한 기쁨을 경험할 것이다. 그러나 또한 돌로 맞고, 파선하고, 매맞고, 조롱당하고, 음모에 시달리고, 감옥에 갇히기도 할 것이다(고후 11:23-28 참조).

바울이 하나님께 받은 사명에 대해 불평했다는 말은 들어 보지 못했다. 베드로나 야고보나 요한과 같은 역할을 달라고 구하지도 않았다(갈 2:9-10 참조). 바울은 하나님 나라 안에서 자기에게 맡겨진 임무가 있다는 것만으로 충분히 만족했다. 그의 사역의 끝이 가까워 올 때, 바울은 감히 아그립바 왕에게 "하늘에서 보이신 것을 내가 거스르지 아니하였나이다"라고 말할 수 있었다.

우리의 신앙생활을 잘 시작하는 것도 기쁜 일이지만 신실하게 마치는 것도 큰 기쁨이다. 하나님이 바라시는 것은, 우리 각 사람이 삶을 끝마칠 때 '내가 끝까지 순종하였습니다'라고 고백하는 것이다.

031
비교의 유혹

**베드로가 돌이켜 예수께서 사랑하시는 그 제자가 따르는 것을
보니⋯⋯베드로가 그를 보고 예수께 여짜오되
주님 이 사람은 어떻게 되겠사옵나이까 요 21:20-21**

하나님이 당신에게 말씀하신 후에 당신이 제일 먼저 하
는 일이 중요하다. 예수님은 베드로가 어떤 사역을 하고
어떤 죽음을 당할지 말씀하셨다(요 21:18-19 참조). 그의 삶은
편안하지는 않지만, 주께서 정하시고 축복하시는 삶이 될
것이다. 그런데 베드로는 예수님의 말씀에 요한을 바라보
며 물었다. "주님, 이 사람은 어떻게 될까요?" 그는 방금
전에 자신에게 닥칠 죽음에 대한 암울한 소식을 들었다.
그런 상황에서 자신의 사명을 다른 사람들의 사명과 비교
하는 것은 지극히 당연한 일일 것이다.

이것이 하나님의 종들이 받는 가장 큰 유혹이다. 자신의
상황을 남들과 비교하지 말라. 내 친구에게 더 큰 집을 주
셨는가? 하나님이 내 친구의 병은 고쳐 주시고 내 가족은
고쳐 주지 않으셨는가? 나는 무명인데 내 친구는 사람들의
인정과 찬사를 받게 하셨는가?

종이 주인에게서 눈을 돌려 자신의 동료에게 초점을 맞
추는 것은 참으로 위험한 일이다. 당신의 초점은 어디에
있는가? 하나님이 당신에게 하시는 말씀보다 다른 사람들
을 어떻게 대하시는가에 더 신경 쓰고 있지는 않은가?

032
시냇가에 심겨진 나무

그는 시냇가에 심은 나무가 철을 따라 열매를 맺으며
그 잎사귀가 마르지 아니함 같으니
그가 하는 모든 일이 다 형통하리로다 시 1:1-3

하나님의 진리에 대한 지식은 있어도 평생 그것을 조금도 경험하지 못할 수 있다. 단순히 그 진리들에 대해 안다고 해서 그것들이 당신 삶의 일부가 된 것은 아니다.

중요한 질문을 하나 던지겠다. 당신은 하나님의 말씀을 가지고 무엇을 하고 있는가? 어떤 사람들은 경건치 못한 생각의 영향을 너무 많이 받아서, 하나님의 말씀이 그들에게 아무 변화도 일으키지 못한다.

의인은 다른 사람들의 의견이 아니라 하나님의 말씀에서 위로를 찾는다. 말씀이 곧 자신의 체험이 될 때까지 밤낮으로 묵상한다. 그는 시냇가에 굳게 선 과실나무 같아서 자양분을 잘 공급받아 맛있는 과실을 맺고 잎사귀가 풍성하다. 여기저기서 온 사람들이 그 나무 그늘 아래 앉아 과실을 먹는다.

하나님이 당신 삶에 그분의 말씀을 채워 주시면, 당신은 더욱 강건해지고, 끊임없이 사람들이 찾아올 것이다. 당신 삶이 축복이 되리라는 것을 알기 때문이다.

033
인생의 사계절

범사에 기한이 있고 천하 만사가 다 때가 있나니 전 3:1

자연의 사계절은 저마다 독특한 아름다움이 있고, 생명에 중요한 공헌을 한다. 봄은 새로움과 새 생명이 싹트는 기간이다. 여름은 성장과 생산의 계절이다. 가을은 수고의 대가를 거두는 계절이다. 겨울은 휴식과 마감의 계절이다.

인생에도 계절이 있다. 인생의 봄에는 새로운 일을 시작하고, 여름이 오면 하나님이 맡기신 일을 열심히 한다. 가을에는 일찍이 시작했던 일들이 열매를 맺고, 겨울이 되면 인생의 한 기간이 끝을 맺는다.

하나님은 평온하게 쉬는 시간도 계획해 놓으셨다. 날마다 똑같은 일을 성실하게 하라고 요구하시는 때도 있을 것이다. 들뜬 마음으로 새로운 시작을 맞이하는 시기도 올 것이고, 하나님의 은혜로, 우리의 신실함의 열매를 수확하는 때도 올 것이다. 또 하나님의 은혜로, 번민과 슬픔의 추운 겨울도 이겨 낼 것이다.

자연의 사계절처럼, 인생의 이 계절들은 서로 합력하여 우리 각 사람에 대한 하나님의 완전한 뜻을 이루어 간다.

Experiencing GOD

034
두려움을 이기는 법

**하나님이 우리에게 주신 것은 두려워하는 마음이 아니요
오직 능력과 사랑과 절제하는 마음이니 딤후 1:7**

하나님이 그리스도인의 삶에서 일으키시는 유일한 두려움은 하나님에 대한 두려움이다(고후 5:10-11, 히 10:31 참조). 사람에 대한 두려움은 하나님으로부터 오는 것이 아니다. 그런데 안타깝게도 많은 그리스도인들이 하나님보다 사람을 더 두려워해서 다른 사람들의 비위를 맞추려고 쓸데없는 노력을 한다.

두려움은 우리를 머뭇거리게 하고, 하나님이 분명히 하라고 말씀하신 일에 이의를 제기하게 만든다. 많은 사람들은 앞으로 어떤 일이 닥칠지 모르기 때문에 염려한다. 우리의 상상력은 문제를 더 확대시켜, 급기야 도저히 극복할 수 없는 것처럼 보이게 만든다. 하나님이 우리에게 성령을 주신 것은, 하나님의 관점으로 모든 일들을 바라볼 수 있게 하시려는 것이었다. 그러므로 당신 안에 성령의 강력한 임재가 있는 한 전혀 두려워하며 살 이유가 없다. 그리스도가 오셔서 당신을 두려움에서 해방시켜 주셨다.

하나님께 지금 당신이 겪는 모든 두려움에서 벗어나게 해 주시고 또 당신의 눈을 열어 달라고 기도하라. 하나님이 당신의 상황을 있는 그대로 보여 주실 때, 당신이 계속 순종할 수 있게 해 주실 것이다.

035
눈을 열어 주시는 분

**그들이 서로 말하되 길에서 우리에게 말씀하시고
우리에게 성경을 풀어 주실 때에 우리 속에서 마음이
뜨겁지 아니하더냐 하고** 눅 24:32

예수님의 두 제자는 엠마오로 걸어가면서 좀전에 예루살렘에서 일어난 혼란스러운 사건에 대해 이야기를 나누었다. 그들은 메시아라 믿었던 예수님의 죽음으로 당혹감과 실망에 빠져 있었다.

예수님은 그 마음을 읽으셨고, 곧 이들에게 가까이 다가가셨다. 예수님은 함께 걸으시며 그들의 마음을 열어 주셔서 성경이 예수님과 당시 사건들에 대해 뭐라고 말하는지 깨우쳐 주셨다. 예수님이 성경말씀을 그들의 경험과 관련지어 말씀해 주시는 것을 듣고, 그들은 마음속으로 하나님의 진리를 듣고 있다는 것을 알았다. 의심이 사라졌고, 즉시 그 진리를 친구들에게 말해 주려고 달려갔다.

인간적인 관점에서 보면 혼란스럽고 실망스러운 상황이 있을 수 있다. 그리스도가 오셔서 당신의 눈을 열어 주셔야만 성경의 진리를 볼 수 있다. 예수님이 그분의 관점으로 보게 해 주셔야 한다. 일단 예수님의 말씀을 들으면, 이 두 사람처럼 당신도 흥분된 마음으로 하나님이 하시는 일에 동참할 것이며, 다른 사람들에게도 그 경험을 나누고 싶은 마음이 간절해질 것이다.

036
온 마음을 다하자

시몬과 및 그와 함께 있는 자들이 예수의 뒤를 따라가 막 1:36

베드로는 항상 예수님을 찾아갔다. 예수님이 십자가에 못 박히신 날 밤에 멀찍이서 예수님을 따라갔다(마 26:58 참조). 예수님의 부활 소식을 들었을 땐 무덤으로 달려갔다(눅 24:12 참조). 예수님과 함께하기 위해 물 위를 걷기도 했다(마 14:29 참조). 베드로는 항상 옳은 말만 하거나 옳은 행동만 한 것은 아니지만, 언제나 예수님과 함께 있으려 했다. 그랬기 때문에 그는 더욱 신실한 제자로 계속 성장해 갔다.

베드로가 예수님께 나아갈 때는 항상 다른 이들과 함께 있었다. 베드로가 예수님을 따랐기 때문에 다른 이들도 예수님을 따랐다. 당신을 가장 잘 아는 사람들은 당신을 어떤 사람으로 알고 있는가? 당신은 예수님을 따르는 사람으로 알려져 있는가? 당신의 마음이 예수님을 따르는 일에 집중한다면 항상 그를 만날 것이다. 하나님은 약속하신다. "너희가 온 마음으로 나를 구하면 나를 찾을 것이요 나를 만나리라"(렘 29:13).

오늘 마지못해 예수님을 찾고 있는가, 아니면 전심으로 그를 구하는가? 다른 이들이 당신의 본을 따라 예수님을 찾았기 때문에 예수님과 더 가까워졌는가?

037
죄 인정하기

모든 무거운 것과 얽매이기 쉬운 죄를 벗어 버리고
인내로써 우리 앞에 당한 경주를 하며 히 12:1하

죄는 우리에게 가장 끈질기고 단호하고 치명적인 원수
다. 죄는 하나님이 우리를 위해 설계하신 모든 좋은 것들
을 우리에게서 빼앗아 가려 한다. 바울은 죄가 죽음을 가
져온다고 말한다(롬 7:11 참조). 죄는 아주 매력적인 모습으로
포장하고 있어, 그 죄가 우리에게 해가 되리라고 생각지
못할 때가 많다(고후 11:14-15 참조). 죄는 아무도 모르게, 가차
없이 우리의 삶을 얽어맨다. 죄에 빠져 있는 한, 우리 앞에
놓인 경주를 결코 할 수 없을 것이다.

죄가 무엇인지 분명히 인식해야만 죄의 속박에서 벗어날
수 있다. 우리 죄를 남의 탓으로 돌려서는 안 된다. 죄를
인정하는 것은 굴욕적인 일이라는 교만의 꾐에 넘어가서
도 안 된다. 죄는 우리 눈을 가리워 그것의 존재를 못 알아
차리게 하고, 교묘하고 점진적으로 우리에게서 영적인 능
력과 승리를 빼앗아 간다. 그러나 하나님의 은혜가 그보다
더욱 넘쳐서 우리를 자유롭게 해 주신다(롬 5:20 참조).

죄가 당신의 기쁨을 앗아 갔는가? 하지만 아무리 지독하
게 죄에 얽매여 있어도 하나님은 즉시 당신을 해방시켜 주
실 수 있다.

038
믿음 구하기

의심하고 먹는 자는 정죄되었나니
이는 믿음을 따라 하지 아니하였기 때문이라
믿음을 따라 하지 아니하는 것은 다 죄니라 롬 14:23

하나님은 어떤 것을 계시해 주실 때마다 우리가 하나님을 믿고 그에 따라 삶을 조정하기를 기대하신다. 이것은 무엇을 뜻하는가?

하나님이 채워 주겠다고 말씀하셨으므로 우리의 모든 필요를 하나님께 맡기는 것이다(빌 4:19 참조). 위기가 닥쳐도 하나님이 그로부터 선한 것을 이끌어 내실 거라 확신하는 것이다(롬 8:28 참조). 하나님이 그에게 모든 것을 구하라고 하셨으니 힘든 상황에서도 염려하지 않는 것이다(빌 4:6 참조). 하나님이 결코 우리를 떠나거나 버리지 않겠다고 말씀하셨으므로 우리 혼자 남겨질까 걱정하지 않는 것이다(신 31:6 참조). 우리 삶에 무슨 일이 일어나도 절대 하나님의 사랑을 의심하지 않는 것이다(렘 31:3 참조).

때로 우리는 믿음이 부족한 것을 정당화하려고 한다. 무언가 필요할 때 주변 사람들에게 도움을 요청하고선 변명한다. "하나님이 필요를 채워 주신다는 건 알아. 하지만 만일에 대비해서 내가 할 수 있는 일은 다 해야 한다고 생각해." 하나님은 이런 것을 두고 '믿음 없다'고 하신다. 믿음이 없는 것은 죄다. "믿음이 없이는 하나님을 기쁘시게 하지 못하나니"(히 11:6).

039
염려하지 말라

**아무것도 염려하지 말고 다만 모든 일에 기도와 간구로
너희 구할 것을 감사함으로 하나님께 아뢰라** 빌 4:6

　바울의 나라는 외국 군대가 점령하고 있었고 부패한 지도자들이 다스리고 있었다. 바울은 거짓 고소 때문에 감옥에 갇힌 상태에서 편지를 쓰고 있었다. 사랑하는 사람들과 떨어져 있었다. 그의 동기가 의심을 받았고, 그의 뜻이 잘못 전달되기도 했다. 어떤 이들은 교회를 세울 때 바울이 이룩한 모든 일들을 훼손시키려 했다. 바울은 육체적으로 고통을 당했고 곧 사형을 당할 처지였다(고후 11:23-29 참조). 그러나 바울은 아무리 힘든 상황에서도 하나님이 평안을 주실 수 있다고 말했다.

　하나님은 당신의 문제들을 반드시 없애 주시지는 않더라도 당신을 위해 대신 짐을 져 주신다. 하나님이 주시는 평안은 충분히 이해해야만 경험할 수 있는 것이 아니다. 이 평안은 스트레스를 잘 관리하는 사람들만을 위한 것이 아니다. 우리 모두를 위한 것이다.

　하나님의 말씀은 당신에게 닥친 일들 가운데 하나님이 해결하실 수 없을 만큼 너무 버겁거나, 너무 괴롭거나, 너무 무서운 일은 없다고 분명히 말한다. 지금 상황이 어떻든 간에, 염려를 하나님께 맡기고 하나님의 완전한 평안이 당신의 마음을 지켜 주시게 하라.

040
예비된 사명

일어나 너의 발로 서라 내가 네게 나타난 것은
곧 네가 나를 본 일과 장차 내가 네게 나타날 일에
너로 종과 증인을 삼으려 함이니 행 26:16

당신이 하나님과 동역을 시작하기 한참 전부터, 하나님은 이미 당신 삶에서 일하고 계셨다. 창세 전부터 하나님은 당신을 아셨고, 당신의 삶에서 이루고자 하시는 일이 있었다(렘 1:5, 시 139:13 참조).

사도 바울이 다메섹으로 가는 길에 회심을 경험하기 전에, 예수님은 이미 바울을 알고 계셨고 그에게 맡길 특별한 사명을 예비해 두셨다. 그러나 예수님은 바울이 회심한 후에야 이 사명을 알려 주셨다(행 9:15 참조).

주님은 우리가 주님을 위해 무엇을 이루고 싶어 하는지 알아보기 위해 우리에게 다가오시는 분이 아니다. 하나님을 만나면, 계시된 하나님의 일들에 순응하게 된다. 그리고 우리 주님께서 하나님이 하시는 일을 우리에게 보여 주시고 그 일에 함께 동참하도록 권유하신다.

오늘 하나님을 만날 준비가 되었는가? 바울처럼 '주여, 제가 무엇을 하리이까?'라고 물을 준비가 되지 않았다면, 하나님의 말씀을 들으려 하지 말라.

041
반드시 약속을 지키시는 분

**하나님의 약속은 얼마든지 그리스도 안에서 예가 되니
그런즉 그로 말미암아 우리가 아멘 하여
하나님께 영광을 돌리게 되느니라** 고후 1:20

하나님은 약속을 반드시 지키신다. 그리스도와 친밀하게 교제하며 행하면 성경에 나오는 하나님의 모든 약속이 우리에게 이루어진다. 이 진리를 마음에 새기고, 성경에 나오는 약속들을 하나하나 찾아서 그것이 우리 삶에서 이루어질 수 있는지 깊이 묵상해 보라.

예수님은 그의 뜻 안에서 무엇을 구하면 주시겠다고 약속하셨다(요 16:23 참조). 이 약속은 모든 그리스도인에게 유효하다. 지금 이 약속을 경험하고 있지 않더라도, 하나님이 그 말씀을 하셨다는 사실은 달라지지 않는다. 바울은 자신의 삶에서 이 약속들을 각각 시험해 보았고, 그 결과 모든 약속들이 참이라는 것을 알았다고 했다. 바울은 하나님의 약속의 부유함을 알았고, 그 모든 약속을 풍성하게 누렸다.

아직 당신의 삶에서 하나님의 모든 약속들을 온전히 경험하지 못했다고 해서 낙심하거나 조급해하지 말라. 하나님은 당신이 위대한 진리들을 받아들일 준비가 되기를 기다리신다. 주님과 친밀하게 동행하라. 그러다 보면 때가 되어 당신 삶에서 주님의 약속이 이루어질 것이다.

042
사랑하면 순종한다

**나의 계명을 지키는 자라야 나를 사랑하는 자니
나를 사랑하는 자는 내 아버지께 사랑을 받을 것이요 요 14:21**

하나님의 계명에 대한 순종은 마음에서 우러난다. 억지로 하나님께 순종하려고 애쓴다면, 그것은 당신의 마음이 하나님에게서 멀어졌다는 증거다. 어떤 사람은 이렇게 말한다. "하나님을 사랑하지만, 내 삶의 어떤 영역들에선 하나님께 순종하기가 힘듭니다."

그것은 영적으로 불가능한 일이다. 하나님을 진정으로 사랑한다면 온 마음을 다해 순종하게 된다. 우리는 하나님이 이따금씩 하는 사랑과 부분적인 순종에 만족하실 거라고 생각한다. 하지만 하나님은 절대 그렇지 않으시다.

사랑 없는 순종은 율법주의다. 순종을 위한 순종은 완벽주의에 지나지 않고, 그것은 교만으로 이어진다. 많은 양심적인 그리스도인들이 그리스도께 더욱 순종하기 위해 삶에서 더욱 훈련을 받으려 한다. 물론 영적 훈련이 도움이 될 수는 있지만 하나님에 대한 사랑을 대신할 수는 없다. 사랑이 훈련이다. 하나님은 당신의 경건한 습관, 도덕적 생활양식, 교회 활동들을 보시지 않고, 바로 당신의 마음을 예리하게 바라보신다. 처음 사랑으로 돌아가라!

043
삶에 다림줄 내리기

죄를 짓는 자마다 불법을 행하나니 죄는 불법이라 요일 3:4

옳고 그름을 분별하는 영적인 "다림줄" 또는 기준이 없이 산다는 것은 매우 위험한 일이다. 하나님의 말씀이 곧 다림줄이다. 하나님은 절대적인 도덕적 법칙과 영적인 법칙들을 확립하셨고, 하나님의 법은 영원하다.

하나님의 법칙들이 당신을 제한하고 속박하는 것처럼 느낄지도 모른다. 그러나 그 법은 당신을 죽음에서 보호해 주고, 구원해 줄 것이다.

예를 들면, 하나님이 간음하지 말라고 말씀하신 건 당신이 부부관계의 충만한 기쁨을 자유롭게 경험하기 원하셨기 때문이다. 하나님의 법이 없으면 하나님이 당신을 위해 예비해 두신 기쁨을 빼앗기고 말 것이다.

죄는 하나님의 법 외에 다른 것을 삶의 기준으로 택하는 것이다. 만일 이웃이나 사회의 기준으로 당신의 삶을 평가한다면, 무법에 기초한 삶을 사는 것이며, 무법은 죄다.

044
진짜 사랑을 하라

[사랑은] 모든 것을 참으며 모든 것을 믿으며
모든 것을 바라며 모든 것을 견디느니라 고전 13:7

사랑에는 한계가 없다. 사랑은 절대로 '네가 너무했어. 난 이제 널 사랑할 수 없어'라고 말하지 않는다. "모든 것"은 그야말로 모든 것을 포함하는 것이다. 그리스도와 같은 사랑은 다른 사람의 마음속에 '과연 당신이 변치 않고 계속 사랑할 것인가' 하는 의심을 남기지 않는다.

사랑은 다른 사람들에 대해 가장 좋은 것을 생각하는 것이다. 어떤 사람이 무심코 당신 기분을 상하게 만들면, 그것이 고의가 아니었다고 믿으라. 어떤 사람이 당신을 해치려 하면, "모든 것을 참으며" 조건 없이 용서하라. 어떤 사람이 계속 화를 돋우면 "모든 것을 견디라." 사랑하는 사람들에게 절대 희망을 버리지 말라.

고린도전서 13장을 읽으며, 하나님이 이미 이 완전하고 헌신적인 사랑을 당신에게 보여 주셨다는 사실에 감사하라. 그리고 이제 그 사랑을 당신을 통해 다른 사람들에게 나타내 달라고 기도하고 간구하라.

045
하나님의 사랑은 다르다

여호와께서 내게 이르시되 이스라엘 자손이 다른 신을 섬기고 건포도 과자를 즐길지라도 여호와가 그들을 사랑하나니 너는 또 가서 타인의 사랑을 받아 음녀가 된 그 여자를 사랑하라 하시기로 호 3:1

호세아는 의로운 사람이었는데, 하나님은 그에게 죄 많은 여자와 결혼하라고 하셨다. 그래도 호세아는 순종하여 고멜을 아내로 삼고, 소중히 여겼다. 고멜은 이런 사랑을 한 번도 경험하지 못했으면서도 어리석게 곧 불만을 품었다. 결국 간통을 하고 급기야 호세아를 떠나 버렸다. 다른 남자들은 그녀에게 뜯어낼 것이 하나도 없을 때까지 그녀를 이용하고는 끝내 노예로 팔아 버렸다. 그런데 하나님은 호세아에게 "가서 그녀를 다시 사 오라"는 놀라운 명령을 내리셨다. 고멜이 호세아에게 엄청난 고통과 상처를 입혔는데도 하나님은 호세아에게 그녀를 용서하고 어떻게 해서라도 그녀를 다시 집으로 데려오라고 하신 것이다.

우리가 하나님을 거부하고 다른 데 애정을 쏟으면, 우리의 그런 행위는 간음하는 것과 똑같은 고통을 초래한다.

하지만 하나님의 사랑은 우리의 사랑과 완전히 다르다. 하나님의 사랑은 우리 죄의 깊은 곳까지 들어와 우리를 교화시킨다. 우리가 하나님을 떠날 때에도 하나님의 사랑은 주춤하지 않으며, 계속해서 우리를 따라온다.

046
사랑하는 법을 배우라

**형제 사랑에 관하여는 너희에게 쓸 것이 없음은
너희들 자신이 하나님의 가르치심을 받아 서로 사랑함이라** 살전 4:9

하나님은 사랑이시다(요일 4:16 참조). 하나님의 본성이 완벽한 사랑이다. 그러나 죄 때문에 그 사랑이 언제나 자유롭게, 그리고 자연스럽게 하나님의 자녀들에게 전달되지 못하는 것이다.

다른 사람들을 어떻게 사랑해야 하는지 몰라 좌절감을 느끼는가? 걱정하지 말라. 은혜의 하나님은 우리의 인간적인 연약함에 대한 대비책을 세워 두셨고, 우리에게 서로 사랑하는 법을 가르칠 준비가 되어 있으시다. 어느 한 사람이라도 예외는 없다.

누군가를 사랑하려고 노력하고 있는가? 하나님이 도와주실 것이다. 부모님, 배우자, 자녀들, 친구들 또는 원수를 당신의 힘으로 사랑하는 것보다 더 깊이 사랑할 수 있게 해 주실 것이다. 의미 있게 사랑을 표현하는 법을 모르겠다면, 하나님이 그 방법을 가르쳐 주실 것이다. 하나님은 사랑의 대가이시다. 하나님의 사랑이 당신의 삶을 통해 다른 사람들에게 넘쳐 흐르게 해 달라고 기도하라.

047
용서의 하나님

우리가 우리에게 죄 지은 자를 사하여 준 것같이
우리 죄를 사하여 주시옵고 마 6:12

용서보다 더 소중한 선물은 없다. 다른 사람에게 범한 죄 때문에 마음이 무거울 때, 그 사람이 우리를 완전히 용서했다는 사실을 알면 놀라울 정도로 자유함을 얻는다. 예수님은 제자들에게 기도할 때마다 하나님께 용서를 구하라고 하셨다. 우리가 매일 하나님께 죄를 범하고, 아무리 노력해도 하나님의 기준에 못 미친다는 것을 아셨던 것이다.

하나님은 우리가 다른 사람들을 용서하는 만큼 우리를 용서해 주신다(마 6:15 참조). 하나님은 용서의 하나님이시다 (출 34:6-7 참조). 하나님의 제자가 되려면 그분의 본을 따라야 한다. 예수님은 어떤 죄들은 용서할 가치가 없다고 말씀하지 않으셨다.

누군가를 용서하지 않기로 선택한다면 당신의 예배와 기도는 헛될 것이다(마 5:23-24 참조). 당신이 원한을 품은 삶의 어두운 구석들을 보여 달라고 기도하라. 그리스도를 닮게 해 달라고, 그래서 핍박을 받더라도 '아버지여, 저들을 용서해 주소서'라고 기도할 수 있게 해 달라고 기도하라.

048
자기 부인

이에 예수께서 제자들에게 이르시되 누구든지
나를 따라오려거든 자기를 부인하고 자기 십자가를 지고
나를 따를 것이니라 마 16:24

구원의 본질은 자기 중심에서 하나님 중심으로 돌이키는 것이다. 그리스도인은 평생 자기를 부인하며 살아야 한다. 예수님을 따르면서 생기는 가장 큰 유혹은 자신을 내세우고 싶은 마음일 것이다. 야고보와 요한은 개인적인 욕구나 열망에 방해가 안 되는 제자도를 원했다(막 10:35-37 참조). 그들과 마찬가지로 우리도 이렇게 말한다. "주님, 저는 주님을 기쁘게 해 드리고 싶지만 지금 이 자리에서 떠나는 것은 싫습니다."

자기 중심적인 사람들은 안정된 삶을 유지하려 한다. 그래서 세상적인 목표를 위해 힘쓰고 싶은 유혹을 받는다. 그리고 세상의 기준으로 성공했을 때, 우리의 성공으로 하나님께 영광을 돌림으로써 하나님을 우리 세상으로 끌어들이려 한다. 하지만 하나님은 우리의 활동으로 인해 간접적인 영광을 받는 일에 관심이 없으시다. 하나님은 우리 삶을 통해 일하심으로써 영광을 받으시기 때문이다.

당신 자신의 목표들을 추구하며 하나님께 그것을 축복해 달라고 기도하고픈 유혹을 뿌리치라. 자신을 부인하고, 하나님의 역사에 동참하라.

049
십자가를 지라

이에 예수께서 제자들에게 이르시되 누구든지
나를 따라오려거든 자기를 부인하고 자기 십자가를 지고
나를 따를 것이니라 마 16:24

당신의 '십자가'는 그 대가가 어떠하든 간에 당신을 향한 하나님의 뜻이다. 십자가를 지는 일은 전적으로 당신의 선택에 달려 있다. 건강상의 문제, 가정의 복잡한 문제, 재정적인 압박 등은 당신의 '십자가'가 아니다. 십자가는 예수님이 구속의 목적을 이루어 가실 때 그의 고난에 자발적으로 동참하는 것이다(빌 3:10 참조).

우리는 '자신을 부인하는' 데서 '예수님을 따르는' 삶으로 곧장 나아가고 싶어 하는 경향이 있다. 그러나 먼저 십자가를 지지 않으면 예수님을 따를 수 없다. 그리스도가 구원을 이루기 위해 고난을 받으셔야 했던 것처럼, 하나님이 당신 주변 사람들을 구원하시기 위해 당신이 감내해야 하는 고난이 있을 것이다.

십자가 없이는 기독교도 없다. 고난이나 불편함을 요구하지 않는 하나님과의 관계를 기대한다면, 그리스도를 당신의 모델로 삼을 수 없을 것이다. 먼저 당신의 십자가를 지라. 그 다음에 주님을 따를 수 있다.

Experiencing GOD

050
끝까지 예수를 따르는 삶

**이에 예수께서 제자들에게 이르시되 누구든지
나를 따라오려거든 자기를 부인하고 자기 십자가를 지고
나를 따를 것이니라 마 16:24**

예수님은 우리를 따라오시지 않는다. 우리가 그분을 따라가야 한다. 예수님은 "너희가 나를 택한 것이 아니요 내가 너희를 택하여 세웠나니"(요 15:16)라고 말씀하셨다. 예수님을 따르는 데는 절대 복종이 필요하다. 주님은 우리에게 어떤 방향으로 가는 것이 적합하다고 생각하는지 묻지 않으신다. 하나님은 무엇이 최선인지 이미 아신다.

예수님을 따라가면 꿈에도 생각지 못했던 경험들을 하게 될 것이다. 예수님이 죄에 빠진 자들을 바라보며 애통해하실 때 당신도 그 고통을 느낄 것이다. 영적으로 눈 먼 자들이 처음으로 하나님을 보게 되어 기뻐하는 광경을 볼 것이다. 깨어졌던 삶이 온전해지는 것을 볼 것이다.

예수님을 따르기가 쉬울 때도 있겠지만, 어떤 때는 그분을 떠나고 싶은 유혹이 생길 것이다. 예수님을 따르는 것은 폭풍우 속을 지나가는 것일 수도 있고, 산꼭대기에 서 있는 것일 수도 있다. 언제, 어디서나, 어떤 상황에서든 예수님을 따를 마음이 있는가? 당신이 주님을 따를 수 있는 길은 그 길뿐이다.

051
나는 소금이다

너희는 세상의 소금이니 소금이 만일 그 맛을 잃으면
무엇으로 짜게 하리요 후에는 아무 쓸데없어
다만 밖에 버려져 사람에게 밟힐 뿐이니라 마 5:13

하나님의 백성은 죄 때문에 타락하고 오염된 세상을 위한 하나님의 보존제들이다. 하나님은 공동체를 발전시키고 선하고 옳은 것을 보존하시기 위해 당신의 삶을 설계하시고 위임하셨다. 오늘날 경건한 삶은 공동체와 관련하여 깊은 의미가 있다. 당신 안에 그리스도가 계시면 다른 사람들에게 그리스도를 전할 수 있다.

그러나 우리가 주님과 올바른 관계에 있지 않으면 짠 맛을 잃은 소금과 같아서 아무 쓸데없다고 예수님이 말씀하셨다. 하나님의 구원의 은혜와 능력이 우리를 통해 다른 사람들에게 전해지지 못한다.

우리가 보존제로서 하나님께 쓰임 받는다는 증거는 우리 주변 환경이 더 악해지지 않고 영적으로 오히려 더 좋아지는 것이다. 주변 사람들이 영적으로 타락하고 있다면, 주님께 나아가 우리가 다른 사람들을 보존하는 데 쓰임 받을 수 있도록 우리 삶을 바로잡아 달라고 구해야 한다.

052
나는 빛이다

**이같이 너희 빛이 사람 앞에 비치게 하여 그들로 너희 착한 행실을
보고 하늘에 계신 너희 아버지께 영광을 돌리게 하라 마 5:16**

어두운 곳에서 빛은 틀림없이 효력을 나타낸다. 빛은 대
담하고 당당하게 그 존재를 알리며, 강력하게 어둠을 쫓아
버린다. 하나님은 당신을 그의 빛으로 충만하게 해 주길
원하신다. 그래서 당신 주변 사람들의 삶에 있는 어둠이
하나님의 영광의 빛에 의해 사라지기를 바라신다.

예수님은 자신이 오신 것을 알리시면서 이렇게 말씀하셨
다. "흑암에 앉은 백성이 큰 빛을 보았고 사망의 땅과 그늘
에 앉은 자들에게 빛이 비치었도다"(마 4:16).

예수님이 가시는 곳마다 하나님의 진리가 담대하게 선포
되었고, 사람들이 치유를 받았고, 위선이 드러났으며, 죄
인들이 용서를 받았다. 아버지 하나님이 아들을 통해 그의
빛을 나타내신 후 세상은 더 이상 전과 같지 않았다.

당신에 대해서도 그렇게 말할 수 있을까? 당신의 동료들
이 당신 안에 있는 그 빛을 인식하고 있는가? 그리스도의
임재의 빛이 당신의 집에서부터 흘러나와 공동체로 퍼지
고 있는가? 하나님의 빛이 당신의 삶을 통해 비칠 때, 당신
주변의 어둠은 사라질 것이다.

053
맡은 영혼 돌보기

내가 주의 제자들에게 데리고 왔으나 능히 고치지 못하더이다
예수께서 대답하여 이르시되 믿음이 없고 패역한 세대여
내가 …… 얼마나 너희에게 참으리요 마 17:16-17

예수님은 제자들에게 사람들을 보살필 권한을 주었으나 (마 10:8 참조), 그들은 자기 중심적이 되어 하나님의 일을 할 수 있는 능력을 잃어버렸다. 하나님이 간질병 걸린 아들과 그의 아버지를 제자들에게 보냈을 때, 제자들은 병을 고치지 못했다. 그들은 지위와 신분에만 신경을 쓰느라(막 9:32-35 참조) 하나님이 그들을 통해 하려고 하시는 일에 집중하지 못했기 때문이다.

예수님은 자신의 제자들을 "믿음이 없고 패역한 세대"라고 부르시며, 얼마나 더 오래 그들을 참아 주어야 하냐고 물으셨다. 그들은 주님과 함께 다른 사람들을 구원하는 사명을 감당해야 하는 자들인데 하나님을 바라보지 않았기 때문에 영적으로 무력해졌다. 그 결과 하나님이 그들에게 보내신 자들에게 육체적, 영적인 위안을 줄 믿음이 없어진 것이다.

제자들처럼 우리도 자신의 야망에 몰두하고, 바쁜 생활 때문에 마음이 흐트러지고, 종교적인 활동에 빠져서 하나님이 우리에게 보내시는 사람들을 돕지 못할 수 있다. 자신의 삶을 돌아보면서, 하나님이 당신에게 보내시는 모든 생명들을 신실하게 보살피는지 점검해 보라.

054
그리스도의 삶을 사는 것

내가 그리스도와 함께 십자가에 못 박혔나니
그런즉 이제는 내가 사는 것이 아니요
오직 내 안에 그리스도께서 사시는 것이라 갈 2:20상

그리스도인의 삶은 변화된 삶이다. 자신의 삶 대신 예수님의 삶을 사는 것이다. 그리스도가 다스리실 때, 그를 떠나서는 도저히 알 수 없는 새로운 차원의 삶을 살게 된다.

당신이 연약할 때 그리스도가 당신의 삶에서 그의 강함을 나타내신다(고후 12:9-10 참조). 당신이 이해할 수 없는 상황에 직면할 때, 단지 구하기만 하면 하나님의 무한한 지혜가 당신 것이 될 수 있다(약 1:5 참조). 사랑하기 힘든 사람들을 만났을 때는 하나님이 당신을 통해 그의 무조건적인 사랑을 나타내 주신다(요일 4:7 참조). 그리스도가 믿는 자의 삶에 거하실 때 "하나님의 모든 충만하신 것"(엡 3:19)이 그 사람에게 주어진다.

때로는 하나님만이 하실 수 있는 일을 당신 힘으로 해 보고 싶은 유혹이 생길 것이다. 그러나 우리의 임무는 '포도나무 안에 거하는 것'이며, 하나님이 오직 그만이 하실 수 있는 일을 우리 안에서, 또 우리를 통해서 하시게 하는 것이다(요 15:5 참조). 오직 하나님만이 하나님이 되실 수 있다.

055
마음이 흐트러질 때

구름 속에서 소리가 나서 이르시되 이는 내 사랑하는 아들이요
내 기뻐하는 자니 너희는 그의 말을 들으라 마 17:5

제자들은 다른 것 때문에 마음이 자주 흐트러졌다. 예수님은 가장 가까운 세 명의 제자들이 곧 있을 예수님의 십자가 희생에 더 집중하도록 돕기 위해 그들을 변화 산으로 데리고 올라가셨다. 거기서 예수님은 영광스러운 모습으로 변형되셔서 모세, 엘리야와 함께 계셨다. 그러나 제자들은 잠이 들어 버렸다.

이번에는 베드로가 성전 세 개를 짓겠다는 계획을 발표했다. 제자들은 하나님이 그의 아들을 통해 성취하려 하시는 놀라운 구속 사역보다 자신들이 하나님을 위해 무엇을 할지에 더 관심이 있었다. 결국 하나님은 "이는 내 사랑하는 아들이요 내 기뻐하는 자니 너희는 그의 말을 들으라!"고 말씀하시며 제자들의 눈에 예수님 외에는 아무것도 안 보이게 하셨다(마 17:1-8 참조).

혹 당신도 그리스도와 주변에서 나타나는 그리스도의 역사하심 외에 다른 일들에 정신이 팔려 있는가? 아직 하나님의 뜻이 무엇인지 분명히 듣지 못했는데, 일을 시작하고 싶은 마음이 간절한가? 아버지께서 당신의 마음을 흩뜨리는 것들을 당신의 삶에서 제거해 주셔야만 하는가?

Experiencing GOD

056
승리에 박수를 보내 주라

**요한이 예수께 여짜오되 선생님 우리를 따르지 않는 어떤 자가
주의 이름으로 귀신을 내쫓는 것을 우리가 보고
우리를 따르지 아니하므로 금하였나이다** 막 9:38

제자들은 예수님의 제자도 아닌 요한이 예수님의 이름으로 귀신을 쫓아내는 것을 보고, 그 일을 그만하라고 했다. 그러나 예수님은 제자들의 위선을 꿰뚫어 보셨다. 제자들도 귀신 쫓는 능력을 받았지만(마 10:8 참조) 비참하게 실패했기 때문이다(마 9:28 참조). 한편 제자들은 어린 소년에게서 귀신을 쫓아내려다가 여러 사람 앞에서 실패했던 자신들에게 영적인 능력과 생명력이 없는 것을 염려했을 것이다. 믿음이 없다는 주님의 날카로운 꾸짖음에 죄책감도 느꼈을 것이다(마 17:20 참조). 그런데 자신들의 죄를 회개하고 영적인 무력함을 안타까워하기보다, 영적인 성공을 누리는 다른 사람을 훼방하려 했다.

때로는 우리 자신의 실패를 정직하게 직면하는 것보다 다른 사람들의 영적 승리를 축소시키는 것이 더 쉽다. "금하지 말라"(막 9:39)는 예수님의 대답에 제자들은 깜짝 놀랐을 것이다. 이때 주님은 "우리를 반대하지 않는 자는 우리를 위하는 자니라"(막 9:40)는 말로 그들을 납득시키셨다.

당신은 다른 사람들의 영적 승리를 진심으로 기뻐할 수 있는가?

057
나의 선한 목자

여호와는 나의 목자시니 내게 부족함이 없으리로다
그가 나를 푸른 풀밭에 누이시며
쉴 만한 물가로 인도하시는도다 시 23:1-2

목자는 자기 양들에 대해 모든 것을 안다. 양들은 목자를 믿고 따르기만 하면 언제나 제때에 필요를 채울 수 있다. 목자는 자기가 가진 가장 좋은 것을 양들에게 줄 것이다.

당신의 선한 목자이신 주님을 절대적으로 신뢰하는가? 세상에서 얻을 수 있는 어떤 것보다 하나님으로부터 오는 공급을 더 귀하게 여기는가? 하나님이 당신에게 필요한 것을 주지 않으실까 봐 걱정되는가? 시편 기자는 자기에게 "부족함"이 없으리라고 확신했다. 선한 목자는 본래 자기 양들을 돌보시며, 그들을 위해 자신의 생명까지 내어주신다(요 10:11 참조).

당신의 초점이 목자에게서 그 목자가 주시는 것들로 옮겨 가진 않았는가? 당신에게 부족함이 있다면, 그것은 목자가 당신의 필요를 완벽하게 채워 주실 수 없거나 그러실 마음이 없어서가 아니다. 아마 하나님이 주시는 모든 것을 받을 믿음이 당신에게 없기 때문일 것이다. 하나님께 돌아가, 그분이 당신의 삶의 필요들을 채워 주실 것을 믿으라. 그것은 오직 하나님만이 하실 수 있는 일이다.

058
당신은 혼자가 아니다

**내가 사망의 음침한 골짜기로 다닐지라도
해를 두려워하지 않을 것은 주께서 나와 함께 하심이라
주의 지팡이와 막대기가 나를 안위하시나이다** 시 23:4

하나님의 자녀인 당신은 결코 혼자가 아니다. 당신의 목자가 항상 당신과 함께 계시기 때문이다. 그는 당신 앞에 계시고, 옆에 계시며, 뒤에 계신다. 당신을 안전하게 보호해 주신다.

때로는 목자가 원하는 목적지까지 가는 길이 어두운 골짜기를 통과하는 길밖에 없을 때도 있다. 그러나 그런 때에도 주님은 당신과 함께하시며, 그 여행을 통해 그분이 당신을 변함없이 사랑하시며 당신과 함께하신다는 것을 다시 확신시켜 주신다. 따라서 그 기간에 하나님의 사랑과 긍휼을 그 어느 때보다 더 깊이 경험하게 된다.

해악을 두려워할 필요가 없다. 제아무리 위협적인 해악이라도, 당신의 목자를 위협하는 것은 아무것도 없다. 그분은 그 모든 것을 아시고 모든 형태의 악을 완전히 멸하셨다. 해악이 불시에 주님을 습격할 수는 없다. 목자는 항상 준비되어 있으시고, 정확히 언제, 어디서 당신이 어려움을 당할지 알고 계신다. 선한 목자를 절대적으로 신뢰하라. 그가 당신을 보호해 주시며, 어디서든 당신에 대한 사랑을 보여 주실 것이다.

059
내 힘으로 회복할 수 없다

**내 영혼을 소생시키시고 자기 이름을 위하여
의의 길로 인도하시는도다 시 23:3**

목자를 따르다 보면 영혼이 지칠 때도 있다. 시련을 당하거나 유혹을 뿌리치느라 진이 빠질 수도 있다. 박해 때문에 다른 사람들을 위해 짊어진 짐들이 당신을 지치게 할지도 모른다. 목자의 훈련 때문에 지칠 수도 있다. 그 외에도 신앙생활에서 더 이상 앞으로 나아갈 수 없을 것처럼 느껴지는 때가 있을 것이다.

주님은 그런 당신의 필요를 당신보다 더 잘 아신다. 목자는 당신이 언제 이런 상태에 이르렀는지 이미 다 아시며, 언제나 해결책을 갖고 계신다. 주님은 말씀을 통해, 다른 사람들을 통해, 또는 환경을 통해 당신을 강하게 하신다. 목자는 항상 똑같은 방법으로 당신을 채워 주시지 않을 것이다. 하지만 주님의 응답은 언제나 지금 당신의 필요와 완벽하게 부합될 것이다.

자신의 힘으로 회복하려 하지 말라. 오직 하나님만이 영혼을 치유하고 회복시키는 방법을 알고 계신다(사 40:28-31, 마 11:28-30 참조). 때로는 놀라운 방법으로 그 일을 완벽하게 해 주실 것이다. 하나님께 당신을 회복시켜 달라고 기도하고, 그 다음에 하나님이 행하시는 일에 반응할 준비를 하라.

Experiencing GOD

060
영적 성숙의 지표

그러므로 우리가 화평의 일과
서로 덕을 세우는 일을 힘쓰나니 롬 14:19

영적 성숙의 지표는 다른 신자들을 강건하게 하기 위해 개인의 편안함을 기꺼이 포기하는 것이다. 바울은 그리스도인들에게 오직 평화를 위한 일들과 다른 사람들을 세워 주는 행동에만 힘쓰라고 권면한다. 힘쓴다는 것은 한 가지 목표를 향해 모든 노력을 쏟아붓는 것을 뜻한다. 하나님이 우리에게 주신 모든 자원을 활용하는 것이다.

바울에게 그리스도인들의 덕을 세운다는 것은, 다른 사람들을 실족하게 할 만한 어떤 활동도 삼가는 것을 뜻했다. 그의 우선순위는 다른 사람들을 성숙한 그리스도인으로 만드는 것이었다(고전 14:12, 26 참조). 예수님도 제자들에게 서로를 위해 목숨을 버리는 것보다 더 큰 사랑이 없다고 가르치셨다(요 15:13 참조).

그리스도인으로서 우리는 서로의 믿음을 강하게 하는 일에 헌신해야 한다. 바로 이런 것이 하나님의 백성 간에 나타나는 사랑의 모습이다(갈 6:9-10 참조).

061
영적 감각 키우기

그러나 너희 눈은 봄으로
너희 귀는 들음으로 복이 있도다 마 13:16

하나님은 그리스도인들에게 영적인 시각과 청각을 주셔서 하나님의 임재와 활동을 체험하게 하셨다. 주님과 함께 행할 때, 성령님은 이 영적인 감각들을 발달시키도록 도와주신다. 하나님에 대한 영적인 민감성은 반드시 받아서 활용해야 하는 은사다. 영적인 눈이 없으면 하나님의 강한 역사의 한복판에 있어도 그것을 인식하지 못한다.

많은 사람들이 주변에서 일어나는 사건들을 보고 혼란에 빠질 것이다. 그러나 당신은 같은 사건을 보고 하나님의 역사하심을 깨닫고 당신의 삶을 하나님께 맞출 것이다. 어떤 이들은 사회의 새로운 철학과 풍조를 듣고 어떻게 진리를 분별할지 모를 것이다. 그러나 당신은 세상의 시끄러운 소리보다 하나님의 음성을 들을 것이며, 혼란스러운 상황에도 한결같은 태도를 유지할 수 있다.

죄는 감각을 무디게 하고, 궁극적으로는 영적인 장님과 귀머거리로 만들어 버린다. 단지 육신의 눈으로 보고 육신의 귀로 듣는 것만으로 만족하지 말라. 성령의 능력으로 당신을 민감하게 해 주셔서 주변에서 하나님이 행하시는 일들을 인식하게 해 달라고 기도하라.

Experiencing GOD

062
지금은 은혜의 때

나를 보내사 마음이 상한 자를 고치며
포로 된 자에게 자유를 갇힌 자에게 놓임을 선포하며
여호와의 은혜의 해[를] …… **선포하여** 사 61:1-2

하나님이 말씀하시면 즉시 순종해야 한다. 하나님에 관한 결단을 미뤄서는 안 된다. 믿거나 안 믿거나, 순종하거나 불순종하거나 분명한 결단을 해야 한다.

하나님이 지금이 은혜의 때라고 말씀하실 땐, 당신의 다음 행동이 매우 중요하다. 하나님의 타이밍은 언제나 완벽하다. 그분은 당신은 물론이려니와 당신이 처한 상황까지도 완전히 알고 계신다. 당신에게 어떤 사명이 주어지든 하나님의 자원을 활용하면 무엇이든 이루고도 남는다는 것을 아시고 당신을 초청하신다. 그래서 성경은 하나님이 우리 마음에 관심을 가지신다고 말하는 것이다. 우리 마음이 계속해서 예수님을 사랑하지 않으면, 하나님이 말씀하실 때 불순종함으로써 다른 사람들의 삶에까지 영향을 끼칠 수 있다.

하나님이 말씀하시는 때는 언제나 한정돼 있고, 영원히 계속되지 않는다. 하나님이 요구하시는 것의 의미를 완전히 몰라도 된다. 단지 그것이 전능하신 하나님에게서 나온 말씀이라는 것만 알면 된다. 지금은 언제나 하나님께 응답해야 할 은혜의 때다.

063
다 맡기는 그리스도인

**믿음이 없이는 하나님을 기쁘시게 하지 못하나니
하나님께 나아가는 자는 반드시 그가 계신 것과 또한 그가
자기를 찾는 자들에게 상 주시는 이심을 믿어야 할지니라 히 11:6**

당신과 하나님의 관계는 당신의 믿음에 따라 결정된다. 하나님께 나아갈 때는 반드시 그가 계신 것과 성경에 계시된 바로 그 하나님이라는 것을 믿어야 한다. 또한 당신이 간절히 하나님을 찾을 때 응답하신다는 것을 믿어야 한다. 당신의 삶이 얼마나 도덕적이든, 어떤 선행을 하든, 어떤 말을 하든, 또는 하나님을 위해 어떤 희생을 하든 간에, 이런 믿음이 없으면 하나님을 기쁘시게 하지 못한다.

그리스도인들은 사실 믿음보다 보이는 대로 행하길 원하면서(히 11:1 참조), 자신은 "선한 청지기"(벧전 4:10)라고 주장할지 모른다. 그들은 필요한 자원들이 모두 갖추어진 것을 확인할 수 없으면 하나님이 말씀하시는 일을 하지 않으려 할 것이다.

물론 믿음이 문제들을 다 제거해 주지는 않는다. 다만 믿음은 당신이 수많은 문제 가운데서도 하나님을 믿고 의지할 수 있게 해 준다. 믿음은 당신의 상황이 아니라 하나님과의 관계와 관련된 것이다. 하나님을 믿는 것보다 더 현실적인 일은 없다. 하나님께 맡기는 것보다 더 안전하고 확실한 길은 없기 때문이다.

064
마음을 훈련하라

무슨 덕이 있든지 무슨 기림이 있든지
이것들을 생각하라 빌 4:8하

당신이 방심한 순간에 무엇을 생각하는지 보면 당신 마음이 어디에 있는지 알 수 있다. 몸처럼 마음도 단련이 필요하다. 몸을 건강하게 유지하려면 먹는 것에 주의해야 하고 규칙적인 운동을 해야 한다. 생각을 순결하게 유지하려면, 마음속에 들어오는 것을 잘 살펴보아야 한다.

어떤 그리스도인은 자신의 마음이 세상의 경건치 못한 생각으로 가득 차도록 내버려 둔다. 어떤 사람들은 매사에 비관적인 태도를 취함으로써 부정적인 면에만 집중한다. 그저 세속적인 일들을 생각하는 데 만족하는 이들도 있다. 어떤 이들은 성경말씀은 저버리고, 대신 인간적인 추론을 택한다. 그러나 하나님의 진리를 생각하기로 선택한 이들은 참되고, 고상하고, 올바르고, 순결하고, 사랑스럽고, 선한 것을 생각해야 한다.

마음속으로 생각하는 것은 곧 삶으로 드러난다. 당신의 마음을 무엇으로 채울지는 선택의 문제다. 하나님의 진리들에 집중하기로 선택하라. 그러면 그 진리들이 당신 안에서 고상한 인품을 만들어 내 하나님께 영광을 돌리게 할 것이다.

065
말씀을 경험하는 삶

영생은 곧 유일하신 참 하나님과 그가 보내신 자
예수 그리스도를 아는 것이니이다 요 17:3

직접 경험을 통해 하나님을 아는 것과 신학 교과서를 통해 하나님에 대해 아는 것은 근본적으로 다르다. 성경에 의하면, 하나님을 경험하지 않고는 하나님을 안다고 말할 수 없다(빌 3:8, 10 참조). 이처럼 성경적 지식은 항상 경험을 수반한다.

아직 경험하지 못했다고 해서 성경에 묘사된 하나님의 능력을 무시해서는 안 된다. 성경말씀을 당신의 경험 수준으로 끌어내리지 말고, 당신의 경험을 성경의 기준에 맞게 끌어 올려라. 하나님의 사랑에 대해 그저 머리로 아는 것에 만족하지 말라. 예수님은 당신이 그의 사랑의 깊이와 넓이와 높이를 경험하고 날마다 삶을 통해 하나님의 충만하고 끝없는 사랑을 누리게 해 달라고 기도하셨다.

당신이 경험하지 못한 성경의 진리가 있다면, 그 진리를 앞에 두고 하나님께 그것을 매일 경험하게 해 달라고 기도하라. 하나님의 약속을 받기 위해 당신이 조정해야 하는 부분이 있는지 하나님께 기도로 여쭤 보라. 하나님이 주신 약속을 포기하지 말라. 그것을 완전히 경험할 때까지 계속 붙잡으라.

066
일상에 찾아오시는 분

**여호와께서 그가 보려고 돌이켜 오는 것을 보신지라
하나님이 떨기나무 가운데서 그를 불러 이르시되 모세야 모세야
하시매 그가 이르되 내가 여기 있나이다 출 3:4**

모세는 판에 박힌 일상을 보내는 중에 한 가지 평범한 것에 주목했다. 그것은 불이 붙은 떨기나무였다. 모세는 또한 특별한 것도 보았다. 떨기나무에 불이 붙었지만 타서 없어지지는 않는 것이었다. 모세는 좀 더 자세히 보려고 몸을 돌이켰다. 하나님은 모세가 평범한 일상에서 돌이키는 것을 보시고 마침내 그에게 말씀하셨다. 하나님의 위대한 구원 계획이, 모세가 평범한 것 가운데서 특별한 것에 주목하기를 기다리고 있었던 것이다.

바쁜 일상을 보내다가 뭔가 특별한 것을 알아차리는 때가 있을 것이다. 그럴 때 우리는 주로 이런 반응을 보인다. "난 너무 피곤해서 따로 이걸 조사할 여력이 없어!" "이것 때문에 내 삶을 혼란스럽게 만들고 싶지 않아." 그러나 바로 그 순간이 하나님과 특별한 만남을 가질 기회일지도 모른다. 많은 경우에 하나님과의 가장 심오한 만남, 역사를 바꾸는 만남들이 평범한 생활 중에 찾아온다. 세속적인 일에서 특별한 것을 발견할 때는 하던 일을 멈추라. 하나님이 모두를 위해, 그 순간을 삶을 변화시키는 위대한 순간으로 정하셨는지도 모르는 일이다.

067
가슴 뛰는 일

**각 사람에게 성령을 나타내심은
유익하게 하려 하심이라** 고전 12:7

성령은 선물이다. 하나님은 당신에게 다른 어떤 것을 주시는 게 아니라 바로 자신을 주신다. 성령이 곧 하나님이시기 때문이다. 하나님이 당신을 통해 사실 때, 전능하신 하나님이 당신 안에 거하시므로 그의 뜻을 행하게 된다.

성령은 당신을 몸 된 교회로 인도하시며, 거기서 당신을 통해 그 몸에 속한 각 사람을 도와주실 수 있다(고전 12:18 참조). 하나님은 당신을 참관자로 교회 공동체에 보내시는 것이 아니다. 성령은 그 몸 안에서 당신에게 어떤 임무를 맡기시며, 그가 함께하심으로 이 일을 감당할 능력을 주실 것이다.

하나님께 받은 임무가 얼마나 가슴을 뛰게 하는가! 오늘날 성령은 믿는 자들에게 능력을 주신다. 하나님의 종들에게 각각 임무를 주셨기 때문이다. 더불어 하나님은 당신이 속한 몸의 덕을 세우는 데 필요한 것을 당신에게 주셨다. 성령이 당신 안에서 자유롭게 일하시게 한다면, 다른 사람들도 복을 받을 것이다.

068
왕의 자녀

**나의 하나님이 그리스도 예수 안에서 영광 가운데
그 풍성한 대로 너희 모든 쓸 것을 채우시리라 빌 4:19**

이 구절은 성경에서 볼 수 있는 가장 실제적인 구절 가운데 하나다. 누구나 살면서 필요한 것이 생기는데, 우리 힘으로 그 필요를 채울 수 없는 경우도 있다. 그렇다고 해서 좌절하거나 포기하지 말라. 하나님은 그분의 무한한 창고에서 꺼내 온 것으로 우리의 필요를 채워 주신다. 이 약속은 성경에서 여러 번 반복해서 나온다(시 116:6, 히 4:16, 마 6:8, 시 69:33 참조).

하나님을 믿는 자녀들은 누구라도 하나님의 모든 자원을 이용할 수 있다. 하나님을 의지하면 하나님의 공급이 중단되거나 부족함에 허덕일 일이 없다. 그런데 불행히도 일부 그리스도인들은 하나님의 풍성한 자원을 이용할 수 없는 것처럼 산다. 그들은 왕의 자녀들인데 거지처럼 산다.

당신과 가까운 사람들은 하나님이 말씀하신 대로 행하신다는 확고한 믿음의 증거가 당신의 삶에서 나타난다고 말하는가?

069
하나님을 존중하라

그러므로 형제들아 우리가 예수의 피를 힘입어 성소에 들어갈 담력을 얻었나니 그 길은 우리를 위하여 휘장 가운데로 열어 놓으신 새로운 살 길이요 휘장은 곧 그의 육체니라 히 10:19-20

우리 세대는 하나님에 대한 경외심과 존경심이 부족하다. 자꾸만 하나님을 우리 수준으로, 평범한 분으로 끌어내리려 한다. 그분은 하나님이시다! 하나님의 독생자의 보혈 때문에 하나님의 자녀로서 그분께 직접 나아갈 수 있음을 절대 잊어선 안 된다. 하나님의 거룩하심과 그의 백성으로서 갖추어야 하는 거룩함의 참된 의미를 이해하지 않으면, 하나님은 물론이요 하나님이 우리와 관계를 맺으시는 방식을 온전히 이해할 수 없다.

당신이 아버지께 나아갈 수 있게 하시려고 예수님이 치르신 대가를 생각하면, 하나님과 함께하는 기도 시간을 귀중히 여길 것이다. 감사하는 마음으로 하나님을 예배할 수 있음을 특권으로 여길 것이다. 모든 행실에 거룩한 자가 되기 위해 노력하는 가운데 성경을 소중히 여길 것이다(고후 7:1, 벧전 1:15 참조).

당신에게 주어진 구원의 놀라운 선물에 대해 경탄하는 마음을 잃어버렸다면, 다시 십자가로 돌아가서 구세주가 당신을 위해 고통당하시는 것을 보아야 한다. 하나님의 구원의 선물은 참으로 값진 것이다.

Experiencing GOD

070
시험은 마음을 드러낸다

**네 하나님 여호와께서 이 사십 년 동안에 네게 광야 길을 걷게
하신 것을 기억하라 이는 너를 낮추시며 너를 시험하사 네 마음이
어떠한지 그 명령을 지키는지 지키지 않는지 알려 하심이라 신 8:2**

하나님이 우리에게 어려움이나 고난을 겪게 하실 때는
목적이 있다. 하나님은 이스라엘 백성을 낮추고 시험하
시기 위해 40년 동안 광야 길을 걷게 하셨다.

시험은 마음속에 있는 것을 드러내고 강한 믿음을 낳는
다(약 1:3, 12 참조). 하나님은 그의 백성을 굶주리게 만드셔서
하나님의 공급을 체험하고 하나님을 더 깊이 신뢰할 수 있
게 하셨다. 백성은 하나님과 함께 걸으면서 자신들의 삶이
하나님의 말씀에 달려 있다는 것을 깨달았다. 비로소 하
나님의 말씀이 그들이 가진 가장 중요한 것임을 알게 되었
다. 하나님의 말씀이 생사를 좌우한다는 것을 알았다. 그
들은 하나님의 말씀을 들을 준비가 되어 있었고, 그 결과
하나님이 놀라운 승리로 이끌어 주셨다.

지금 하나님이 삶의 어떤 영역에서 당신을 시험하고 계
신가? 하나님의 시험으로 무엇이 드러났는가? 하나님이
당신을 인도하신 것 때문에 하나님을 원망하게 되었는가?
아니면 당신이 겪은 일의 결과로 하나님을 더욱 신뢰하게
되었는가?

071
하나님을 제한하지 말라

너는 내게 부르짖으라 내가 네게 응답하겠고
네가 알지 못하는 크고 은밀한 일을 네게 보이리라 렘 33:3

우리는 하나님이 우리를 통해 이루고자 하시는 일보다 훨씬 더 못한 것에 만족하고 안주할 때가 너무 많다. 전능하신 하나님이 우리에게 말씀하실 때 우리가 하는 행동이 바로 하나님에 대해 무엇을 믿는지 보여 준다. 그때 우리가 무슨 말을 하는지는 아무 상관이 없다.

하나님은 인간 역사상 가장 큰 출애굽에 대한 계획을 모세에게 보여 주셨다. 그리고 그 일을 성취하는 데 모세를 사용하셨다. 모세는 그 말을 듣고 당황해서 자신이 하나님의 역사에 참여할 수 없는 핑계를 대기 시작했다. 모세는 하나님의 능력에 대한 믿음은 쉽게 고백했을 것이다. 다만 하나님이 과연 그의 삶을 통해 기적적인 일을 하실 수 있을지는 믿지 못했다. 결국 모세는 하나님과 논쟁함으로써 남은 일생 동안의 사역을 한정지었다(출 4:13-16 참조).

지금까지 경험한 것보다 훨씬 더 많은 일을 하나님이 당신의 삶을 통해 하기 원하신다는 것을 느끼는가? 그것이 무엇인지 보여 달라고 간구하라. 그리고 하나님의 말씀에 믿음과 순종으로 응답할 준비를 하라.

072
하나님의 길은 다르다

이는 하늘이 땅보다 높음같이 내 길은 너희의 길보다 높으며
내 생각은 너희의 생각보다 높음이니라 사 55:9

하나님이 어떤 일을 하실 때 정확히 우리가 생각한 대로 하시는 경우는 매우 드물다. 우리가 그리스도인으로서 겪는 좌절 가운데 많은 경우는 하나님이 무엇을 하시거나 하지 않으시는 것과 전혀 무관하다. 오히려 하나님이 어떻게 행하실 것인지, 또 행하셔야 하는지에 대한 우리의 잘못된 억측과 밀접한 관련이 있다.

모세는 출애굽 과정에서 자신이 하나님께 순종했을 때 오는 결과에 대해 잘못 알았고, 그래서 상황이 자기가 예상한 대로 되지 않자 실망했다(출 5:22 참조). 하나님은 모세에게 무엇을 해야 하는지 말씀해 주셨을 뿐, 결과는 말씀해 주지 않으셨다.

자신의 상식을 사용하여 하나님의 일을 하려는 것은 어리석은 일이다. 하나님은 당신의 상식을 배제하지 않으시고 그것을 성화시키신다. 당신에게 하나님의 지혜를 주심으로 하나님의 길을 이해할 수 있게 해 주시는 것이다. 당신의 삶에서 하나님이 하신 일들을 돌아보면, 하나님이 당신을 인도해 오신 길에서 최고의 지혜를 발견할 것이다.

073
다음 걸음을 내딛으라

**곧 부르시니 그 아버지 세베대를 품꾼들과 함께 배에 버려 두고
예수를 따라가니라** 막 1:20

우리는 본능적으로 안전지대를 찾아 정착하려는 경향이
있다. 그런데 하나님은 당신을 지금 있는 곳에서 하나님이
원하시는 곳으로 데려가기를 원하신다. 이때 언제나 순종
함으로 한 걸음 나아가면, 다음 진리가 기다리고 있을 것이
다. 그것은 때로는 새로운 지역으로 이사를 가거나 새
직장으로 옮기는 것을 의미할 것이다. 기도 생활이 한층
더 깊어져야 한다는 뜻도 될 수 있다. 예전보다 더 깊이 하
나님을 신뢰해야 할지도 모른다.

어부들은 고기잡이 배에 남아 있으면서는 예수 그리스도
의 사도들이 될 수 없었다. 아브라함은 75세 때 하나님께
중요한 인생의 사명을 받았다. 이들은 하나님과의 관계에
서 새로운 고지에 도달하기 위해 편안한 일상을 버려야 했
다. 마찬가지로 하나님이 당신에게 원하시는 만큼 하나님
을 경험하려면, 하나님이 요구하시는 대로 순종해야 할 것
이다. 그리스도가 자신을 계시해 주심으로 당신 삶을 변화
시키실 것을 믿고 마음의 준비를 하고 있는가? 당신을 편
안하게 해 주는 것들을 포기할 마음이 있는가?

Experiencing GOD

074
진리는 체험하는 것

**말씀을 마치시고 시몬에게 이르시되 깊은 데로 가서
그물을 내려 고기를 잡으라 눅 5:4**

예수님이 자신에 대해 뭔가를 가르쳐 주실 때는 경험을
통해 삶으로 배우게 하신다. 사람들이 많이 모여들자 예수
님은 베드로의 배에 올라타 거기서 사람들을 가르치기로
하셨다. 베드로는 종일 배 안에 앉아 예수님의 가르침을
들었다. 말씀을 마치신 후 예수님은 무리에게 가르쳐 주신
교훈을 베드로가 실제로 경험하도록 해 주셨다.

예수님은 베드로에게 깊은 물에 그물을 내리라고 하셨
다. 베드로는 예수님께 순종했고, 거의 배가 가라앉을 만
큼 고기를 엄청나게 많이 잡았다. 이로써 베드로는 예수님
의 명령대로 따르면 무엇이든 할 수 있다는 것을 배웠다.
또한 예수님은 이렇게 해서 베드로의 우선순위를 고기 잡
는 데서 사람을 낚는 것으로 바꾸셨다(눅 4:10 참조).

하나님은 당신이 단지 진리를 지적으로 아는 것을 원치
않으신다. 그분은 당신이 하나님의 진리를 직접 체험하기
원하신다. 예수님에 대한 어떤 진리들은 오직 순종을 통해
서만 배울 수 있다. 순종하면 더 큰 계시와 섬김의 기회들
이 주어질 것이다.

075
거룩에는 예외가 없다

**모세가 길을 가다가 숙소에 있을 때에 여호와께서
그를 만나사 그를 죽이려 하신지라 출 4:24**

모세는 역사상 가장 위대한 사명을 받았다. 하지만 그런
그도 하나님의 명령 가운데 하나에 순종하지 않았고, 이
때문에 하나님은 모세를 죽이려 하셨다. 그때 모세가 재빨
리 순종하지 않았다면 틀림없이 목숨을 잃었을 것이다. 모
세는 하나님이 요구하시는 거룩함에는 예외가 없다는 것
을 배웠다.

하나님이 백성에게 어떤 것을 요구하실 때는 당연히 지
도자들에게도 그것을 요구하신다. 하나님은 모세의 삶이
거룩한 대로가 되어, 그 길을 통해 수많은 사람들을 구원
하기를 원하셨다. 그런데 모세를 백성의 지도자로 사용하
시기 전에, 모세의 삶에서 중요하게 손을 보셔야 할 부분
이 있었던 것이다.

당신은 하나님을 섬기려고 애쓰면서도 정작 하나님이 하
라고 하신 일을 잊고 있지는 않은가? 마치 하나님이 당신
의 불순종을 알아채지 못하시는 것처럼 살고 있지는 않은
가? 하나님의 기준들을 다른 사람들에게 적용할 때만큼 엄
격하게 자신에게도 적용하고 있는가?

Experiencing GOD

076
깨어 있는 파수꾼

내가 내 파수하는 곳에 서며 성루에 서리라 그가 내게 무엇이라 말씀하실는지 기다리고 바라보며 나의 질문에 대하여 어떻게 대답하실는지 보리라 하였더니 합 2:1

파수꾼이 하는 일은 아주 중요했다. 적군이 갑자기 쳐들어오면 고대 도시 사람들은 도망치거나 전쟁 준비를 할 시간이 없었다. 따라서 민첩한 파수꾼에게 모든 사람의 목숨이 달려 있었다.

하나님은 당신을 당신 자신과 친구들, 가족들, 교회 지체들을 위한 파수꾼으로 세우신다. 파수꾼으로서 하나님의 말씀을 경청하는 것은 필수다. 가령 한 친구가 위기에 처하여 하나님의 말씀이 필요하다고 하자. 그러면 당신이 성경 공부할 때, 하나님이 그 친구와 나눌 말씀을 주실 수 있다. 자녀들이 힘든 문제에 직면했을 때, 당신이 기도하는 동안 그들을 도울 수 있는 방법을 알려 주실 수 있다.

당신이 영적으로 깨어 있으면, 주변 사람들이 직면한 구체적인 위험과 관련된 하나님의 경고를 들을 수 있다. 반면에 당신이 하나님의 메시지를 염두에 두고 있지 않으면, 하나님이 당신을 통해 나누고자 하셨던 격려의 약속을 다른 사람들에게 전하지 못할 것이다. 하나님이 당신에게 주시는 모든 말씀에 주의를 기울이려고 노력하라. 하나님의 경고에 주의하고 그 명령을 따를 때, 당신의 수고가 당신 자신과 주변 사람들에게 유익을 줄 것이다.

077
용서는 선택이다

**너희가 사람의 잘못을 용서하면 너희 하늘 아버지께서도 너희 잘못을
용서하시려니와 너희가 사람의 잘못을 용서하지 아니하면
너희 아버지께서도 너희 잘못을 용서하지 아니하시리라 마 6:14-15**

용서는 영적인 은사나 기술, 또는 타고난 기질이 아니다.
용서는 선택이다. 예수님은 자신을 조롱하며 잔인하게 십
자가에 못 박은 자들을 경멸하셨지만, "아버지 저들을 사
하여 주옵소서 자기들이 하는 것을 알지 못함이니이다"(눅
23:34)라고 부르짖으셨다. 그런데 우리가 어떻게 우리에게
잘못한 자들을 용서하지 않을 수 있는가?

예수님은 우리가 남을 용서하는 만큼 하나님도 똑같은
기준으로 우리를 용서하실 거라고 말씀하셨다. 하나님의
용서는 우리가 결정하는 기준에 근거하지 않고, 하나님의
말씀 안에서 세우신 기준에 근거한다.

우리 삶에서 하나님의 은혜로운 용서를 참으로 이해할
때, 자연히 이와 같은 용서를 다른 사람들에게도 베풀 수
있다(엡 4:32, 골 3:13 참조). 하나님께 용서를 구하기 전에, 잠
시 당신의 관계들이 어떠한지 생각해 보라. 지금 당신이
다른 사람들을 용서하는 것처럼 하나님이 당신을 용서해
주시길 바라는가?

078
어려움에 처할 때

환난 날에 나를 부르라 내가 너를 건지리니
네가 나를 영화롭게 하리로다 시 50:15

어려움에 처했을 때 하나님을 부르는 것이 하나님을 영화롭게 한다는 것을 알고 있었는가? 하나님은 그를 의지하면 구원해 주신다고 약속하셨다. 당신이 어려움에 처했는데 하나님께 도움을 구하지 않을 때마다 마땅히 하나님께 드려야 할 영광을 드리지 않는 것이다.

하나님이 당신을 곤경에 처하게 허락하셔서 하나님을 부르게 하시고, 그래서 하나님이 그의 자녀들의 삶에 일으키시는 변화를 온 세상이 보게 하실 때도 있다. 하나님이 당신에게 곤경을 허락하지 않으신다면, 주변 사람들이 그리스도인의 삶에 나타나는 하나님의 공급하심을 목격할 기회가 없을 것이다. 또 당신에게 부족한 것이 없었다면 자만심에 빠져 일상생활에서 하나님을 찾지 않았을지도 모른다.

자존심은 당신의 지혜와 능력과 노력으로 갈등을 해결할 수 있다고 주장할 것이다. 당신의 교만이 마땅히 하나님께 드려야 할 것을 취하지 못하게 하라. 하나님을 부르고, 오로지 당신을 구원해 주실 하나님만 의지하라. 그리고 하나님께 합당한 영광을 돌리라. 곤경에 처하면, 반드시 하나님을 의지하라!

079
풍성하신 하나님

하나님이 능히 모든 은혜를 너희에게 넘치게 하시나니
이는 너희로 모든 일에 항상 모든 것이 넉넉하여
모든 착한 일을 넘치게 하게 하려 하심이라 고후 9:8

하나님과의 관계에서는 뭐든지 풍성하다. 하나님은 어중간하게 하시는 일이 없기 때문이다. 하나님은 종들에게 은혜를 주실 때 절대 인색한 법이 없다.

어떤 일을 하다가 낙담할 때면 하나님의 은혜가 힘을 주고, 하나님과 그의 백성을 사랑하는 마음을 주어서 그 일을 계속할 수 있게 해 줄 것이다. 비판이나 오해를 받을 때, 하나님의 은혜가 당신을 비난하는 자들을 용서할 수 있게 해 주고, 또 당신이 하는 일을 다른 사람들이 이해해 주지 않을 때도 하나님이 기뻐하시는 것을 느낄 수 있게 해 줄 것이다. 하나님이 명령하신 일을 하다가 실수할 때, 하나님의 은혜는 당신을 용서해 주고, 다시 일어서게 해 주며, 그 일을 계속할 수 있는 힘을 줄 것이다.

하나님은 당신의 꿈이나 계획을 이루는 데 필요한 모든 것을 공급해 주겠다고 약속하지 않으신다. 다만 당신이 선을 행하려 할 때, 하나님이 주신 임무를 성공적으로 완수하는 데 필요한 하나님의 은혜가 부족한 일은 절대 없을 거라고 장담하신다.

080
모든 의심은 사라지리라

**예수께서 이르시되 어찌하여 무서워하느냐 믿음이 작은 자들아
하시고 곧 일어나사 바람과 바다를 꾸짖으시니
아주 잔잔하게 되거늘 마 8:26**

하나님의 강한 능력은 믿음을 통해 그리스도인의 삶에
나타난다(히 11:33-35 참조). 의심을 품는다는 것은 하나님을
제대로 알지 못한다는 뜻이다. 당신의 기도생활에 의심이
침투했다면, 하나님이 주신 가장 위대한 능력의 길을 스스
로 거부한 것이다.

의심을 쫓아내기 위해 진심으로 하나님을 의지하는 순
간, 하나님은 자신을 드러내심으로 의심을 없애 주시고 하
나님의 신실하심을 확신하도록 해 주실 것이다. 하나님의
임재 안에서만 믿음이 부족한 문제를 해결할 수 있다. 도
마에게 그러셨던 것처럼, 하나님이 자신을 계시해 주심으
로써 당신에게 있는 모든 의심이 사라지게 해 주셔야만 한
다(요 20:27 참조).

예수님은 가르침을 통해 그들을 작은 기적들로, 큰 기적
들로, 그리고 부활로 인도하셨다. 온 세상의 구원이 제자
들의 믿음에 달려 있다는 것을 아셨다. 당신이 하나님을
신뢰하고 의심을 쫓아내기만을 기다리시는 하나님은 당신
과 가까운 사람들의 삶에서 어떤 일을 하기 원하시는가?

081
즉시 순종하기

예수께서 제자 중의 둘을 보내시며
이르시되 성내로 들어가라 막 14:13상

두 제자는 어떤 도시로 가서 특정한 일을 하는 특정 인물을 찾으라는 아주 구체적인 지시를 받았다. 그 사람이 큰 방을 내주어 유월절 의식을 준비하게 해 줄 것이다. 주님이 말씀하신 게 아니었다면 이런 지시는 아주 이상해 보였을 것이다. 그러나 두 제자는 순종했고, 예수님이 말씀하신 대로 모든 것을 찾아냈다. 제자들이 스승과 함께 보낼 가장 기억에 남고 귀중한 순간이 바로 이 두 사람의 순종에 달려 있었다.

그리스도의 명령에 순종하면 항상 목표를 이룰 수 있다. 주님이 지시하시면 곧바로 순종하라. 때로 하나님은 당신이 어떤 일들을 하도록 인도하시는데, 그 일을 다 마칠 때까지 완전히 이해하지 못할 때도 있다. 대신 당신이 하나님의 말씀을 이행할 수 있을 만큼은 말씀해 주시되, 계속해서 한 걸음씩 하나님의 인도하심을 의지할 수 있도록 모든 정보를 알려 주지는 않으신다. 당신의 반응에 따라 다음에 하나님이 당신의 삶에서 행하실 일이 달라질 것이다. 하나님이 주신 명령 가운데 순종하지 않은 것이 있다면, 즉시 순종하고 당신의 삶에서 하나님의 완벽한 계획이 펼쳐지는 것을 보라.

Experiencing GOD

082
경고를 귀담아 들으라

**다 앉아 먹을 때에 예수께서 이르시되 내가 진실로 너희에게 이르노니
너희 중의 한 사람 곧 나와 함께 먹는 자가 나를 팔리라** 막 14:18

'나는 절대로 주님을 배신하지 않을 것이다.' 제자들은 저
마다 진심으로 그리스도에 대한 충성을 맹세했다. 그러나
예수님은 그들을 보시고 이렇게 말씀하셨다. "너희 중의
한 사람 곧 나와 함께 먹는 자가 나를 팔리라."

어떻게 주님과 그렇게 친밀하고 깊은 교제의 시간을 가
지고 나서 그토록 빨리 배신과 영적인 실패로 치달을 수
있단 말인가?

겟세마네와 십자가의 극심한 압박감 속에서, 제자들은
정말 생각지도 못한 행동들을 하고 말았다. 베드로도 예수
님을 부인했고, 모두가 예수님을 떠나고 말았다. 우리 마
음은 순간적인 압박감을 느끼면 깜짝 놀랄 만한 행동을 하
기 때문이다.

삶의 환경은 순식간에 달라질 수 있다. 당신의 마음을 지
키라. 이제 하나님의 부드러운 경고에 귀를 기울이라. 예
수님의 첫 제자들이 실패했던 것처럼 당신도 실패할 수 있
다. 당신도 첫 제자들처럼 예수님을 떠날 수 있다. 당신이
예수님을 실망시켜 드릴 가능성이 있는 삶의 한 영역에 대
해 예수님이 경고하시면, 그 말씀을 주의해 들으라!

083
주님의 마음 헤아리기

**심히 놀라시며 슬퍼하사 말씀하시되 내 마음이 심히 고민하여
죽게 되었으니 너희는 여기 머물러 깨어 있으라** 막 14:33하-34

주님이 세상 짐을 지고 가실 때 그 영혼 속에서 뜨겁게
타오르는 감정을 아는가? 예수님은 기꺼이 제자들에게 마
음을 털어놓으셨으나 제자들은 예수님의 마음속 깊은 감
정과 고뇌를 알지 못했다.

예수님이 어린아이들을 보고 기뻐하셨을 때 제자들은 그
아이들을 쫓아내려 했다(눅 8:15-16 참조). 예수님이 죄 가운
데 사는 여자를 동정하셨을 때 제자들은 당황스러워했다
(요 4:27 참조). 예수님이 죽음에 직면한 자들의 절망적인 상
태를 보고 우실 때, 그의 가장 친한 친구들은 마치 예수님
이 죽은 자를 살리실 능력이 없는 것처럼 슬퍼했다(요 11:1-
44 참조).

하나님의 느낌을 이해하려고 애쓸 때, 하나님이 그 마음
의 강렬함을 당신에게 보여 주실 것이다. 누군가 고생하는
걸 볼 때, 예수님이 느끼시는 긍휼함을 당신도 느낄 수 있
다. 죄인들이 회개하며 하나님께 돌아갈 때 아버지의 기쁨
을 함께 나눌지도 모른다. 악에 대해서도 예수님과 같은
반응을 보일 것이다. 항상 깨어서 기도하면 예수님이 그의
마음을 당신과 함께 나누실 것이다.

084
더 깊은 데로 들어가자

조금 나아가사 땅에 엎드리어 …… 구하여 막 14:35

그리스도와의 표면적인 관계에 만족하는 그리스도인들
이 있는가 하면, 예수님과 가장 거룩한 순간들을 함께하고
싶어 하는 사람들도 있다.

예수님이 겟세마네 동산에서 신성한 기도를 드리던 날
밤에, 사람들은 그분께 다양한 반응을 보였다. 예수님이
그 동산에 계신 것도 모를 만큼 무관심한 사람들이 있었
다. 그리고 예수님이 어디 계신지 알았지만 자신의 계획을
실행하느라 바빠서 그와 함께하지 않은 유다가 있었다. 나
머지 제자들은 예수님과 함께 동산에 있었지만 잠에 빠져
제정신이 아니었다. 제자들 중에도 측근 그룹인 베드로,
야고보, 요한이 있었다. 그들은 처음엔 예수님과 함께 기
도했지만 그 순간의 중요성을 깨닫지 못했다. 결국 예수님
은 홀로 기도하셨다. 제자들보다 더 나아가서 더 오래 기
도하셨다.

하나님은 그분과 함께 더 깊은 기도 생활로 들어가도록
당신을 부르신다. 예수님이 가장 거룩한 순간으로 함께 데
리고 가실 수 있는 사람이 된다면, 그날 밤 동산에서 천사
들만 예수님과 함께 나눈 것들을 당신도 경험할 것이다.

085
영으로 사는 삶

시험에 들지 않게 깨어 있어 기도하라
마음에는 원이로되 육신이 약하도다 막 14:38

때로는 영이 육신보다 우위에 있어야 한다. 영은 하나님이 당신에게 무엇을 원하시는지 알지만, 육신은 자신의 만족을 구하기 때문이다. 피곤해도 잠을 뿌리쳐야 하는 때가 있다. 그런 때에는 쉬는 것이 당신에게 큰 해가 되기 때문이다. 하나님이 "깨어 있어 기도하라"고 명령하실 땐 순종하는 것이 가장 중요하다.

예수님은 겟세마네 동산에서 기도하실 때 사역의 정점이 속히 다가오고 있다는 것을 아셨다. 그때 예수님은 그들에게 죽을 만큼 심히 괴롭다고 하셨다. 제자들은 힘을 내어 주님의 요구에 순종해야 했다. 그러나 그들은 잠이 들어버렸다.

예수님은 당신에게 그분의 일을 함께하자고 요청하신다. 주님과 함께 기도하기 위해 당신의 육체적 필요와 욕구들을 부인해야 할지도 모른다. 심지어 예수님이 계신 곳으로 가기 위해 편안함과 안전을 포기해야 할지도 모른다. 예수님의 명령을 성취하는 데 아무것도 방해가 되지 않도록, 모든 육체적 욕구를 성령의 지배하에 두도록 노력하라.

Experiencing GOD

086
실패가 끝은 아니다

**예수께서 제자들에게 이르시되
너희가 다 나를 버리리라 이는 기록된 바** 막 14:27

　예수님을 따르다 보면 극심한 고통의 순간들을 만난다. 모든 사건들이 서로 작당하여 당신과 주님의 관계를 무너뜨리려고 하는 것 같은 때도 있을 것이다.

　제자들은 예수님에 대한 극심한 반대 세력에 직면하여, 예수님이 십자가에 못 박히시던 날 밤에 모두 예수님을 실망시켰다. 그러나 예수님은 제자들이 실패하기도 전에, 그런 결과를 다 아시면서도 그들을 사도로 키워서 담대하게 복음을 전파하고, 기적을 행하고, 다른 사람들을 가르치도록 훈련시키셨다. 그리고 후에 부활하신 그리스도가 바닷가에서 베드로를 만나셨을 때 그에게 요구하신 것은 죄에 대한 고백이 아니라 사랑 고백이었다(요 21:15-17 참조).

　어쩌면 당신도 베드로처럼 주님 편에 서 있겠다고 약속했지만 실패했을지도 모른다. 하지만 당신의 실패가 너무 어마어마해서 하나님이 해결하실 수 없을 거라는 생각은 하지 말라. 대책이 없어 보이는 문제들을 만나더라도 낙망하지 말라. 하나님은 이미 모든 것을 아시고, 당신이 넘어질 때마다 대응책을 마련해 두셨다(고전 10:13 참조).

087
축복의 기회를 붙잡으라

세 번째 오사 그들에게 이르시되
이제는 자고 쉬라 그만 되었다 막 14:41상

"그만 되었다!" 주님의 이 말씀에 제자들의 마음이 얼마나 찔렸을까? 거룩한 순간을 예수님과 함께할 기회가 주어졌는데 실패한 것이다. 예수님이 십자가를 준비하시며 보내신 그 외로운 밤에 위안이 되어 드린 것은 제자들이 아니라 천사들이었다. 그날 밤의 기억은 남은 평생 동안 그들을 따라다녔을 것이다.

제자들처럼 당신에게도 주님을 섬길 특별한 기회들이 주어진다. 예수님이 당신의 친구, 가족, 또는 동역자의 삶에서 일하실 때 당신에게 함께하자고 요구하실 때가 있다. 그때 당신이 자신의 필요에만 몰두해 있으면 하나님의 거룩한 사역에 동참하는 축복을 잃어버리는 것이다.

하나님은 굳이 우리의 순종을 필요로 하지 않으신다. 우리가 하나님을 실망시켜 드려도 하나님의 명령을 수행할 준비를 갖춘 천사들의 군단이 있기 때문이다. 결국 하나님이 우리 삶에서 하고자 하시는 일을 놓치는 것이니 우리만 손해인 것이다. 하나님이 말씀하실 때 즉각 응답하라. 당신을 향한 하나님의 뜻은 완벽하며, 풍성한 삶으로 인도해 준다.

088
확신은 말씀에서 온다

그러나 이는 성경을 이루려 함이니라 하시더라
제자들이 다 예수를 버리고 도망하니라 막 14:49하-50

　　인생의 가장 암울한 순간에, 하나님으로부터 오는 말씀만이 유일하게 위로가 될 때가 있다. 절친한 친구들이 예수님을 버리고 배반했을 때 예수님께는 큰 고통이 몰려왔을 것이다. 이 암울한 순간에 예수님을 지탱해 준 것은 무엇이었을까?

　　예수님은 성경에서 위안을 찾으셨다(마 26:20-25, 31 참조). 성경은 모든 것을 올바른 시각으로 보게 해 주었고, 예수님이 겪으시는 모든 일들이 아버지의 계획에 의한 것임을 확실히 알게 해 주었다. 성경말씀이 모든 일들을 아버지가 주관하신다는 사실을 확신시켜 주었기 때문에 예수님이 확신을 가지고 계속 나아가실 수 있었다.

　　매일 하나님의 말씀에 깊이 빠져 살면 위기가 찾아와도 놀라지 않을 것이다. 당신의 초점을 매일 하나님께 맞추라. 하나님이 힘든 순간들을 지나도록 당신을 안전하게 인도하실 것이다. 믿음 없는 사람들이 당신이 하는 일을 결정하게 해선 안 된다. 성경을 의지하고, 그 말씀의 인도를 받아 하나님과 하나님의 일로 다시 돌아가라.

089
시험이 와도 안전한 사람

**시몬아 시몬아 보라 사탄이 너희를 밀 까부르듯 하려고
요구하였으나 그러나 내가 너를 위하여 네 믿음이
떨어지지 않기를 기도하였노니** 눅 22:31-32상

예수님은 베드로를 끔찍이 사랑하셨다. 예수님이 체포되어 십자가에 못 박힐 시간이 임박했는데, 그 와중에도 앞으로 닥칠 일에 대비해 베드로에게 힘을 북돋워 주신 것이다. 예수님은 하나님이 사탄의 영향력을 제한해 두셨다고 확신시켜 주셨다. 그리고 베드로의 믿음이 약해지더라도 이겨 내고 다른 사람들을 강건하게 해 줄 거라는 확신을 나타내셨다.

예수님은 당신이 만날 모든 유혹과 시험들을 알고 계시며, 당신을 구원할 준비를 하고 계신다(고전 10:13 참조). 베드로를 위해 하신 것처럼 지금도 당신을 위해서도 중보해 주신다(롬 8:34, 히 7:25 참조).

유혹을 당할 땐 즉시 예수님을 의지하라. 예수님이 당신을 아버지께로 이끄실 것이며, 유혹을 이겨 내게 하실 것이다. 당신이 이 세상에서 만날 수 있는 모든 일들을 예수님이 이미 이기셨기 때문이다(요일 4:4 참조). 예수님의 중보기도로 시험을 받아도 안전한 당신은 또한 다른 사람들을 강건하게 해 줄 수 있을 것이다. 강하고 담대하라!

090
찬양하고 찬양하라

이에 그들이 찬미하고 감람 산으로 가니라 막 14:26

찬양은 하나님께 큰 영광이 된다. 다윗 왕이 행렬을 이끌고 언약궤를 예루살렘으로 가지고 갈 때도 온 힘을 다해 하나님을 찬양했다(삼후 6:12-23 참조). 다윗의 찬양은 하나님을 기쁘게 해 드렸고, 그 결과 하나님의 강력한 임재가 다윗의 왕국 안에 머물므로 모든 적을 이길 수 있었다.

예수님은 하나님의 가장 큰 승리가 이루어질 겟세마네와 십자가를 앞에 두고 제자들에게 찬송을 부르게 하셨다. 곧 제자들은 모두 예수님을 버릴 것이고 예수님은 잔혹한 형벌을 당하시겠지만, 그래도 예수님은 하나님을 찬양하게 하셨다. 그들의 찬양은 십자가를 넘어 하나님의 궁극적인 승리를 바라보는 것이었다. 이처럼 찬양은 현재 상황에 근거한 것이 아니라, 신뢰할 만한 하나님의 속성에 근거한 것이다.

하나님이 그의 나라를 위해 계속 일하라고 명령하실 때 당신은 기뻐해야 한다. 승리가 이미 당신 것임을 알기 때문이다. 수많은 문제와 다른 사람들의 실패에 초점을 두지 말고, 하나님이 주시는 승리의 확신에 초점을 두라.

091
주님이 앞서 행하신다

그러나 내가 살아난 후에 너희보다 먼저 갈릴리로 가리라 막 14:28

하나님은 절대로 당신 혼자 어떤 곳으로 보내지 않으신다. 항상 자녀들보다 앞서 가신다. 낮에는 구름기둥으로, 밤에는 불기둥으로 이스라엘 백성을 인도해 주셨던 것처럼 하나님은 당신보다 앞서가신다. 뿐만 아니라 당신의 옆에서, 또 뒤에서 모든 순간 보호해 주시고 위로해 주신다 (시 139:7-12 참조).

예수님은 제자들이 십자가 사건으로 완전히 어리둥절해지리라는 것을 아셨다. 그래서 무슨 일이 일어나든, 어디로 가든, 하나님이 이미 그들 앞에 가셨다는 확신을 갖고 행하라고 미리 말씀해 주셨다.

힘들거나 혼란스러운 시기를 겪고 있다면, 주님이 당신보다 앞서 가셨고 또 당신과 함께 계신다는 것을 기억하라. 어디를 가든지 그리스도가 당신을 기다리고 계실 것이다. 죽음에 직면하더라도, 주님이 당신보다 앞서 가셔서 승리하셨다는 사실을 믿고 의지하라. 인생의 모든 경험을 지날 때마다 하나님이 당신과 함께해 주실 것이다.

Experiencing GOD

092
최상의 지혜

너희는 지켜 행하라 이것이 여러 민족 앞에서
너희의 지혜요 너희의 지식이라 신 4:6상

참된 지혜는 세상에 대해 무엇을 얼마나 알고 있느냐가 아니라 하나님을 얼마나 잘 아느냐 하는 것이다. 하나님이 자신을 위해 한 나라를 창조하신 목적은 하나님 백성의 순종을 통해 온 세상에 그분의 지혜를 보여 주시려는 것이었다(슥 8:23 참조).

하나님은 당신에게도 하나님의 지혜에 기반을 둔 삶을 살 기회를 주신다. 불신자들은 중요한 결정을 할 때 자신의 지식과 견해를 의지해야 한다. 그러나 그리스도인은 하나님의 지혜를 사용할 수 있다. 하나님의 영이 당신 안에서 당신을 인도해 주시기 때문이다(요 16:13 참조). 성령이 눈을 열어 주셔서 성경의 진리를 보게 해 주시면, 하나님의 관점으로 모든 것을 볼 수 있다.

하나님이 당신의 삶을 인도하면 주변 사람들이 참된 지혜를 볼 것이다. 당신이 지혜로운 결정을 내림으로써 온 가족이 복을 받을 것이다. 친구들에게는 지혜로운 조언자로 도움을 줄 수 있을 것이다. 순종하는 삶은 성령의 인도를 받는 지혜를 보여 준다

093
열매 맺는 삶

**내가 진실로 진실로 너희에게 이르노니 한 알의 밀이
땅에 떨어져 죽지 아니하면 한 알 그대로 있고
죽으면 많은 열매를 맺느니라** 요 12:24

어떤 것들은 죽어야 열매를 맺는다. 어떤 씨앗들은 겨울 동안 얼지 않으면 싹이 트지 않는다. 예수님은 자신의 죽음이 세상에 구원을 가져오리라는 것을 아셨다.

그리스도인이 되는 순간 당신의 악한 본성은 죽었으나(롬 6:6 참조), 자발적으로 죽지 않는 성품의 악한 면들은 여전히 남아 있다. 이기적인 마음이나 욱하는 성질, 불타는 야망과 같은 악한 태도들이 살아 있으면 성령의 열매들을 억누른다. 당신의 성품 때문에 어떤 이들이 예수님께 나아가지 못할 수도 있다. 당신의 야망 때문에 자신의 목적을 위해 다른 사람들을 이용할 수도 있다. 예수님께 내어 드리지 않은 삶의 일부 영역들 때문에 당신의 가족이 고통을 겪을지도 모른다.

'하지만 이게 내 모습인걸!'이라는 변명은 아무 쓸데없다. 과거에 당신은 그랬다. 하지만 그 사람은 그리스도와 함께 죽었다. 이제는 새 피조물인 것이다(고후 5:17 참조). 하나님이 당신 안에서 그분의 일을 완성하시게 하고, 당신의 삶에서 어떤 열매들이 맺히는지 보라.

094
모든 피조물을 다스리시는 분

**그의 머리와 털의 희기가 흰 양털 같고 눈 같으며
그의 눈은 불꽃 같고 그의 발은 풀무불에 단련한 빛난 주석 같고
그의 음성은 많은 물 소리와 같으며** 계 1:14-15

요한계시록에서 볼 수 있는 예수님의 모습은 참으로 극적이다. 그분은 큰 능력으로 모든 피조물을 다스리신다. 그분의 겉모습은 너무도 장엄하여, 사랑하는 제자 요한이 그분을 보고는 죽은 자같이 땅에 쓰러졌다(계 1:17 참조).

우리는 우리가 섬기는 하나님을 너무 지나치게 과소평가한다. 하나님의 말씀을 무시하거나 하나님의 직접적인 명령에 불순종하는 것은 곧 그리스도의 위엄을 무시하는 것이다. 다른 사람들을 두려워한다는 것은 곧 우리와 함께하시는 경외로우신 주님을 제대로 이해하지 못한다는 뜻이다. 그리스도는 모든 피조물의 주님이시다. 그분은 우리가 흔히 상상하는 친절한 랍비와 비길 수 없이 두렵고 힘 있으신 분이다.

그리스도께 순종하기가 힘들다면, 요한계시록에 묘사된 예수님의 모습을 좀 더 자세히 살펴보라. 유혹에 지고 있다면, 당신 안에 거하시는 능력의 주님을 부르라. 당신 삶에 극적인 변화가 일어날 것이다.

095
예수님을 증거하는 삶

우리가 보고 들은 바를 너희에게도 전함은
너희로 우리와 사귐이 있게 하려 함이니 우리의 사귐은
아버지와 그의 아들 예수 그리스도와 더불어 누림이라 요일 1:3

사도 요한은 주님과의 관계가 삶을 변화시키는 것을 경험하면서 놀라움을 금치 못했다. 무엇보다도 역사의 한 시점에서 우주의 하나님이 평범한 어부인 자신을 택하여 교제를 나누셨다는 사실이 감격스러웠다. 요한은 기쁨이 넘쳐서, 자신의 기쁨을 다른 사람들에게 말하지 않고는 견딜 수가 없었다. 그들도 같은 기쁨을 경험하게 해 주고 싶었다. 개인적으로 그리스도를 만난 사람들 간에 특별한 교제 또는 유대감이 점점 커져 갔고, 그들을 향한 하나님의 선하심을 함께 기뻐했다.

주변 사람들이 당신이 그리스도와 만나는 것을 보고 힘을 얻어야 한다. 그들은 살아 계신 그리스도와의 개인적인 만남으로 삶이 변화된 사람의 이야기를 기대한다. 당신의 임무는 다른 사람들에게 하나님의 실재를 확신시켜 주는 것이 아니라, 단지 주님이 말씀하시고 당신을 위해 행하신 일들을 증거하는 것이다. 당신의 삶의 변화가 그리스도와의 관계를 입증하는 가장 큰 증거가 될 것이다. 예수님과 함께 있었던 사람의 증언보다 더 호소력 있고 설득력 있는 것은 없다.

096
사랑 때문에

**자기 아들을 아끼지 아니하시고 우리 모든 사람을 위하여
내주신 이가 어찌 그 아들과 함께 모든 것을
우리에게 주시지 아니하겠느냐 롬 8:32**

하나님은 당신을 구원하기 위해서라면 아무리 소중한 것이라도 내어놓으신다. 아버지께서 당신을 구원하기 위해 소중한 아들을 내주심으로, 그의 사랑이 한이 없다는 사실을 영원히 입증해 주셨다. 하나님은 우리에게 영원한 생명을 주시기 위해 많은 것을 희생하셨고, 그로 인해 하나님이 또한 우리에게 풍성한 생명을 주기 원하신다는 것을 알고 안심할 수 있게 해 주셨다(요 10:10 참조).

하나님이 우리의 기도에 응답해 주시는 것은 하나님의 사랑과 은혜 때문이다. 우리가 확신을 갖고 기도할 수 있는 것은 '하나님이 어떤 분인지' 알기 때문이다. 우리가 하나님께 그 어떤 것을 구하더라도, 그분이 십자가에서 우리를 위해 치르신 희생에 비할 것이 있겠는가?

전능하신 하나님이 우리에게 영생을 주실 뿐 아니라 그것을 온전히 경험하도록 도와주신다는 것을 알기에, 확신과 기대를 안고 살아갈 수 있다.

097
의에 합당한 삶

**하나님이 죄를 알지도 못하신 이를 우리를 대신하여
죄로 삼으신 것은 우리로 하여금 그 안에서
하나님의 의가 되게 하심이라 고후 5:21**

이사야 선지자는 인간의 상태를 이렇게 요약했다. "무릇 우리는 다 부정한 자 같아서 우리의 의는 다 더러운 옷 같으며"(사 64:6). 대제사장 여호수아도 하나님 앞에서는 더러운 옷을 입고 있었다(슥 3:3 참조). 하나님 앞에 의로운 자가 되기 위해 그토록 열심히 애썼던 사도 바울은 자신이 하나님을 기쁘시게 하려고 아무리 노력해도 다 쓰레기에 불과하다는 것을 깨달았다(빌 3:4-10 참조). 인류의 가장 큰 난관은 우리가 무슨 일을 해도 의에 대한 하나님의 갈망을 만족시켜 드릴 수 없다는 것이다. 그러나 하나님의 기적 같은 자비로 우리의 "더러운 옷"을 의의 "아름다운 옷"으로 바꾸어 주셨다(슥 3:4 참조).

이 엄청난 변화를 일으키신 하나님은 인간의 죄를 그분의 의로우신 아들에게 전가하셨다. 예수님이 우리의 죄와 동일시되셨다. 예수님이 짊어지신 죄에 대한 아버지의 진노를 경험하는 것이 어떤 인간의 반대나 육체적 고통보다 더 견디기 힘든 고통이었을 것이다.

당신의 죄 사함을 가볍게 여기지 말라. 하나님은 당신을 용서하시고 당신을 의롭게 하시기 위해 엄청난 대가를 치르셨다. 하나님이 당신에게 주신 의에 합당하게 행하라.

098
묵상의 능력

오직 여호와의 율법을 즐거워하여
그의 율법을 주야로 묵상하는도다 시 1:2

묵상은 '어떤 것에 대해 깊이, 계속 생각하는 것'이다. 그리스도인에게 묵상은 하나님의 임재 안에 머물며 그분이 자신에 대해 계시하시는 진리들을 깊이 생각하는 것, 그 진리가 당신의 삶에서 실제적이고 개인적인 것이 될 때까지 생각하는 것이다. 그러려면 시간이 걸린다.

하나님의 말씀을 머리로는 알지만 마음으로 알지 못한다는 것은, 하나님의 원칙과 생각과 교리들은 배웠으나 아직 예수님을 개인적으로 알지 못한다는 뜻이다. 교리를 거부하거나 생각을 무시하거나 원칙에 이의를 제기할 수는 있어도 예수님의 인격을 무시하기는 훨씬 더 어려운 일이다. 꽤 긴 성경 구절을 암송하면서도 삶은 경건치 못한 이들도 있다. 그러나 성경말씀이 마음에 충만할 때는 계속 하나님께 범죄할 수가 없다.

하나님의 진리가 당신 영혼의 가장 깊은 구석을 어루만질 때, 성령이 당신을 예수 그리스도의 형상으로 변화시키실 것이다. 단순히 성경을 읽지만 말고 하나님의 말씀을 묵상하라. 그리고 하나님께 당신의 마음을 변화시켜 달라고 구하라.

099
가장 큰 재산

우리가 이 보배를 질그릇에 가졌으니 이는 심히 큰 능력은
하나님께 있고 우리에게 있지 아니함을 알게 하려 함이라 고후 4:7

　하나님을 알고 나서 당신 안에 하나님이 거하시게 하는 것은 무한한 가치가 있는 보배다. 예수님은 이 가치를 완벽한 진주의 가치에 비유하셨다. 그리스도를 통해 하나님의 지혜와 지식의 보배를 얻을 수 있다(골 2:2-3 참조). 그분의 이해할 수 없는 평안이 당신의 마음과 생각을 에워싸고 있다(빌 4:7 참조). 예수님이 당신의 삶에 거하실 때 그리스도께 속한 모든 것이 당신 안에 거하게 된다(엡 3:19 참조).

　바울은 우리의 가장 큰 재산은 하나님이 우리 안에 두신 것이라고 했다. 사람들이 우리에게 초점을 둘 때는 약하고, 불완전하고, 낡은 그릇을 본다. 우리의 육신에서 나온 것은 아무것도 칭송할 가치가 없다. 우리 몸은 늙고 힘을 잃어 간다(고후 4:16 참조). 오직 하나님이 우리 안에 충만히 거하시고 우리 속사람을 새롭게 해 주실 때에만 주변 사람들이 우리에게서 측량할 수 없이 귀한 보배를 발견할 것이다. 외모와 육체적인 힘은 갈수록 그 가치가 떨어진다. 하나님이 임재하심으로 당신 안에 무한한 가치가 있다는 성령의 말씀을 듣고 확신을 가지라.

100
작은 일부터 충성하라

**지극히 작은 것에 충성된 자는 큰 것에도 충성되고 지극히
작은 것에 불의한 자는 큰 것에도 불의하니라** 눅 16:10

하나님은 충성하는 자들에게 상급을 주신다. 또한 당신
의 온 삶을 통해 믿음을 성장시키기 원하신다. 그래서 끊
임없이 하나님을 의지해야 하는 상황으로 인도하신다. 당
신이 하나님의 더 큰 계시를 받을 준비가 됐는지 알아보는
가장 좋은 방법은 하나님이 당신에게 주신 일에 얼마나 충
성했는지 보면 된다. 이것이 하나님과 우리의 관계에서 기
본 원칙이다. 하나님이 당신에게 주신 작은 일에 충성했으
면 더 큰 일을 맡을 준비가 된 것이다.

하나님은 현재 당신의 믿음과 순종의 수준 이상으로 당
신을 인도하지 않으신다. 당신이 하나님을 의지할 준비가
될 때까지, 당신이 불충성했던 자리로 돌려보내실 것이다.
이스라엘 백성은 하나님이 약속의 땅으로 인도하실 거라
는 사실을 믿으려 하지 않았고, 그 세대는 다시는 하나님
과 함께 앞으로 나아갈 수 없었다.

당신이 하나님을 믿을 때마다, 하나님을 더 깊이 알 수
있는 새로운 기회의 문 앞에 서게 된다. 믿음의 걸음을 뗄
때마다 하나님과 더 깊은 믿음의 관계로 들어간다. 그것은
하나님을 더 친밀하게 알게 해 주는 열린 초청이다.

101
죽음을 두려워 말라

**사망아 너의 승리가 어디 있느냐
사망아 네가 쏘는 것이 어디 있느냐** 고전 15:55

세상적인 지위, 힘, 또는 부를 막론하고 아무도 사망을 피할 수 없었다. 태어나는 즉시 사망은 우리의 운명이 된다. 많은 사람들이 노력해 봤지만 사망에 대항할 수단을 개발한 사람은 아무도 없었다.

부활의 본질은 사망이 패배했다는 것이다. 사망은 더 이상 난공불락의 적이 아니다. 예수 그리스도께서 사망을 완전히 정복하셨기 때문이다. 주님을 따르는 우리들도 주님의 승리에 동참하게 될 거라고 확실히 말씀해 주신다. 그리스도인들은 사망을 두려워할 필요가 없다. 그리스도가 우리보다 앞서 가셨고, 또 우리를 하늘나라로 데려가실 것이기 때문이다. 사망은 우리를 자유케 하여 영광스럽고 거룩한 하나님의 임재를 경험하게 해 준다.

사망에 대한 두려움 때문에 충만하고 풍성한 삶을 경험하지 못하는 일이 없도록 하라. 사망은 하나님의 자녀로서 당신에게 약속된 영생을 빼앗아 가지 못한다. 예수님은 하늘나라에 당신이 상상도 못할 장소를 예비해 두셨다(요 14:1-4 참조). 죽음은 언젠가 하늘나라에서 당신을 위해 예비된 모든 것에 가까이 갈 수 있는 축복의 문이다.

Experiencing GOD

102
행함으로 순종하라

**그 청년이 재물이 많으므로 이 말씀을
듣고 근심하며 가니라 마 19:22**

우리 삶은 하나님께 어떻게 반응하는지에 따라 달라진다. 하나님이 당신에게 그 자신을 알려 주시면, 그 다음에 무엇을 할지는 당신이 결정해야 한다. 부자 청년 관원은 도덕적인 삶을 살았다. 성경과 하나님의 율법에 정통했다. 그러나 예수님의 초청에 대한 그의 응답은 하나님의 가르침을 머리로는 알고 있으나 하나님을 경험적으로 알지는 못한다는 것을 분명히 보여 주었다.

주님이 당신에게 말씀하실 때마다 당신 삶에서 어떤 변화를 요구할 것이다. 기도할 때마다 이것을 명심하라. 하나님이 당신의 기도에 응답하시고 그분의 뜻을 보여 주신다면, 즉시 당신의 삶에서 어떤 변화를 요구할 거라는 사실이다. 성경을 읽을 때마다 말씀에 순종할 준비가 되어 있어야 한다.

제자들은 믿음을 택했고, 순종으로 믿음을 입증해 보였다. 반면에 부자 청년 관원은 순종하지 못했다. 성경은 그가 '근심하며 갔다'고 말한다. 당신은 그리스도께 긍정적으로 응답하기 위해 어떤 부분을 고치겠는가?

103
유일한 진리

예수께서 잠을 깨사 바람과 물결을 꾸짖으시니
이에 그쳐 잔잔하여지더라 제자들에게 이르시되
너희 믿음이 어디 있느냐 눅 8:24하-25상

진리는 개념이 아니다. 예수님은 자신이 진리라고 말씀하셨다(요 14:6 참조). 먼저 예수님의 말씀을 듣지 않으면 결코 당신이 처한 상황의 진상을 알 수 없다는 뜻이다. 제자들은 폭풍우 속에서 죽게 되었다고 생각했다. 그들은 바다를 아는 어부들이라 어떤 상황인지 잘 알았다. 그래서 환경에 압도되어, 그들의 임박한 죽음이 '진리'라고 생각했다. 그러나 그들이 틀렸다. 진리는 그들의 배 뒤쪽에서 주무시고 계셨다.

때로는 삶의 어떤 영역에서 인간적인 지식이 우리 눈을 가려서 진리이신 주님의 말씀을 들어야 할 절박한 필요성을 깨닫지 못할 수 있다. 예수님이 말씀하시자 그제야 제자들은 상황의 진실을 볼 수 있었다. 폭풍우가 완전히 잔잔해진 것이다. 우리도 과거 하나님의 크신 능력에 힘입어 많은 영적 승리를 경험했을 것이다. 그러나 또 다른 무서운 상황이 닥치면 다시 겁을 먹고 이렇게 말한다. "주님, 저 좀 구해 주세요. 제가 죽게 됐어요!" 하나님은 이렇게 말씀하실 것이다. "나는 이 상황도 다스릴 수 있다. 너는 그로 인해 나를 더 많이 알게 될 것이다."

104
주의 일은 주의 방법으로

**누가 철학과 헛된 속임수로 너희를 사로잡을까 주의하라
이것은 사람의 전통과 세상의 초등학문을 따름이요
그리스도를 따름이 아니니라 골 2:8**

그리스도인에게 '목적이 수단을 정당화한다'고 믿게 하며, '현실적'인 사람이 되어야 하고 '성과를 내야' 한다고 부추기는 미묘한 유혹이 있다. 세상은 당신이 하나님 나라를 위해 무언가를 성취할 수 있다면 그게 가장 중요한 것이라고 설득하려 하지만 성경은 그렇게 말하지 않는다. 아나니아와 삽비라는 교회에 헌금을 드렸고, 그것은 좋은 일이었지만, 그 과정에서 거짓말을 했다. 그래서 하나님은 즉시 그들을 심판하셨다(행 5:1-11 참조).

사탄은 이와 같은 유혹으로 예수님을 함정에 빠뜨리려 했다. 사탄은 예수님의 사역의 가치에 의문을 제기하지 않았다. 다만 예수님의 목적을 좀 더 빨리, 좀 더 쉽게 성취하기 위한 실제적인 방법을 제안했을 뿐이다. 그러나 사람이 보기에 효율적인 것을 하나님은 그리 높이 평가하시지 않는다. 이스라엘 백성이 여리고 성 주변을 열세 번 돌고 나팔을 부는 것은 효율적인 방법으로 보이지 않았다. 그러나 그로 인해 성벽이 무너졌다(수 6장 참조).

사람의 방법으로 하나님의 일을 하려고 하는 것은 지혜로운 일이 아니다. 그것은 겉으로 보기엔 합리적인 것 같지만 하나님의 뜻에 맞지 않는다.

105
하나님의 계획은 구원이다

제자 야고보와 요한이 이를 보고 이르되
주여 우리가 불을 명하여 하늘로부터 내려 저들을 멸하라
하기를 원하시나이까 눅 9:54

　야고보와 요한은 "우레의 아들들"로 불렸다. 사마리아의 한 마을에서 그곳 사람들이 예수님을 받아들이지 않는 것을 보고, 그들은 불을 내려 그 마을 전체를 멸하려고 했다. 그렇게 능력을 나타내 보이면 복음의 메시지가 더 강하게 전해질 거라고 생각했던 것이다. 그러나 예수님은 그들을 꾸짖으셨다.

　나중에 사도들은 사마리아인들이 복음을 받아들였다는 소식을 들었다(행 8:14 참조). 그때, 가서 그들이 성령을 받도록 도우라는 명령을 받은 사람은 바로 베드로와 요한이었다. 하나님의 뜻은 그들을 멸하는 것이 아니라 구원하는 것이었다. 그래서 그 마을에 화염을 내리는 것이 아니라 성령의 불을 내려 주기로 하셨다. 사람의 생각대로 했으면 그 마을 전체가 파괴되었을 것이다. 그러나 하나님의 계획은 그 마을을 구원하는 것이었다.

　당신의 가장 좋은 계획들보다 하나님이 주고자 하시는 것이 사람들에게 훨씬 더 큰 이익이 된다. 혹시 하나님의 계획 대신 당신의 계획대로 함으로써 주변 사람들을 속여 오진 않았는가?

Experiencing GOD

106
인생이 무너져 내릴 때

천사들이 이르되 여자여 어찌하여 우느냐 요 20:13

    막달라 마리아는 예수님이 귀신을 쫓아 주신 날을 생생하게 기억했다. 그날부터 마리아는 예수님의 헌신적인 추종자가 되었다(눅 8:2 참조). 예수님과 함께하는 기쁨을 경험하면서 그녀의 삶도 달라졌다. 그랬는데 어느 날 주님이 잔인하게 죽임을 당하셨다. 게다가 예수님의 시신에 기름을 바르려고 무덤을 찾아갔을 때 무덤은 텅 비어 있었다. 마리아가 깊은 절망에 빠져 흐느낄 때 천사들이 나타나 예리한 질문을 던졌다. "어찌하여 우느냐?" 순간 마리아는 예수님이 약속하신 대로 살아나셨음을 깨달았고, 기뻐하며 그 좋은 소식을 전하러 달려갔다.

    그리스도인의 삶은 항상 편안하지만은 않다. 예수님과 동행하는 기쁜 순간도 있지만, 아무것도 이해되지 않고 세상이 무너져 내리는 것만 같은 때도 있다. 세상은 주님을 조롱할 것이고, 당신은 낙심할 것이다. 그런 때에는 빈 무덤을 자세히 들여다보라. 그 버려진 무덤이 당신에게 희망을 줄 것이다. 빈 무덤은 아무것도 주님의 뜻을 좌절시킬 수 없다는 것을 약속해 준다.

107
예수님께 나아가자

**곧 그 아이의 아버지가 소리를 질러 이르되 내가 믿나이다
나의 믿음 없는 것을 도와 주소서 하더라 막 9:24**

믿음은 우리가 알고 있는 것에 기초한다. 우리에게 소중한 것을 다른 사람들에게 맡기려면, 먼저 그들이 믿을 만한 사람인지 알아보려 한다. 본문에 나오는 아버지는 하나님이 자기 아들을 고쳐 주실 거라고 믿을 수 있을 만큼 하나님을 알게 해 달라고 구했다. 아버지는 필사적으로 예수님께 도와 달라고 소리쳤다. 이에 예수님은 그 아들을 고쳐 주셨다. 절실한 마음으로 자신의 문제를 가지고 예수님께 나아간 덕분이다.

당신이 믿으려고 애쓸 때 그리스도를 피하거나 당신의 그런 노력을 부끄러워해선 안 된다. 예수님께 나아가지 않고는 믿음이 자랄 수 없다. 오히려 예수님은 당신의 믿음이 자라도록 도우실 뿐 아니라, 믿음을 주셔서 필요를 채워 주시는 주님을 신뢰할 수 있게 하실 것이다.

하나님이 당신의 필요를 채우신다는 사실을 믿기 힘들다면, 그것은 하나님이 원하시는 만큼 당신이 하나님을 모르기 때문이다. 하나님께 나아가서, 당신이 직면할 모든 필요를 채우시는 주님의 능력에 대한 확신을 얻으라.

Experiencing GOD

108
막을 수 없는 계획

그 땅을 정탐하러 갔던 사람들 중에서 오직 눈의 아들 여호수아와
여분네의 아들 갈렙은 생존하니라 민 14:38

다른 사람들의 결정과 불순종이 당신에 대한 하나님의
뜻을 취소시킬 수 없다. 물론 다른 사람들의 행동이 당신
에게 영향을 끼치겠지만, 하나님이 당신 안에서, 또 당신
을 통해 하고자 하시는 일은 아무도 막을 수 없다.

여호수아와 갈렙은 하나님을 믿었지만, 다른 사람들의
두려움과 불신 때문에 40년을 광야에서 방황해야 했다. 하
지만 하나님은 여호수아와 갈렙의 삶에서 하려고 하신 일
을 다 하셨다. 하나님이 그들에게 주신 주된 사명은 약속
의 땅에 들어가는 것이 아니라 그 백성을 위한 경건한 지
도자로 섬기는 것이었다. 백성이 아직 광야에서 떠돌고 있
는데 여호수아와 갈렙만 약속의 땅에 들어갔다면 그 백성
을 인도할 수 없었을 것이다. 하나님은 이 지도자들을 그
나라에 경건한 영향력을 발휘할 수 있는 자리에 두었고,
그 결과 그들은 앞으로 올 세대에 영적 지도력의 모델이
되었다. 그리고 말씀하신 대로 갈렙과 여호수아를 약속의
땅으로 들어가게 하셨다.

기억하라. 아무도 하나님이 당신의 삶에 대한 계획을 이
루시는 것을 방해할 수 없다. 하나님이 어떤 일을 시작하
시면 아무도 멈출 수 없다(사 46:11 참조).

109
당신을 포기하지 않으신다

**가서 그의 제자들과 베드로에게 이르기를 예수께서 너희보다
먼저 갈릴리로 가시나니 전에 너희에게 말씀하신 대로
너희가 거기서 뵈오리라 하라 하는지라** 막 16:7

하나님은 그분을 실망시킨 사람들에게 두 번째 기회를
주시는가? 베드로는 자기가 예수님의 가장 믿을 만한 제자
라고 자신있게 말했다(마 26:33 참조). 그러나 베드로는 결정
적인 순간에 다른 제자들과 함께 도망쳤을 뿐 아니라, 예
수님을 모른다고 부인하기까지 했다(마 26:69-75 참조).

그런데 부활하신 그리스도는 베드로를 따로 부르셔서 그
의 사랑과 헌신을 다시 다짐할 기회를 주셨다(요 21:15-17 참
조). 부활하신 주님은 또한 베드로를 오순절의 주 설교자로
택하셨다. 그날에 삼천 명이 교회에 들어왔다.

하나님이 바라시는 것은 당신을 지금 있는 자리에서 하
나님이 원하시는 곳으로 데려가시는 것이다. 실패한 제자
들이 다락방에 함께 숨어 있는 것을 보신 예수님이 제일
먼저 하신 말이 "평강"이었다(요 20:19 참조). 당신이 실패했
을 때 절망한 당신에게 예수님이 건네시는 첫마디도 "평
강"이다. 그런 다음에 당신을 예수님께 돌아오게 하여, 그
를 믿고 따르게 하실 것이다.

주님을 실망시켰더라도 포기하지 말라. 하나님은 당신을
제자로 키우시는 일을 아직 끝내지 않으셨다.

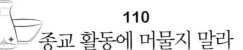

110
종교 활동에 머물지 말라

너희가 성경에서 영생을 얻는 줄 생각하고 성경을 연구하거니와
이 성경이 곧 내게 대하여 증언하는 것이니라 그러나 너희가
영생을 얻기 위하여 내게 오기를 원하지 아니하는도다 요 5:39-40

성경을 연구한다고 해서 영생을 받는 건 아니다. 성경 전체를 암송하고 성경학의 상세한 문제들을 논할 수 있다 해도 그 안에서 발견한 진리를 체험하지 못할 수 있다. 예수님 당시 바리새인들은 그들의 성경 지식을 하나님이 기뻐하실 거라고 생각했다. 그들은 몇 시간이고 하나님의 율법을 암송하고 공부하는 것을 좋아했다. 그러나 예수님은 그들을 책망하셨다. 그들은 성경은 알았지만 하나님은 몰랐기 때문이다. 성경 지식을 자랑했지만, 하나님의 아들을 알라는 초청은 거절한 이들이었다.

다른 대용품들을 의지하고픈 유혹을 받을지도 모른다. 물론 이 대용품들이 꼭 나쁜 것만은 아니다. 봉사, 선행, 또는 신앙서적을 읽는 것도 여기에 포함될 수 있다. 하지만 신앙적인 활동을 아무리 많이 해도 당신과 예수님의 관계를 대신할 수는 없다. 사도 바울은 그리스도를 아는 지식의 탁월한 가치에 비할 때 자신이 한 모든 "선한" 일들을 "배설물"로 여겼다(빌 3:8 참조). 예수 그리스도와의 개인적이고, 생생하고, 점점 성장하는 관계보다 종교적인 활동에 더 만족해서는 안 된다.

111
주님의 발 앞에 앉기

**마리아는 지극히 비싼 향유 곧 순전한 나드 한 근을 가져다가
예수의 발에 붓고 자기 머리털로 그의 발을 닦으니
향유 냄새가 집에 가득하더라** 요 12:3

마르다가 부엌에서 예수님을 위해 열심히 수고하는 동안, 마리아는 기쁜 마음으로 예수님의 발 앞에 앉아 그분의 가르침을 들었다(눅 10:38-42 참조). 마리아는 이렇게 해서 예수님을 알고 사랑하게 되었기 때문에, 자신을 낮추고 마음에 사무치는 사랑을 표현할 준비가 되어 있었다. 그러한 사랑의 깊이와 진실함은 오직 예수님과의 친밀한 교제 시간을 통해 나오는 것이다.

우리가 예수님에 대한 사랑을 표현하는 방식은 예수님과 어떤 관계를 키워 왔느냐에 따라 다르다. 예수님과 함께 시간을 보내고 그분의 음성을 듣고 우리를 향한 그분의 사랑을 경험하지 않으면, 그분을 향한 사랑은 자라지 않을 것이다. 예수님에 대한 사랑이 시들해졌거나 그분을 섬기기 위해 씨름하고 있다면, 그것은 그분의 발 앞에 앉아 시간을 보내야 한다는 분명한 신호다.

우리 주님과 친밀한 교제 시간을 가진 후에, 또한 주님의 음성을 듣고 그분의 사랑을 받은 후에, 우리는 그분을 섬길 준비가 될 것이다. 심지어 그분이 원하신다면 목숨까지 내어놓을 수 있을 것이다.

112
적당한 타협은 금물

이르되 여호와께서 맹세하시기를 여호와가 아말렉과 더불어
대대로 싸우리라 하셨다 하였더라 출 17:16

아말렉 사람들은 이스라엘의 오랜 숙적이었다. 이스라엘 백성이 약속의 땅으로 들어가려 했을 때 아말렉 사람들이 그 길을 막았다(출 17:8-16 참조). 이스라엘 백성이 약속의 땅에 들어가 하나님이 주신 것들을 누리려 하자, 기드온 시대에 아말렉 사람들이 미디안 사람들과 합세하여 히브리인들을 괴롭혔다(삿 6:3 참조). 사울 왕을 몰락하게 만든 것도 아말렉 사람이었다(삼상 15:9, 28 참조). 아말렉 사람들은 계속해서 하나님의 백성의 전진을 방해하려 했고 그들에게서 하나님의 축복을 빼앗으려 했다. 그래서 하나님은 영원히 그들과 싸우시겠노라고 맹세하셨다.

일하느라 바빠서 하나님께 순종하지 못한다면, 인간관계, 물질주의, 또는 해로운 활동이 하나님의 뜻에 순종하지 못하게 방해하고 있다면, 하나님이 그것에 대해 전쟁을 선언하실 것이다. 하나님께 온전히 순종하지 않고 대충 타협하게 만드는 것을 과감히 떨쳐 버리라. 아말렉 사람들과 동조한 사울 왕과 똑같은 실수는 범하지 말라(삼상 15:8-9 참조). 그는 아말렉을 진지하게 생각하지 않았고, 그로 인해 비싼 대가를 치러야 했다.

113
맡은 일 완수하기

엘리야가 아합에게 이르되 올라가서 먹고 마시소서
큰 비 소리가 있나이다 왕상 18:41

하나님의 뜻을 따르려 할 때 성공이 당신의 마음을 흐뜨릴 수 있다. 엘리야의 주요 임무는 가뭄의 시작과 끝을 알리는 것이었다(왕상 17:1 참조). 하나님은 엘리야에게 말씀하시기를, 가뭄은 하나님보다 우상을 숭배한 백성에 대한 심판이라고 아합 왕에게 선포하라 하셨다. 그런데 엘리야가 사명을 수행하는 중에 놀라운 일이 일어났다. 엘리야가 바알 선지자들과 대결하여 하늘에서 불이 내려오게 했고, 결국 수백 명의 바알 선지자들이 죽음에 이른 것이다.

뭔가 놀라운 일이 일어날 때 우리는 곁길로 빠지기가 쉽다. 만일 엘리야가 지금 살았더라면 '하늘에서 불 내리기' 사역을 시작했을지도 모른다. 평범한 일에 순종하는 것보다 극적인 일이 훨씬 더 매력적인 법이다. 그러나 엘리야는 자신이 맡은 임무를 계속했다. 비가 오는 것을 알리는 일 말이다. 이것이 그의 주요 메시지였고, 그는 오직 그 메시지를 전하는 데만 주력했다.

주의하지 않으면 당신이 경험한 성공 때문에 마음이 흐트러져서 본래 하나님이 당신에게 맡기신 일을 완수하지 못할 수 있다.

Experiencing GOD

114
생수의 샘

**내 백성이 두 가지 악을 행하였나니 곧 그들이 생수의 근원 되는
나를 버린 것과 스스로 웅덩이를 판 것인데 그것은
그 물을 가두지 못할 터진 웅덩이들이니라 렘 2:13**

사람들이 신앙생활의 건조기를 겪고 있다고 말하는 것
을 들어 본 적이 있는가? 그들이 뭐라고 말하는가? 주님의
물이 다 말라 버렸다고 말하는가? 당신 안에 있는 생수의
샘을 실개울로 축소시키는 생각은 절대 하지 말아야 한다.
당신은 영적 회복의 근원을 찾기 위해 전국을 돌아다니지
않아도 된다. 수련회, 리트릿, 책 등이 힘을 북돋워 줄 수
는 있지만, 당신이 그리스도인이라면 생수의 근원은 이미
당신 안에 있다.

그 생수의 샘을 인간이 만든, 물도 담을 수 없는 웅덩이
와 바꾸어 버렸는가? 왜 우물을 터진 물탱크와 바꾸려 하
는가? 우물은 마르지 않는다. 하지만 터진 웅덩이는 마른
다. 지금 영적인 건조기를 경험하고 있다면, 그것은 영적
회복의 근원을 인간이 만든 근원에서 찾으려 했기 때문일
것이다. 인간이 만든 것은 매번 당신을 실망시킨다. 예수
님은 "누구든지 목마르거든 내게로 와서 마시라"(요 7:37)고
초청하셨다. 오직 예수님만이 주실 수 있는 생수를 마시고
기운을 얻었는가?

115
생명의 양식

예수께서 이르시되 나는 생명의 떡이니
내게 오는 자는 결코 주리지 아니할 터이요
나를 믿는 자는 영원히 목마르지 아니하리라 요 6:35

예수님은 자신을 믿으면 영적으로 주리거나 영양 부족 상태에 빠지지 않을 거라고 말씀하셨다. 그분이 "생명의 떡"이시기 때문이다. 영적인 필요가 생길 때마다 그냥 그리스도께 가서 우리에게 필요한 것을 공급 받으면 된다.

그런데 혹 인간적인 수단으로 영적인 굶주림을 해결하려고 하지는 않는가? 친구들과 다른 사람들의 경험을 너무 의존하여, 우리 자신의 영적인 양식을 얻기 위해 그리스도께 나아가는 법을 배우지 못한 것은 아닐까? 영적으로 부족한 것이 있다면, 그것은 하나님이 초청하실 때 당신이 믿음으로 나아가지 않았기 때문이다(요 10:10 참조).

하나님이 광야에서 만나를 주셨을 때 이스라엘 백성은 매일 밖으로 나가 하나님의 양식을 받아야 했다. 예수님은 제자들에게 "오늘날 우리에게 일용할 양식을 주시옵고"(마 6:11)라고 기도하라고 가르치셨다. 영적인 양식은 매일 구해야 하는 것이다.

116
예수 안에 거하라

나는 포도나무요 너희는 가지라
그가 내 안에 내가 그 안에 거하면 사람이 열매를 많이 맺나니
나를 떠나서는 너희가 아무것도 할 수 없음이라 요 15:5

하나님의 높은 기준을 충족시키려면 끊임없이 하나님을 위해 일해야 한다고 생각하는 사람들이 있다. 예수님은 포도나무, 즉 우리 생명의 근원이시다. 우리는 가지로서 열매가 열리는 자리다. 우리가 그리스도로부터 생명을 받을 때, 자연적이고 필연적인 결과는 우리 삶에서 열매가 열리는 것이다.

그런데 우리는 주님을 위해 '결과'를 만들어 내려고 애쓰느라 열매 맺기에만 전념하여 정작 그리스도 안에 거하는 일을 소홀히 한다. 예수님은 제자들에게 그들이 예수님과의 친밀한 관계를 떠나서 신앙생활을 하려고 하면 어떤 중요한 성과도 거두지 못할 거라고 경고하셨다. 하나님 나라를 위해 전력을 다하더라도 자신의 삶에 대해 책임을 지지 않으면 메마른 땅만 발견할 것이다.

예수님이 보여 주신 가장 극적인 행동 가운데 하나는 열매 없는 무화과나무를 저주하신 것이었다(막 11:14 참조). 당신은 편안하게 거하고 있는가, 아니면 활동에 참여하고 싶어 안달하고 있는가? 예수님과의 교제를 굳건히 유지하면 자연히 큰 수확을 얻을 것이다.

117
만족하는 삶

내가 궁핍하므로 말하는 것이 아니니라
어떠한 형편에든지 나는 자족하기를 배웠노니 빌 4:11

세상은 우리가 삶에 불만을 품도록 부추긴다. 세상에 귀를 기울이면 언제나 다른 사람들의 생활방식이나 재산과 우리 것을 비교하게 되고, 늘 불만족스러울 수밖에 없다. 그러나 그리스도와의 친밀한 관계를 위해 산다면 영원한 만족을 누릴 수 있다. 바울은 사람들 사이에서 권력과 지위를 누렸다. 또 감옥에 갇혀 차꼬에 채워져 어두운 독방에서 지내기도 했다. 왕 앞에도 서 보았고, 화가 난 군중에게 돌에 맞아 죽을 뻔한 적도 있다. 바울은 삶의 혜택과 기쁨을 누렸지만, 그 모든 것들을 포기하고도 여전히 주님의 기쁨으로 충만할 수 있었다. 그의 만족은 환경이 아니라 그리스도와의 관계에서 비롯되었기 때문이다.

만족은 당신을 자유롭게 하여, 하나님이 주신 모든 좋은 것들을 누리게 해 준다. 만족은 하나님이 당신을 사랑하시고 당신에게 가장 좋은 것을 주려 하신다는 믿음을 나타낸다. 불만은 은혜를 모르고, 하나님이 당신을 사랑하시므로 당신에게 필요한 모든 것을 채워 주신다는 믿음이 없기 때문에 생기는 것이다. 하나님이 당신에게 주신 모든 것에 감사하려고 노력하라. 감사하는 마음에는 질투가 싹틀 공간이 없다.

Experiencing GOD

118
길 되신 그리스도

예수께서 이르시되 내가 곧 길이요 진리요 생명이니
나로 말미암지 않고는 아버지께로 올 자가 없느니라 요 14:6

매일 주님과 동행하면 하나님의 뜻을 찾을 필요가 없다. 당신은 이미 그 뜻 안에 있을 것이기 때문이다. 제자들은 다음에 가야 할 곳을 예수님께 물을 필요가 없었다. 그저 예수님이 어디로 가시는지 보고 그분과 가까이 있기만 하면 됐다. 예수님이 그들의 '길'이었다.

더러는 관계를 발전시키는 것보다 계획을 따르는 것이 더 쉬워 보이기도 한다. 그러다 보면 오늘 하나님과 친밀하게 동행하는 것보다 미래에 일어날 일에 더 관심을 가질 수 있다.

예수님은 결코 당신에게 예수님 자신을 대신할 만한 것을 주지 않으실 것이다. 예수님만이 아버지께 갈 수 있는 유일한 길이기 때문이다. 그래서 하나님이 당신에게 말씀하시는 때를 분명히 아는 것이 매우 중요하다(사 30:21 참조). 말씀을 분별하지 못하면, 하나님이 하시는 일에 대한 새로운 계시를 주셔도 이해하지 못할 것이다. 하나님의 뜻을 알고 싶으면 시간을 들여 예수님과의 관계를 발전시키고 그분의 음성을 분별하는 법을 배우라. 하나님은 당신에게 그 길을 보여 주시기를 간절히 원하신다.

119
문을 여시는 분

**내가 문이니 누구든지 나로 말미암아 들어가면 구원을 받고
또는 들어가며 나오며 꼴을 얻으리라 요 10:9**

바울과 실라가 빌립보에서 옥에 갇혔을 때, 그리스에서 사역의 문이 굳게 닫힌 것처럼 보였다(행 16:22-24 참조). 그러나 사실은 주님이 먼저 감옥 안에 복음을 듣지 못한 사람들을 향한 사역의 문을 열어 주신 것이었다. 빌립보의 간수와 그의 가족은 빌립보 새 교회의 중요한 핵심이 되었다. 인간의 관점으로 볼 때는 문이 닫혔다. 그러나 하나님의 관점에서 보면, 바울과 실라는 정확히 하나님이 원하시는 곳에서 사역을 계속하고 있었다.

우리는 자신이 최선이라고 생각하는 상황을 열어 달라고 하나님께 구한다. 문제는 우리가 그 문에 대해 잘못 알고 있다는 것이다. 예수님은 자신이 문이라고 말씀하셨다. 환경은 아무 상관없으니, 예수님이 문을 여시면 아무도 닫을 수 없기 때문이다(계 3:8 참조). 그리스도와의 관계 대신 다른 활동을 택했다면, 환경이 당신의 활동을 방해할 수 있다. 그 활동이 방해를 받으면 당신은 문이 닫혔다고 생각할 것이다. 그러나 당신의 삶에서 그리스도가 문이라면, 그분이 당신을 인도하여 그리스도를 체험할 수 있게 해 주실 것이며, 그때는 사람들이 무엇으로도 주님이 하시는 일을 막을 수 없을 것이다.

120
진정한 제자도

우리가 그를 전파하여 각 사람을 권하고
모든 지혜로 각 사람을 가르침은 각 사람을 그리스도 안에서
완전한 자로 세우려 함이니 골 1:28

제자도는 당신과 함께 걷는 사람에게, 당신과 그리스도와의 관계에 관한 모든 것을 개인적으로 전수해 주는 것이다. 영적 훈련을 전해 주는 것이 아니라, 당신이 사랑하는 분을 다른 사람에게 소개해 주는 것에 더 가깝다. 바울은 하나님이 자기 삶에 두신 모든 사람들이 그리스도를 온전히 경험하도록 가르치고 권한다고 했다(골 1:29 참조). 그는 성령의 열매가 각 사람의 삶을 통해 완전히 나타나고, 그리스도의 인격이 각 사람 안에서 나타날 때까지 쉬지 않았다(갈 5:22 참조).

기독교적인 활동과 그리스도를 닮는 것은 같은 것이 아니다. 물론 신앙적인 활동들은 우리와 그리스도의 관계를 나타내 주는 중요한 요소로, 그런 활동들이 주님과의 관계로 인도해 줄 수도 있다. 만일 당신이 사람들에게 단지 기독교적인 활동에 참여하라고 권면한다면, 바울처럼 그들을 '훈련시키지' 않는 것이다. 하나님이 새 신자를 당신에게 맡기셨으면, 그들이 성숙한 그리스도인이 될 때까지 '그들과 함께 지내는 것'이 당신의 의무다.

121
구원을 위한 수고

나는 이제 너희를 위하여 받는 괴로움을 기뻐하고
그리스도의 남은 고난을 그의 몸 된 교회를 위하여
내 육체에 채우노라 골 1:24

사역에는 언제나 희생이 따른다. 하늘에 계신 아버지께서 피조물을 죄에서 구원하려 하셨을 때, 아들을 희생시키는 것 외에는 다른 방법을 찾으실 수가 없었다(롬 5:8 참조). 구원은 큰 대가와 함께 온다. 다른 사람의 구원을 위해 필요하다면 우리의 십자가를 지고 주님과 함께 갈 각오를 해야 한다.

사람들은 우리를 실망시키고, 우리의 동기를 오해하고, 심지어 우리를 멸시하고 박해할 것이다. 우리 주님은 고난 때문에, 하나님께 쓰임 받아 사랑하는 사람들을 구원하는 일을 포기하지 않았다. 아버지에 대한 사랑만으로도 충분한 동기가 되었다.

지금 하나님이 맡기신 사역 때문에 어려움을 겪는다면 하나님이 당신을 구원하시기 위해 기꺼이 지불하신 대가를 생각해 보라. 하나님이 꼭 필요했던 일을 기꺼이 하셨다는 것이 기쁘지 않은가? 당신 주변 사람들을 구원하기 위해 반드시 필요한 일을 주님과 함께하지 않겠는가?

122
하나님을 위하여

**무슨 일을 하든지 마음을 다하여 주께 하듯 하고
사람에게 하듯 하지 말라 골 3:23**

하나님은 우리의 사랑을 받기에 합당하신 분이며, 하나님이 하시는 것과 똑같이 다른 사람들을 사랑하라고 요구하신다. 우리가 배우자를 사랑해야 하는 것은, 그 사람이 그럴 가치가 있어서가 아니라 하나님이 명령하시기 때문이다(엡 5:22-23 참조). 직장에서 일할 때도, 고용주가 우리를 어떻게 대우해 주느냐에 따라 태도를 달리할 것이 아니라 하나님이 우리를 대우해 주신 것처럼 해야 한다. 우리가 섬기는 분은 하나님이시다(엡 6:5 참조).

평범함과 게으름은 그리스도인의 삶에 들어올 틈이 없다. 그리스도인들은 집에서나 직장에서나 늘 성실해야 한다. 하나님을 위해 일하면 우리의 관점이 달라진다. 하나님이 우리를 위해 하신 일에 비추어 우리의 노력을 평가하기 때문이다. 그럴 때 우리의 수고는 하나님께 드리는 예물이 된다.

사람들이 우리의 기대에 미치지 못하고 우리의 수고가 헛되게 느껴지는가? 그럴 때는 우리의 수고가 거룩하신 하나님을 위한 것임을 명심하라. 하나님은 우리의 최선의 노력을 받기에 합당하신 분이다.

123
완전한 보호

**내게 주신 아버지의 이름으로 그들을 보전하고 지키었나이다
그 중의 하나도 멸망하지 않고 다만 멸망의 자식뿐이오니
이는 성경을 응하게 함이니이다** 요 17:12

　예수님은 아버지께서 주신 열두 제자를 택하시고, 그들을 악한 자로부터 철저히 보호하셨다. 예수님은 제자들을 세상에 보내어 힘들고 위험한 상황을 겪게 하셨지만, 그들을 악한 자로부터 보호해 달라고 아버지께 기도드리셨다(요 17:15 참조). 이와 같이 예수님은 그분의 양들인 우리를 아버지의 강한 손으로 안전하게 지켜 주실 거라고 말씀하셨다(요 10:28 참조).

　사도 요한은 우리에게 두려워할 필요가 없다고 권면한다. "너희 안에 계신 이가 세상에 있는 자보다 크심이라"(요일 4:4). 이것은 단지 안전한 집 안에서 묵상하는 진리가 아닌, 적대적이고 위협적인 세상 한가운데서 붙잡고 의지할 수 있는 약속이다.

　당신이 하는 일을 보면 무엇을 믿는지 알 수 있다. 두려움과 걱정에 사로잡혀 사는 것은 하나님의 보호에 대한 확신이 부족하기 때문이다. 예수님이 항상 당신을 위해 아버지께 중보하신다. 주님을 전적으로 의지하면 아무것도 두려울 것이 없다.

124
참기쁨

**지금 내가 아버지께로 가오니 내가 세상에서
이 말을 하옵는 것은 그들로 내 기쁨을
그들 안에 충만히 가지게 하려 함이니이다 요 17:13**

예수님은 제자들 안에 주님의 기쁨이 온전하고 충만해질 거라고 여러 번 말씀하셨다. 제자들은 자신들이 누구인지 깨달았을 때 기쁨이 충만해졌다. 그들은 하나님의 자녀요 그리스도와 함께한 상속자였다(롬 8:16-17 참조). 그들의 죄 안에서 죽었으나 이제 그리스도 안에서 살게 되었다(롬 6:4 참조). 전에는 무력한 죽음의 희생자들이었으나 이제는 죽음이 그들을 지배할 수 없었다(고전 15:55-58 참조). 그리스도와 함께 그토록 놀라운 구원을 경험했는데 어찌 제자들이 기뻐하지 않을 수 있었겠는가?

기쁨 없는 삶에 만족하지 말라. 성령의 열매 가운데 하나가 기쁨이 아닌가(갈 5:22 참조). 이 기쁨은 세상이 주는 어떤 행복과도 다른 것이다. 예수님은 아버지께서 예수님께 주신 기쁨과 똑같은 기쁨을 당신도 갖게 해 달라고 기도하셨다. 그 기쁨은 거룩한 기쁨이요, 아버지와의 깊고 확고한 관계에서 나오는 기쁨이다. 아버지와의 관계에 확고히 뿌리를 내리고 있어서, 환경이 어떻게 변해도 흔들리지 않는 그런 기쁨이다.

125
주님이 당신을 부르신다

**내가 애굽 사람에게 어떻게 행하였음과 내가 어떻게
독수리 날개로 너희를 업어 내게로 인도하였음을
너희가 보았느니라** 출 19:4

하나님이 이스라엘 자손을 속박에서 벗어나게 하신 것은, 하나님을 알고 예배하도록 하기 위해서였다. 그래서 하나님은 노예 생활에서 해방된 이스라엘 백성에게 제일 먼저 하나님을 사랑하고 예배하는 백성이 되라고 명하셨다. 하나님의 구원 행위를 통해 그들은 전능하시고 자비로우신 하나님을 알게 되었고, 이제 하나님께 자유롭게 반응할 수 있게 되었다.

우리는 행동 지향적이어서, 관계의 기쁨을 누리기 위해서가 아니라 맡은 일을 수행하기 위해 구원받았다고 생각한다. 그런데 하나님은 우리의 활동과 환경들을 사용하여 우리를 하나님 자신께로 인도하신다. 예를 들어 큰 임무를 맡으면, 자신의 힘으로는 도저히 할 수 없기 때문에 하나님께 능력을 받으려고 그분께 돌아간다. 또 하나님이 위기를 통과하게 하시면, 그로 인해 하나님께 더 가까이 간다. 무슨 일을 하든 어떤 환경에 놓이든 하나님이 당신을 하나님께로 인도하기 위해 그런 경험을 하게 하신다는 것을 기억하라.

126
하나님을 경험하는 삶

하나님이 모세에게 이르시되 나는 스스로 있는 자이니라
또 이르시되 너는 이스라엘 자손에게 이같이 이르기를
스스로 있는 자가 나를 너희에게 보내셨다 하라 출 3:14

불타는 떨기나무 속에서 하나님을 만났을 때, 모세는 자기 앞에서 일어난 기적에 감명을 받았다(출 3:3 참조). 그러나 모세 당시 가장 강국이었던 애굽의 속박에서 이스라엘 백성을 데리고 나오려면 불타는 떨기나무보다 더 강력한 것이 필요했다. 하나님이 그 많은 사람들을 구하는 데 필요한 일을 행하실 수 있을 것인가? 모세의 구원에 대한 하나님의 대답은 "나는 스스로 있는 자이니라!"였다.

"모세야, 나는 어떤 식으로든 네가 나의 지령을 수행할 때 필요한 존재가 될 것이다. 바로를 설득하기 위해 기적과 같은 표적이 필요하면 내가 그런 식으로 나 자신을 나타내 보이겠다. 자연법칙을 거스르고 홍해를 가르기 원하면 그런 식으로 나 자신을 증거하겠다. 양식과 물이 필요하면 내가 공급해 주겠다. 네가 두려울 땐 내가 너의 힘이되어 주겠다."

모세는 하나님과 동행하면서 위급한 때를 만날 때마다 하나님에 대해 새로운 사실들을 깨달았다. 당신이 처음 하나님과 동행하기 시작했을 때 하나님에 대해 무엇을 알고 있었는지 생각해 보라. 당신의 어떤 경험들이 하나님에 관한 지식을 넓혀 주었는가?

127
자유를 위한 대가

**너희가 우리를 바로의 눈과 그의 신하의 눈에 미운 것이 되게 하고
그들의 손에 칼을 주어 우리를 죽이게 하는도다 출 5:21**

속박 상태에 익숙해진 사람들은 해방시키려는 노력을 오히려 거부할 수 있다. 모세는 400년 동안 애굽의 노예로 살아온 이스라엘 백성에게 어떻게 자유를 경험할 수 있는지 말해 주었지만, 그들은 다른 것에 더 관심이 있었다. 그들이 자유를 얻으면 그들이 섬기던 바로가 분노할 것이다. 애굽인들이 그들을 공격할지도 모른다. 노예 해방은 그런 고난을 감내할 만큼 가치 있어 보이지 않았다.

하나님이 우리에게 자유를 주려 하실 때, 때로는 우리가 치러야 할 대가가 있을 것이다. 속박은 슬픔과 고통을 줄 수 있지만, 익숙해지면 오히려 그 상태가 편안할 수도 있다. 공포에도 점점 익숙해져서, 그것 없이 사는 법을 모르게 될 수도 있다. 친구가 해로운 영향을 끼치는 것을 알면서도 친구의 기분을 상하게 하느니 차라리 하나님의 뜻을 거부하는 쪽을 택한다. 혹시 당신을 속박하는 것과의 편안한 관계에 속아 왔는가? 하나님보다 변화가 더 두려운가? 당신을 자유케 하기 위해 필요한 일을 하나님이 해 주시길 바라는가?

128
구원을 이루라

너희의 하나님 여호와께서 이 땅을 너희 앞에 두셨은즉
너희 조상의 하나님 여호와께서 너희에게 이르신 대로
올라가서 차지하라 두려워하지 말라 주저하지 말라 신 1:21

하나님은 이스라엘 백성을 약속의 땅으로 인도하시고 그
땅을 그들에게 '주시겠다'고 말씀하셨다(민 13:2 참조). 그 말
씀을 듣고 이스라엘 백성이 바란 이상은, 사람은 없고 집
과 성들이 이미 지어져 있어서 들어가 살기만 하면 되는
땅이었을 것이다. 그러나 하나님은 그들이 그 땅을 얻기
위해 싸워야 한다고 말씀하셨다. 그런데 다행히 하나님이
성벽을 무너뜨리시고, 적을 물리칠 수 있는 전략들을 주시
고, 전사들에게 싸울 능력을 주실 것이다. 그래도 싸워야
하는 건 사실이었다.

우리가 그리스도인이 될 때 하나님이 완벽한 성경 지식
과 우리 머리를 성경 구절들로 가득 채워 주신다면 얼마나
좋을까. 하나님이 우리 안에 매일 몇 시간 동안 기도하는
기쁨과 우리의 믿음을 다른 사람들과 나누려는 담대한 소
망을 심어 주신다면 참 편할 것이다. 그러나 하나님은 우
리에게 구원의 선물을 거저 주신 다음 두렵고 떨림으로 우
리의 구원을 '이루라'고 말씀하신다(빌 2:12하 참조). 낙심하지
말라! 당신에게 주시는 하나님의 선물은 완벽하다. 그 선
물들을 통해 당신 또한 온전케 하신다(마 5:48, 약 1:17 참조).

129
하나님의 관점으로 보기

**아버지께서 아들을 사랑하사 자기가 행하시는 것을
다 아들에게 보이시고 또 그보다 더 큰 일을 보이사
너희로 놀랍게 여기게 하시리라 요 5:20**

예수님은 아버지를 위해 어떤 일을 먼저 시작하지 않으셨다(마 20:28 참조). 대신 아버지의 행동을 살피다가 재빨리 따라가셨다. 예수님은 아버지를 잘 아셨기 때문에 아버지가 하시는 일에 아주 민감했고, 아버지가 움직이시면 즉시 알아차렸다.

우리는 하나님을 우리의 사역에 끌어들이려고 애쓰느라 정작 우리 주변에서 역사하시는 하나님을 보지 못할 때가 있다. 주변에서 일어나는 사건들을 하나님의 관점으로 보는 법을 배워야 한다. 그러면 세상이 아주 다르게 보일 것이다. 하나님이 어떤 사람을 우리에게 보내 주시면, 하나님이 그 사람에게 구원의 필요성을 깨우쳐 주고 계신지 살펴보라. 어쩌면 하나님이 슬픔에 빠진 사람을 위로하고 계신지도 모른다. 큰 문제에 직면한 당신의 친구를 격려하고 계신지도 모른다. 하나님이 그 사람의 삶에서 일하실 때 우리도 우리 삶을 정비하여 하나님과 함께해야 한다.

하나님이 어디에서 일하고 계신지 살피면서, 매일 큰 기대를 품고 살아야 한다. 우리의 눈이 열려 하나님이 행하시는 것을 보면 하나님의 위대한 역사에 놀랄 것이다.

Experiencing GOD

130
지체를 먼저 생각하라

**누구든지 자기의 유익을 구하지 말고
남의 유익을 구하라** 고전 10:24

세상은 당신 자신의 삶을 살라고, 자신의 필요와 욕구를 먼저 돌아보라고 권한다. 죄는 독립을 부추기는데, 그것은 당신을 다른 사람들에게서 격리시키고, 당신이 도움을 주거나 또는 당신을 격려해 줄 수 있는 사람들로부터 분리시킨다. 그러나 하나님은 우리를 상호의존적인 존재로 만드셨다.

다른 그리스도인을 만날 때마다 당신은 그리스도를 만난다(요 13:20 참조). 그러므로 성령의 인도를 받는 다른 사람들을 깊은 존경심으로 대해야 한다. 그리스도인 형제자매들과 친밀하게 지내라. 다른 사람들에 대한 책임까지 소홀히 할 정도로 '그리스도 안에서의 자유'를 즐기지는 말라(롬 14:15 참조). 바울은 그리스도 안에서 주어진 자유를 찬양했지만, 다른 그리스도인들에게 해가 될 수 있는 일에 대해서는 아주 민감했다(고전 8:13 참조). 그는 자신의 죄가 다른 많은 사람들에게 고통을 가져다줄 수 있다는 것을 알았다(고전 5:6 참조).

하나님께 당신을 이기심에서 해방시켜 달라고 구하라. 그래야만 당신의 삶이 다른 사람들에게 축복이 될 수 있다.

131
하나님 없는 성공은 재앙

**모세가 여호와께 아뢰되 주께서 친히 가지 아니하시려거든
우리를 이곳에서 올려 보내지 마옵소서 출 33:15**

하나님은 이스라엘 백성이 약속의 땅으로 들어갈 때 그
들과 함께할 천사를 보내서서 모든 모험에서 성공하게 해
주겠다고 약속하셨다. 어떤 군대도 그들을 이길 수 없었
고, 눈앞에는 풍요의 땅이 펼쳐져 있었다. 그런데 단 한 가
지, 하나님의 임재하심이 없었다. 하나님은 그들이 강퍅한
백성이며, 그들의 마음이 하나님에게서 멀어져 있는 한 그
들과 함께 가지 않겠다고 하셨다.

승리와 큰 성취가 반드시 하나님의 임재를 나타내는 표
시는 아니다. 당신의 건강, 잘되는 사업, 또는 사역의 성장
이 반드시 하나님이 함께하시기 때문이라고 생각하지 말
라. 당신이 무심코 주님과의 동행보다 성공을 택한 것일
수도 있는 일이다. 모세는 아무리 큰 성공이라도 하나님과
의 교제를 대신할 수는 없다고 현명한 결론을 내렸다. 모
세는 세상의 성공이 얼마나 빨리 사라져 버릴 수 있는지
알았다. 성공, 권력, 부를 가졌으나 하나님과의 관계를 잃
었다면 만족하겠는가? 세상에서 경험할 수 있는 큰 성공들
보다 당신 삶에 계신 하나님의 임재를 더 소중히 여기라.

Experiencing GOD

132
하나님만 바라보자

**모세와 아론이 회중을 그 반석 앞에 모으고
모세가 그들에게 이르되 반역한 너희여 들으라
우리가 너희를 위하여 이 반석에서 물을 내랴 하고 민 20:10**

모세가 하나님으로부터 초점을 옮길 때마다 그에 따른 대가를 치러야 했다. 스스로 일을 추진하여 자기 민족을 도우려 했을 때, 그 다음 40년 동안을 광야에서 양을 치며 보내야 했다(출 2:11-15 참조). 이번에는 완악하고 믿음이 약한 이스라엘 백성에게 실망해 인내심을 잃고 화를 냈고, 성급한 행동 때문에 약속의 땅에 들어갈 기회를 잃었다(민 20:12 참조). 백성의 불경함에 실망한 모세는 노골적으로 하나님의 지시에 불순종하며 사실상 백성과 똑같은 죄를 범하고 만 것이다.

하나님은 당신이 섬겨야 할 사람들을 당신 주변에 두셨다. 그러나 사람에게 집중하면, 그들의 연약함, 불순종, 믿음 없음, 완고함에 금방 실망할 수밖에 없다. 거룩하신 하나님만 바라보라. 그리하면 더욱 하나님을 닮아, 은혜롭고, 용서하고, 오래 참고, 의로운 사람이 될 것이다.

친구의 행동에 실망했다면 바로 하나님께 나아가라. 하나님이 그 친구의 삶에서 하고자 하시는 일을 분별하려고 노력하라. 그러면 하나님이 원하시는 방법으로 그 친구를 돕기 위해 필요한 힘과 지혜와 인내심이 생길 것이다.

133
침묵에 대한 책임

**친구의 아픈 책망은 충직으로 말미암는 것이나
원수의 잦은 입맞춤은 거짓에서 난 것이니라** 잠 27:6

예수님은 죄를 자각하는 사람들을 위로하지 않으셨다. 죄를 짓고 양심의 가책을 느낀 삭개오가 자신의 죄를 처리할 때도 예수님은 위로하지 않으셨다(눅 19:1-10 참조). 불신앙을 너그럽게 봐주지도 않으셨다. 예수님은 제자들이 그를 믿지 못할 때 바로 응징하셨다. 이 모든 것은 예수님이 그의 친구들을 너무나도 사랑하셨기 때문에 그리하신 것이다.

어떤 친구가 성령의 인도하심으로 깊은 죄책감을 느끼고 있다면, 그 사람을 편안하게 해 주려고 하지 말라! 친구들에게 믿음이 없어도 괜찮다고 말하지 않도록 주의하라. 불순종을 눈감아 주거나 일부러 외면한다면 그것은 참된 우정이 아니다. 책망보다 입맞춤이 훨씬 더 마음을 기쁘게 하지만, 그것이 친구를 안심시켜 죄를 짓고도 편안하게 만든다면 훨씬 더 파괴적일 수 있다. 친구를 안심시키려고만 하면서 하나님으로부터 온 말씀을 나누지 않고, 위험에 빠진 걸 보고도 경고하지 않으면, 하나님이 우리의 침묵에 대한 책임을 지우실 것이다(겔 33:6 참조).

134
승리 이후에 할 일

무리를 작별하신 후에 기도하러 산으로 가시니라 막 6:46

　떡 다섯 개와 물고기 두 마리로 많은 무리를 먹이신 예수님은(막 6:34-44 참조) 편안히 쉬는 대신 기도하러 산에 올라가셨다. 그리고 아버지께서는 예수님이 기도하실 때, 자신의 뜻과 길들을 아들에게 명백히 보여 주셨다. 예수님이 중요한 결정이나 어려운 문제를 앞두고 있을 때마다 기도로 준비하신다는 사실을 마침내 제자들도 알게 되었다(눅 11:1 참조).

　예수님이 그날 산에서 기도하실 때, 아버지께서는 아들이 곧 사나운 폭풍을 만나리라는 것을 아셨다(막 6:48 참조). 제자들은 예고없이 비바람을 만나 당황했지만, 예수님은 기도하며 아버지와 교제한 후에 폭풍을 맞이하셨다. 아버지는 예수님이 다가올 일에 대비하게 해 주셨고, 예수님은 하나님의 모든 능력으로 위기에 대처하셨다.

　영적으로 승리한 후에 쉬고 싶은 유혹이 있지만, 위기는 언제든 닥칠 수 있다. 그러므로 최고의 상태를 계속 유지해야 한다. 그러면 시련이 닥쳐도 무방비 상태로 당하지는 않을 것이다. 영적 승리를 경험한 적이 있는가? 주님의 본을 따라 즉시 기도의 처소로 가라. 그러면 아버지께서 앞으로 있을 일에 대비하게 해 주실 것이다.

135
그리스도의 종

이와 같이 너희도 명령 받은 것을 다 행한 후에 이르기를
우리는 무익한 종이라 우리가 하여야 할 일을
한 것뿐이라 할지니라 눅 17:10

우리는 종이고 하나님은 주인이시다. 하나님은 우리의 순종 여부에 따라 그분 자신과 그분의 목적과 계획들을 계시해 주신다. 우리가 하나님의 계시에 반응을 보일 때, 하나님이 원하시는 일을 이루실 것이며 영광을 받으실 것이다. 우리의 성취는 우리 주님을 섬기는 데서 온다.

세상은 권위와 권력의 자리를 얻기 위해 노력하라고 부추길 것이다. 그러나 하나님은 당신이 종의 역할을 하기 바라신다. 하나님의 종으로서 당신은 무엇이든지 하나님이 말씀하시는 대로 순종하는 것 외에 다른 계획을 가져서는 안 된다. 비전을 가져야 할 사람은 주인이다. 종의 임무는 주인의 목적을 달성하도록 돕는 것이다.

하나님은 당신이 자신의 인생과 가족, 사업, 또는 교회를 위해 큰 꿈을 꾸기를 원하지 않으신다. 단지 순종을 요구하실 뿐이다. 하나님의 계획에 비하면 당신의 계획은 아주 작은 것에 불과하다(엡 3:20 참조).

136
좋은 친구가 되어 주라

**철이 철을 날카롭게 하는 것같이
사람이 그의 친구의 얼굴을 빛나게 하느니라** 잠 27:17

그리스도인의 삶은 순례 여행이다. 그 길은 때로 힘들고
외롭다. 그럴 때 하나님이 우리에게 주시는 가장 귀한 선
물 가운데 하나가 바로 우리에게 힘이 되어 주고 '계속 나
아가도록' 사랑으로 도전을 주는 친구들이다. 성경에 의하
면, 친구란 당신이 하나님이 원하시는 사람이 되도록 도전
하는 사람이다.

요나단은 아버지의 뒤를 이어 이스라엘의 다음 왕이 될
수도 있었다. 그러나 그는 친구 다윗을 사랑했고, 그에게
하나님의 뜻을 따르라고 권면했다(삼상 19:1-7 참조). 진실한
친구는 당신을 '날카롭게 하고' 옳은 일을 하도록 자극한
다. 그들은 당신을 사랑하고 당신에게 가장 유익한 것을
생각한다(잠 27:6 참조). 예수님은 친구들을 현명하게 선택하
셨다. 그분은 완벽한 친구들을 찾지 않으셨고, 하나님을
따르려는 마음의 준비가 된 친구들을 찾으셨다.

당신은 친구로서 다른 사람들의 필요를 먼저 생각해야
할 의무가 있다(잠 17:17 참조). 당신이 하나님이 원하시는 사
람이 되도록 도전하는 경건한 친구들을 찾으려고 노력하
라. 또한 다른 사람들이 더욱 그리스도를 닮아 가도록 도
와주는 친구가 되도록 힘쓰라.

137
순종하면 가능하다

여호와께서 그를 향하여 이르시되
너는 가서 너의 힘으로 이스라엘을 미디안의 손에서 구원하라
내가 너를 보낸 것이 아니냐 하시니라 삿 6:14

기드온이 생각하기에, 미디안을 이기는 것은 불가능한 일이었다. 그러나 하나님이 기드온에게 그들과 싸우라고 말씀하신 순간, 승리는 더 이상 불가능한 일이 아니었다. 예수님이 소수의 제자들에게 모든 족속을 제자 삼으라고 명령하셨을 때 그것은 가능한 일이었는가?(마 28:19 참조) 예수님이 제자들에게 원수를 사랑하라고 하셨을 때 과연 현실적인 요구를 하신 것일까? 물론이다. 예수님이 말씀하셨으면 가능한 일이다.

하나님께 가능한 일을 과소평가하지 말라(빌 4:13 참조). 하나님이 어떤 임무를 주시면, 그것은 더 이상 불가능한 일이 아니다. 그것이 실현되지 못하게 방해하는 것은 바로 당신의 불순종뿐이다. 하나님은 당신 자신의 힘으로는 절대로 할 수 없는 일들을 하도록 인도하실 것이다. 당신이 하나님께 순종할 때 한 걸음, 한 걸음씩 승리하게 해 주실 것이다. 도저히 불가능해 보이는 임무를 맡기신다면, 즉시 하나님의 계시에 따라 당신의 삶을 조정하고, 하나님이 당신의 순종을 통해 어떻게 그의 뜻을 이루실지 기대하며 지켜보라.

Experiencing GOD

138
하늘의 권위로 말하라

**뭇사람이 그의 교훈에 놀라니 이는 그가 가르치시는 것이
권위 있는 자와 같고 서기관들과 같지 아니함일러라 막 1:22**

　예수님 이전에도 성경 교사들이 사람들에게 성경을 가르
쳤다. 그러나 예수님이 그들과 다른 점은 권위 있게 가르
치셨다는 것이다. 종교 지도자들은 성경을 연구해도 아무
것도 얻지 못했다. 그러나 예수님이 똑같은 성경을 읽으실
때, 아버지께서는 아들에게 그분의 지혜와 권위를 가득 부
어 주셨다.

　성경의 메시지를 가르치지만, 그것이 하나님으로부터 온
말씀이 아닐 수도 있다. 서기관과 바리새인들은 정기적으
로 말씀을 가르쳤으나 그 말씀을 듣는 자들은 영적으로 빈
곤했다. 또한 어떤 사람에게 적절하다 싶은 조언을 했으나
그것이 하나님의 말씀과 반대되는 경우도 있었다.

　가르치고, 조언하고, 격려의 말을 할 때마다 당신의 말이
정말 하나님에게서 온 것인지, 그냥 당신 자신의 생각에서
나온 것인지 주의 깊게 살펴야 한다. 그렇지 않으면 거짓
선지자가 될 수 있다(신 18:20-22 참조). 하나님은 그분의 입에
서 나온 모든 말씀을 꼭 지키겠다고 약속하신다(사 55:10-110
참조).

139
십자가를 두려워 말라

예수의 십자가 곁에는 그 어머니와 이모와 글로바의 아내 마리아와 막달라 마리아가 섰는지라 요 19:25

십자가가 없으면 기독교도 없다. 당신의 십자가를 지지 않으면 예수님의 제자가 될 수 없기 때문이다. 예수님은 자신을 향한 아버지의 뜻이 십자가임을 아셨다.

십자가는 예수님과 가장 가까운 이들에게도 고통을 가져다주었다. 제자들은 공포와 혼란 속에서 흩어졌고, 인생에서 가장 길고 어두운 밤을 맞이했다. 예수님이 순종하심으로 인해 제자들도 각각 십자가를 지게 되었다.

당신이 하나님의 명령에 순종할 때 다른 사람들에게도 영향을 끼친다(눅 14:26 참조). 당신의 가족이 치를 희생이 너무 클까 봐 두려워서 하나님이 무엇을 요구하시는지 알면서도 순종하지 않는 일이 없도록 하라. 하나님께 불순종함으로써 당신이 사랑하는 사람들을 보호하려고 하지도 말라. 불순종의 대가는 훨씬 더 크다.

당신의 본이 되시는 예수님을 바라보고, 예수님이 아버지께 순종하심으로써 주변 사람들이 어떤 희생을 치렀는지 생각해 보라.

140
지금 결단하자

**어찌하면 내 머리는 물이 되고 내 눈은 눈물 근원이 될꼬
죽임을 당한 딸 내 백성을 위하여 주야로 울리로다 렘 9:1**

예레미야는 하나님께 눈물의 선지자가 되라는 명령을 받았다. 이후 하나님의 말씀을 전하는 자가 되기 위해 젊은 날의 자유를 많은 부분 희생했다. 가족과 명성을 잃었고, 오해와 조롱과 핍박을 받았다. 옥에 갇히기도 하고, 임박한 심판에 대해 경고했다가 사람들에게 놀림을 당하기도 했다.

사탄은 순종의 대가가 너무 크다고 당신을 유혹할 것이다. 하지만 하나님께 순종하지 않는 대가에 대해서는 절대 말하지 않는다. 하나님의 일에 쓰임 받으려면 당신의 삶에서 달라져야 할 부분이 있다. 하늘나라의 왕좌와 베들레헴의 마구간 사이의 간격을 측정할 수 있는가? 우주의 주 되심과 십자가는 얼마나 거리가 먼가? 순종에 어떤 희생도 따르지 않을 거라는 생각에 속지 말라.

하나님은 당신에게 어떤 변화를 요구하시는가? 삶을 하나님의 뜻에 맞출 때 찾아올 고난과 반대에 용감하게 맞서겠는가? 예레미야는 자신이 하나님의 신실하고 사랑받는 종이라는 것을 알고 깊은 만족을 얻었다. 어떤 희생이 따르더라도 그리스도께 온전히 순종하기로 결단할 때 당신도 그와 같은 상급을 받을 것이다.

141
순종의 축복

네 아들 네 사랑하는 독자 이삭을 데리고 모리아 땅으로 가서
내가 네게 일러 준 한 산 거기서 그를 번제로 드리라 창 22:2

우리가 힘들어하는 것은 하나님의 뜻을 몰라서가 아니라, 알지만 그대로 행하기를 원치 않기 때문이다. 하나님이 맨처음에 아브라함에게 말씀하실 때는 아주 간단명료하게 명령하셨다. "내가 네게 보여 줄 땅으로 가라"(창 12:1). 그 후 몇 년 동안 아브라함을 여러 번 시험하셨다. 아브라함은 아들에 대한 하나님의 약속을 기다리며 인내를 배웠다. 그 약속이 이루어지기까지 무려 25년이나 걸렸다. 아브라함의 신앙 여정의 절정은 하나님이 그에게 가장 중요한 것을 바치라고 요구하셨을 때다.

아버지께서 당신의 신앙 여정에서 점진적으로 그분의 뜻을 보여 주실 때, 당신도 아브라함처럼 하나님에 대한 믿음이 점점 더 깊어질 것이다. 처음 그리스도인이 되었을 때 주님은 아주 기본적인 것들을 지시하셨을 것이다. 그러나 하나님을 더 깊이 신뢰하는 법을 배워 감에 따라 하나님은 더 큰 시험도 감당할 수 있도록 당신의 인격을 다듬으실 것이다. 당신은 더 큰 시험을 받으면서 하나님을 더욱 사랑하게 되고 하나님의 뜻을 더 잘 알게 될 것이다.

142
예수를 만나면 삶이 변한다

**그들이 베드로와 요한이 담대하게 말함을 보고
그들을 본래 학문 없는 범인으로 알았다가 이상히 여기며
또 전에 예수와 함께 있던 줄도 알고 행 4:13**

하나님에 의해 삶이 변화되는 것은 틀림없는 사실이다.
예수님이 제자들을 처음 부르셨을 때 그들은 허영심이 강
하고 겁도 많았다. 야고보와 요한은 예수님 다음으로 높
은 자리를 차지하기 위해 다른 제자들을 앞지르려 했다(막
10:37 참조). 예수님과 함께 3년을 보낸 후에도 베드로는 두
려워서 어린 여종 앞에서 그리스도를 안다고 시인하지 못
했다(마 26:69-75 참조).

그러나 성령이 그들을 변화시키셨고 새로운 담대함과 지
혜를 주셨다. 이제 그들은 기적을 행하고, 대중 앞에서 담
대하고 설득력 있게 말씀을 전할 수 있었다. 그들의 원수
들도 예수님에게서 본 것과 똑같은 능력을 제자들의 변화
된 삶에서 볼 수 있었다.

때로는 우리가 변화되었다는 것, 더 경건해지고 성령의
지배를 받게 되었다는 것을 다른 사람들이 믿어 주기를 간
절히 바란다. 그러나 그리스도로 인해 참으로 변화된 사람
들은 굳이 다른 사람들에게 그 변화를 확인시킬 필요가 없
다. 안 그래도 그 변화는 아주 명백히 드러나기 때문이다.
예수님과의 관계로 인해 당신의 삶이 변화되었다면 주변
사람들이 알아채지 못할 리가 없다.

143
모든 죄를 피하라

이제 네가 나를 업신여기고
헷 사람 우리아의 아내를 빼앗아 네 아내로 삼았은즉
칼이 네 집에서 영원토록 떠나지 아니하리라 삼하 12:10

하나님께 죄를 용서받으려면 회개가 필요하다. 그러나 회개한다고 해서 반드시 죄의 결과가 없어지는 건 아니다. 다윗은 정욕, 간음, 약탈, 살인의 심각한 죄들을 용서받았으나, 그가 죄의 결과로 감내해야 했던 고통은 제거해 주지 않으셨다. 다윗의 간음으로 태어난 자식은 죽었다(삼하 12:14 참조). 다윗의 아들 암논은 다윗의 딸 다말을 강간했다 (삼하 13:14 참조). 다윗의 아들 압살롬은 암논을 살해했다(삼하 13:28-29 참조). 압살롬은 온 나라를 반역으로 몰아넣었다(삼하 15장 참조).

당신이 죄를 회개하는 순간, 하나님이 모든 죄의 결과들을 없애 주신다고 생각한다면 지나친 억측이다. 하나님은 회개하는 즉시 죄를 용서해 주시지만, 인격을 형성하는 데는 더 오랜 시간이 걸린다. 그 다음에 하나님이 당신의 삶에 무슨 일이 일어나게 하실지는 용서가 아니라 인격에 따라 달라진다. 우리는 불순종의 파괴적인 결과들을 알고 있다. 그러므로 모든 죄를 피하고 "인내로써 우리 앞에 당한 경주를 하"(히 12:1하)도록 부지런히 힘쓰자.

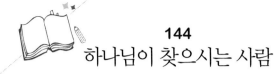

144
하나님이 찾으시는 사람

**성령이 빌립더러 이르시되 이 수레로 가까이
나아가라 하시거늘** 행 8:29

선교란, 하나님이 보시기에 올바른 마음을 가진 사람들을 찾으셔서 그들을 하나님 나라를 위해 변화를 일으킬 수 있는 자리로 보내는 것이다.

위대한 선교사들의 삶은 영원 세계에 큰 감명을 주었다. 빌립은 사마리아 성에서 능력 있게 복음을 전파했다(행 8:5 참조). 하나님이 빌립을 얼마나 크게 사용하셨는지, 온 도시가 하나님이 행하시는 기적을 보고 기뻐했다(행 8:6-8 참조). 그는 철저히 하나님 중심이었다. 열매가 풍성한 사역을 그만두고 떠나라는 지시를 받았을 때도 망설이지 않았다(행 8:27 참조).

하나님은 계속해서 빌립처럼 부르심에 즉시 응답하여 하나님과 함께 사명을 수행할 사람들을 찾으신다. 하나님이 더 많은 지역에서 큰 부흥을 일으키지 않으신 이유는 능력이 부족해서도 아니고 그것을 원치 않으셔서도 아니다. 하나님은 제일 먼저, 기꺼이 자신의 삶을 철저히 변화시켜 자기 중심적인 활동들을 멀리하고 하나님의 역사의 중심에 있으려 하는 자들을 찾으신다.

145
하나님이 감동하시는 사람

내가 진실로 너희에게 이르노니 온 천하에 어디서든지
복음이 전파되는 곳에는 이 여자가 행한 일도 말하여
그를 기억하리라 막 14:9

'이 여자'는 예수님에 대한 깊은 사랑을 행동으로 나타내 보였다. 그녀는 사람들의 이목을 끌 만한 일을 하지 않았다. 기적을 행한 것도 아니고 설교를 한 것도 아니다. 그러나 예수님은 그녀의 헌신적인 충성에 감동하셔서, 대대로 기억할 만한 행위로 여기셨다.

하나님에 대한 헌신의 표현들이 작고 사소하다고 생각할지 모르나, 하나님이 보시기에는 매우 의미있는 것일 수 있다. 아브라함은 자신의 외아들을 기꺼이 바치려는 마음을 증명해 보인 그날이 후대에 계속 기억되고, 그의 순종에 대해 들은 많은 세대들에게 복이 되리라는 것을 전혀 알지 못했다. 다윗은 자신이 하나님과 동행한 것이 하나님을 기쁘시게 하여, 자신의 모범이 그 후 세대들에게 복이 되리라는 것을 알지 못했다.

하나님은 당신의 믿음을 가지고 새로운 영적 유산을 만들어 가실 수 있고, 그것이 오는 세대들에게 복이 되게 하실 수 있다. 당신이 매일 예수님에 대한 사랑과 헌신을 표현하는 것이 그토록 중요한 이유가 바로 여기에 있다.

Experiencing GOD

146
계속 기도하라

예수께서 힘쓰고 애써 더욱 간절히 기도하시니
땀이 땅에 떨어지는 핏방울같이 되더라 눅 22:44

기도를 이해하기는 어렵지 않다. 다만 기도를 하는 것이 어렵다. 우리는 어떻게 해서든 고통을 회피하려 하는 세대다. 그래서 중보 기도자들이 매우 드물다.

깊고 긴 중보기도는 고통이 따른다. 다른 사람들이 다 떠나거나 잠들었을 때도 하나님 앞에 머물러 있어야 한다(눅 22:45 참조). 하나님께 끊임없이 반항하는 사람들을 보며 아버지와 함께 마음 아파해야 한다.

어떻게 하면 우리의 기도 생활이 성숙할 수 있을까? 기도해야 한다. 우리가 기도하고 싶지 않을 때, 바로 그때가 기도해야 할 때다. 기도에는 왕도가 없다. 어떤 책을 읽거나 세미나에 참석하거나 영감을 주는 표어를 외운다고 해서 중보자가 되는 게 아니다. 오직 기도하기로 마음먹고 실천해야만 한다.

깊이 없고 자기 중심적인 기도에 만족하지 말라. 하나님이 원하시는 수준으로 기도하도록 당신을 인도해 주실 때까지 계속 기도하라.

147
하나님의 일을 맡은 자

내가 진실로 너희에게 말하노니 여자가 낳은 자 중에
세례 요한보다 큰 이가 일어남이 없도다
그러나 천국에서는 극히 작은 자라도 그보다 크니라 마 11:11

세례 요한의 역할은 자신은 점점 사라지고 예수님의 사역을 확장시키는 것이었다(요 3:30 참조). 그리고 요한은 그의 제자들이 예수님을 따르기 위해 그를 떠나도록 허락했다. 요한의 사역은 이후 그가 사형당하기까지 약 6개월 동안만 지속되었다. 그러나 예수님은 요한보다 먼저 왔던 이들 가운데 아무도 그보다 더 큰 자가 없었다고 말씀하셨다. 홍해를 가른 모세, 죽은 자를 살린 엘리야, 이사야보다 하늘나라에서 가장 큰 자가 되었다.

그런데 예수님은 하늘나라에서 세례 요한보다 더 큰 자가 될 수 있는 기회가 우리에게 주어졌다고 말씀하셨다. 그리스도인인 우리 안에는 그리스도가 살아 계신다. 하나님을 섬기는 것이 우리가 이생에서 받을 수 있는 가장 큰 특권이라는 것을 명심해야 한다. 요한은 사명을 자기가 가진 모든 것을 바쳐 일했다. 우리에게는 예수님이 우리 삶을 통해 그분의 사역을 수행하시게 할 기회가 주어졌다. 우리의 임무는 세례 요한이 받은 임무와 같다. 우리 자신을 부인하고 예수님을 높이는 것이다. 부디 세례 요한과 같은 열정으로 일하라.

148
하나님의 길을 알자

하나님께서는 모세에게 그가 갈 길을 알려 주셨고,
이스라엘 백성들에게 그분의 행하신 일을 보여 주셨다
시 103:7, 우리말성경

단지 하나님의 행적을 아는 것으로 만족하는가, 아니면 하나님의 길도 알고 싶은가? 이스라엘 백성은 하나님이 행하시는 기적들을 보았다. 모세와 같이 홍해 길을 건넜다. 또 모세와 같이 하늘에서 내려오는 만나와 메추라기를 먹었다.

그런데 그들은 하나님 자신에 대해선 모르고, 그저 하나님이 공급해 주시는 것을 받는 것으로 만족했다. 그러나 모세는 하나님이 공급해 주시는 것들을 넘어 하나님의 인격을 보았다. 만일 모세가 하나님의 능력만으로 만족했다면 천사의 동행을 받아들이고 힘써 승리를 거두었을 것이다(출 33:15 참조). 그러나 모세는 단순히 하나님의 일하심이 아니라 하나님 그분을 경험하고 싶었다.

오늘날도 하나님을 알지 못하고 하나님의 역사를 체험하는 것에 만족하는 이들이 있다. 하나님이 그들의 가족과 집과 직장을 섭리로 보살펴 주심으로 축복을 누리지만, 그 축복의 근원이 되시는 분을 모르는 상태에서 만족한다. 하나님을 경험할 때, 그 행위들을 넘어 계시된 하나님의 속성을 보라(창 22:14, 요 6:35 참조).

149
말씀을 즐거워하라

내가 주의 말씀을 얻어 먹었사오니
주의 말씀은 내게 기쁨과 내 마음의 즐거움이오나 렘 15:16

만약에 나라의 지도자나 유명인에게 짧은 편지를 받는다면 평생 기념품으로 간직할 것이다. 하물며 전능하신 하나님이 보내신 메시지는 얼마나 더 귀한가!

때로는 우리 힘으로 어찌할 수 없는 상황을 만난다. 오빠 나사로의 죽음에 슬피 울던 마리아와 마르다가 바로 그런 상황이었다. 이러한 때에 예수님의 한마디가 큰 기쁨을 줄 수 있다(요 11:41-45 참조). 거룩하시고 전능하신 하나님이 우리에게 직접 말씀하신다고 생각하면 가슴이 떨린다. 하나님이 우리의 해로운 생각이나 행실들을 지적하실 만큼 관심을 가져 주시는 것이 얼마나 큰 특권인가.

성경을 펼칠 때마다 하나님이 그 시간을 통해 우리에게 뭔가 말씀해 주시기를 기대해야 한다. 기도 시간에 하나님께 드리고 싶은 말보다 하나님이 우리에게 하시려는 말씀에 더 관심을 가져야 한다. 칭찬이든 책망이든, 주님께 어떤 말씀을 받으면 전능하신 하나님이 당신에게 말씀하시는 것을 기쁨으로 여기라.

150
무익한 수다는 그만두라

**내가 너희에게 이르노니 사람이 무슨 무익한 말을 하든지
심판 날에 이에 대하여 심문을 받으리니** 마 12:36

예수님은 심판 날에 모든 무익한 말에 대해 심문을 받을
거라고 말씀하셨다. 무익한 말은 우리가 부주의해서, 그
말이 다른 사람에게 미칠 영향을 생각하지 않고 하는 말을
뜻한다. 예수님은 우리의 말이 얼마나 파괴적인 성격을 갖
고 있는지 잘 아신다. 우리 입에서 나오는 무익한 말들은
우리 마음 상태를 명백하게 드러내기 때문이다(마 15:17-20
참조).

잠언은 더러운 말이 나가지 않게 말을 적게 하라고 권면
한다(잠 17:28 참조). 무익한 수다를 떨며 보내는 시간이 많을
수록 해로운 말을 하게 될 가능성이 더 커진다. 야고보는
신자들에게 "듣기는 속히 하고 말하기는 더디 하며 성내기
도 더디 하라"(약 1:19)고 경고했다. 당신의 말들이 다른 사
람들을 세워 주는지, 아니면 넘어지게 하고 상처를 주는지
분별할 수 있도록 성령의 도우심을 구하라.

151
그리 아니하실지라도

**악하고 음란한 세대가 표적을 구하나 요나의 표적밖에는
보여 줄 표적이 없느니라 마 16:4**

어떤 이들은 하나님께 계속 기적을 구함으로써 큰 믿음
을 증명하고 있다고 생각한다. 예수님은 표적들이 계속 그
들의 믿음을 뒷받침해 주지 않으면 그들이 예수님을 믿지
못한다는 것을 아셨다. 그래서 그들의 믿음 없음을 꾸짖으
시고 그들을 떠나셨다.

기적을 행하시는 분보다 기적 자체를 더 원할 때, 하나님
은 이것을 우상 숭배라고 하시며, 사람들의 요구대로 기적
을 베풀어 주지 않으셨다(렘 2:11-13 참조).

한편 가장 큰 믿음의 행위는 기적을 구하지 않는 것일 때
도 있다. 구약성경에 나오는 가장 놀라운 믿음의 고백들
가운데 하나는 사드락, 메삭, 아벳느고가 하나님께 순종함
으로써 뜨거운 풀무불 앞에 섰을 때 한 고백이다. 그들은
풀무불 속으로 던져지는 순간에도 하나님이 그들을 구원
해 주실 거라 확신했고, 하나님을 완전히 신뢰했기에 살려
달라고 구하지 않았다(단 3:17-18 참조). 당신의 믿음을 지탱
해 줄 기적들이 필요한가? 아니면 하나님을 온전히 신뢰하
므로 '그러나 그리 아니하실지라도 저는 하나님을 믿습니
다!'라고 말할 수 있는가?

Experiencing GOD

152
모든 필요를 채우신다

**여호와께서 이와 같이 말씀하시니라 무릇 사람을 믿으며
육신으로 그의 힘을 삼고 마음이 여호와에게서 떠난
그 사람은 저주를 받을 것이라 렘 17:5**

예레미야 시대의 이스라엘 백성은 그들의 군대와 왕의
외교술, 동맹국들이 강한 바벨론 제국으로부터 보호해 줄
수 있을 거라고 믿었다. 입으로는 하나님을 믿는다고 말했
지만, 실제로 그들이 믿는 것은 군사력과 경제력이었다.
하나님은 예레미야를 통해 경고하시기를, 하나님 대신 다
른 사람이나 다른 것을 믿는 사람은 축복하지 않겠다고 하
셨다. 하나님 외에 다른 것에 궁극적인 믿음을 두는 것은
우상 숭배이기 때문이다.

당신은 위기가 닥칠 때 어느 쪽으로 고개를 돌리는가?
고통스럽거나 두려울 때 누구에게 가는가? 경제적인 문제
가 있을 때 제일 먼저 누구에게 말하고 싶은가? 스트레스
를 받거나 낙심될 때 어디서 위로를 찾는가?

하나님은 종종 다른 사람들을 사용하여 당신에게 필요한
것을 공급해 주시기도 한다. 그러나 무심결에라도 공급해
주시는 하나님 대신 하나님의 공급 자체를 믿는 실수를 범
하지 않도록 주의하라. 이스라엘 백성과 똑같은 실수를 범
하지 말라. 무언가 필요할 때는 하나님께 나아가라. 오직
하나님만이 당신의 필요를 채워 주신다.

153
하나님의 친구

이제부터는 너희를 종이라 하지 아니하리니
종은 주인이 하는 것을 알지 못함이라 너희를 친구라 하였노니
내가 내 아버지께 들은 것을 다 너희에게 알게 하였음이라 요 15:15

하나님은 완전한 사랑으로 우리를 사랑하시며, 우리가
아무것도 보답할 수 없는데도 구원을 베풀어 주신다. 그
러나 어떤 사람이 하나님께 헌신하는 마음을 갖고 있을 때
하나님이 그와 특별한 친구 관계를 맺으시는 것은 또 다른
차원의 얘기다.

다윗의 마음은 온전히 하나님께 헌신되어 있었다(왕상
11:4 참조). 비록 죄를 범하긴 했지만 그래도 하나님을 사랑
했다. 그는 하나님께 예배하는 걸 좋아했다(시 122:1 참조). 하
나님의 임재 안에서 진정한 기쁨을 얻었다(삼하 6:14 참조).
하나님에 대해 이야기하기를 좋아했다(시 34:1 참조). 찬양과
감사의 예물 드리기를 기뻐했다(시 100편 참조).

예수님은 제자들을 친구라고 부르셨다. 그들이 친구이
기에, 아버지께서 예수님께 보여 주신 것들을 제자들에게
도 보여 주겠다고 하셨다. 예수님이 마음속 생각을 친구들
과 나누실 만큼 그들 사이에 친밀한 우정이 자라 갔던 것
이다. 당신 자신을 하나님의 친구라고 말하지 못하겠다면,
온 마음을 다해 하나님을 따르도록 힘쓰라.

Experiencing GOD

154
하나님을 경외하라

우리는 주의 두려우심을 알므로 사람들을 권면하거니와
우리가 하나님 앞에 알리어졌으니 또 너희의 양심에도
알리어지기를 바라노라 고후 5:11

바울은 예수 그리스도의 사도였지만 하나님을 두려워했
고 언젠가 심판대 앞에 서서 그가 한 모든 일에 대해 심문
을 받으리라는 걸 알았다(고후 5:10 참조). 우리는 불신자들이
기독교에 호감을 갖기 바라는 마음에, 사랑의 하나님, 비
위협적인 하나님의 모습만 전하려 한다.

우리는 주님을 '가장 좋은 친구'로, 우리를 구원하시고
'우리 마음속에 사시는' 분으로 높이려 하지만, 그분을 두
려워하지는 않는다. 물론 우리는 하나님의 양자들이고, 예
수님과 함께한 상속자요, 친구다(롬 8:16-17, 요 15:14-15 참조).
그러나 우리는 하나님과 동등한 존재가 아니다. 그분은 하
나님이시고, 우리는 하나님이 아니다.

하나님의 명령에 무관심해지고 죄를 지어도 마음이 편하
다면, 하나님의 거룩하심에서 완전히 동떨어진 것이다. 하
나님의 거룩하심에 대해 묵상하는 시간을 가지고, 성령이
당신의 삶에 전능하신 하나님께 합당한 경외심을 심어 주
시도록 하라(사 40:12-26 참조). 거룩하신 하나님에 대한 경건
한 두려움은 삶의 태도를 극적으로 변화시킨다.

155
회개는 긍정적인 단어다

때가 찼고 하나님의 나라가 가까이 왔으니
회개하고 복음을 믿으라 막 1:15

구원을 얻는 오직 한 조건은 바로 회개다. 회개는 어떤 방향으로 가던 걸음을 멈추고 완전히 돌아서는 것을 뜻한다. 회개는 방향 전환이다.

파멸로 치닫는 우리에게 하나님은 회개하라고 촉구하신다. 회개는 우리를 비참한 결과에서 구해 준다. 그런데 많은 이들이 회개를 부정적인 것으로 생각한다. 죄를 깨달으면 우리 삶을 하나님께 "재헌신"하고 싶어 한다. 다른 사람들에게도, 예전보다 더 하나님께 신실한 사람이 되기로 결심했다고 말한다. 그러면서 한편에서는 계속 죄를 범한다면 회개한 것이 아니다.

회개했다면 마음과 생각까지 철저히 변화되어야 한다. 그로 인해 우리는 죄에 대한 하나님의 평가에 동의하고 하나님의 뜻을 따르기 위해 구체적인 행동을 취한다. 변화를 바라는 마음은 회개가 아니다. 회개는 하나님의 말씀에 대한 적극적인 반응이다. 회개의 증거는 결단의 말이 아니라 변화된 삶이다.

156
마음밭 경작하기

좋은 땅에 있다는 것은 착하고 좋은 마음으로
말씀을 듣고 지키어 인내로 결실하는 자니라 눅 8:15

마음이 짓밟힌 땅 같고, 원한과 용서하지 않는 마음으로 딱딱하게 굳어져 있으면, 하나님으로부터 오는 메시지를 받아들일 수 없다. 메시지를 들어도 변화가 없다. 반면에 좋은 땅과 같은 마음은 하나님의 말씀을 받아들이고, 적용하여, 정해진 때에 열매를 맺는다. 이것이 바로 예수님이 우리에게 바라시는 마음이다. 그 열매가 그리스도를 닮은 삶으로 나타날 것이기 때문이다. 성경 읽기나 기도, 또는 예배를 통해 하나님의 말씀을 들을 때 당신이 어떻게 반응하는지는 바로 당신의 마음을 어떻게 경작했는지에 따라 결정될 것이다(호 10:12 참조).

모든 원한이나 분노, 또는 용서하지 않는 마음에 대해 회개하라. 하나님의 말씀이 머리뿐 아니라 마음속 깊이 들어올 때까지 묵상하라. 하나님이 그분의 말씀을 당신의 실제 삶에 심으시게 하라(갈 6:9 참조). 어제 그 마음이 하나님의 말씀을 잘 받아들였다고 해서 반드시 오늘도 그런 것은 아니다. 매일 하나님이 주시는 말씀을 받기 위해 마음을 경작해야 한다.

157
무엇을 하든지 사랑으로

사람의 행위가 자기 보기에는 모두 깨끗하여도
여호와는 심령을 감찰하시느니라 잠 16:2

우리는 다른 사람들의 동기는 쉽게 문제 삼으면서 우리 자신의 동기는 잘 살피지 않는다. 다른 사람들이 우리에게 해를 끼치면 가장 나쁜 의도로 그랬을 거라고 생각한다. 그러나 정작 우리가 잘못했을 땐 핑계를 대면서, 다른 사람들이 너무 예민한 거라고 결론짓는다. 하나님은 그분의 의의 기준으로 우리의 동기를 감찰하신다. 종교적인 정당화로 하나님을 속이려 해 봐야 아무 소용없다. 하나님은 우리의 마음을 보신다.

어떤 일을 하는 데는 여러 가지 동기가 있다. 종종 하나님에 대한 사랑, 동정심, 관대함, 믿음 같은 좋은 것들이 동기를 부여한다. 반면에 교만, 불안, 야망, 정욕, 탐욕, 죄책감, 분노, 두려움, 상처 같은 건전하지 못한 동기에서 비롯되는 행동도 있다. 심지어 최악의 동기로 최선의 일을 할 수도 있다. 하나님이 우리의 동기를 살피실 때는 한 가지를 찾으신다. 바로 사랑이다. 우리가 하는 모든 일들은 하나님과 다른 사람들을 사랑하는 마음에서 비롯되어야 한다(고전 13장 참조). 당신의 행동들을 돌아보며, 그 배후에 어떤 동기들이 있었는지 생각해 보는 시간을 가지라.

Experiencing GOD

158
우선순위 점검하기

이 모든 것이 이렇게 풀어지리니 너희가 어떠한 사람이 되어야 마땅하냐 거룩한 행실과 경건함으로 벧후 3:11

베드로는 비극적인 심판의 때가 오고 있다고 경고한다. 주의 날에 큰소리가 들릴 것이고, 뜨거운 열에 땅이 다 불타 버릴 거라고 경고한다. 베드로는 이것이 곧 닥쳐올 확실한 일이라고 말하고, 중요한 질문을 던진다. "너희가 어떠한 사람이 되어야 마땅하냐?"

우리에게 심판이 임박하고 수많은 사람들이 멸망당할 위기에 처했는데, 우리는 어떻게 살아야 하는가?

많은 그리스도인들이 현세적인 것에 큰 가치를 둔다. 취미와 재산에 마음을 빼앗겨 영원한 것에 투자할 시간이나 에너지를 거의 남겨 두지 않는다. 우리는 하나님과 친밀하게 동행해야 한다. 그래서 하나님이 사람들을 심판하려고 준비하시면 우리가 절박한 위험에 처한 이들에게 경고를 해 주어야 한다.

그리스도께서 오래 참으사 더디 오시는 것은 아무도 멸망하지 않기를 바라시기 때문이다(벧후 3:9 참조). 그렇다면 우리는 하나님의 영원한 나라를 건설하는 일에 노력을 쏟아부어야 하지 않겠는가? 하나님이 우리에게 주신 임무를 완수하는 것을 우선순위로 삼아야 하지 않겠는가?

159
넉넉히 뿌리라

**이것이 곧 적게 심는 자는 적게 거두고 많이 심는 자는
많이 거둔다 하는 말이로다** 고후 9:6

사도 바울은 고린도의 신자들에게 예루살렘에 있는 그리스도인들을 도우라고 권면할 때, 그들이 많이 뿌리면 하나님으로부터 많이 돌려받을 거라고 단언했다. 우리가 가진 모든 것을 하나님과의 관계에 투자한다면, 하나님의 자녀로서 가질 수 있는 모든 것을 경험할 것이다.

하나님의 말씀을 연구하는 데 충분한 시간을 들인다면, 하나님이 우리와 하나님의 관계를 아주 풍성하게 해 주실 것이다. 기도하기 힘들 때도 기도를 계속하도록 우리 자신을 단련시키면, 하나님이 더 깊고 능력 있는 기도 생활을 상으로 주실 것이다. 우리가 깨어진 관계를 화해시키고 경건한 마음으로 예배의 모든 부분에 온전히 참여하면, 하나님을 만나고 우리 삶이 변화될 거라고 하나님이 약속하신다.

신앙생활의 성숙도는 우리가 무엇을 뿌리느냐에 깊이 영향을 받는다. 그리스도인의 삶에서 우리가 하는 모든 일들에 넉넉히 씨를 뿌리도록 하자. 우리가 수확하는 열매는 바로 그리스도를 닮은 모습일 것이다.

160
말씀하시는 하나님

**옛적에 선지자들을 통하여 여러 부분과 여러 모양으로
우리 조상들에게 말씀하신 하나님이 이 모든 날 마지막에는
아들을 통하여 우리에게 말씀하셨으니** 히 1:1-2상

이 세대는 '방법'에 열중한다. 한 가지 사업에서 효과 있는 프로그램을 발견하면, 그 즉시 그것을 다른 사업에도 적용할 수 있도록 포장하여 배포하려 한다. 이러한 태도는 영적 생활에도 똑같이 나타난다. 우리는 신앙생활에 만족을 느끼기 위해 효과적인 영적 훈련, 책, 세미나, 또는 수련회를 찾는 데 많은 에너지를 쏟는다. 하지만 하나님은 우리가 방법에 의지하는 걸 원치 않으시고, 하나님을 의지하기 원하신다.

하나님보다 방법을 의지하면 하나님을 경험하는 방식에 많은 제한을 받는다. 하나님이 오직 예측 가능한 방식으로만 우리에게 말씀하실 거라고 기대하면, 하나님이 우리가 생각하는 것보다 훨씬 더 복잡한 분이시라는 걸 망각하는 것이다. 중요한 것은 하나님이 '어떻게' 말씀하셨느냐가 아니라, 말씀하셨다는 사실이다. 중요한 것은, 소통의 수단보다 하나님이 말씀하고 계신다는 사실 그 자체다. 하나님의 음성에 민감하게 귀를 기울이면 완전히 새로운 차원에서 하나님을 경험하게 될 것이다.

161
시험당할 때

**그가 시험을 받아 고난을 당하셨은즉
시험 받는 자들을 능히 도우실 수 있느니라 히 2:18**

    당신이 어떤 시험을 만나도, 하나님은 그것을 이겨 낼 수 있는 만반의 대비책을 마련해 놓으셨다. 사랑의 하나님은 당신이 시험을 만날 때마다 승리할 수 있도록 필요한 모든 일을 다 해 놓으셨다. 성경에 하나님의 뜻을 분명히 보여 주셨으므로, 무엇이 옳은 일인지 전혀 헷갈릴 일이 없을 것이다. 또 당신 안에 성령을 주셔서 결정을 내릴 때마다 인도해 주시고 해로운 선택을 할 때면 잘못을 깨우쳐 주게 하셨다. 또한 시험을 받을 때마다 하나님이 피할 길을 주셔서 굴복하지 않아도 되게 해 주신다(고전 10:13 참조).

    그러나 무한한 사랑의 하나님은 당신을 시험에서 보호해 주시는 것보다 더 많은 일을 하셨다. 주님 자신이 직접 시험을 당하신 것이다. 예수님은 피곤함과 굶주림이 어떤 것인지 아셨고, 우리와 같은 한계를 경험하셨다. 그러나 그분은 죄가 없으셨다. 우리는 유혹을 받을 때면 이 주님을 의지해야 한다. 예수님이 우리의 곤경을 이해하신다는 사실을 알기에, 확신을 가지고 예수님께 다가갈 수 있다. 그분은 우리가 시험당할 때 도울 방법을 알고 계신다.

162
복된 가문 세우기

만일 여호와를 섬기는 것이 너희에게 좋지 않게 보이거든
⋯⋯ 너희가 섬길 자를 오늘 택하라
오직 나와 내 집은 여호와를 섬기겠노라 수 24:15

여호수아가 선택할 수 있는 것은 하나님을 섬기는 것만이 아니었다. 이교도 땅 애굽에서 그의 가족이 믿던 종교와 의식을 택할 수도 있었다. 또 지금 사는 지역의 이웃들이 믿는 우상 숭배를 받아들일 수도 있었다. 이런 것들이 하나님을 섬기는 것보다 오히려 더 쉬운 선택처럼 보였을 것이다.

그러나 여호수아는 하나님의 신실하심을 보았다(수 23:14 참조). 그의 주님이 유일하신 참하나님이며, 하나님을 섬기면 승리와 축복을 얻는다는 확신이 있었다. 여호수아는 하나님만 섬기기로 결심했다. 또한 온 가족에게 하나님을 공경하도록 가르치기로 결심했다. 그는 전쟁터에서 승리를 얻기 위해 하나님을 의지했고, 하나님이 그의 가정에서 영적인 승리를 안겨 주시리라는 걸 알았다.

당신도 누구를 섬길지 결정해야 한다. 전심으로 하나님을 섬기기로 마음을 정한다면, 당신의 본보기가 가족에게 어마어마한 축복을 가져다줄 것이다. 주변 사람들도 당신의 믿음을 보고 하나님을 믿기로 결심할 것이다. 여호수아처럼 온 마음을 다해 하나님을 섬기기로 결단하라.

163
성품 훈련

오직 성령의 열매는 사랑과 희락과 화평과
오래 참음과 자비와 양선과 충성과 온유와 절제니
이 같은 것을 금지할 법이 없느니라 갈 5:22-23

성령은 당신 성품의 청사진을 찾기 위해 그리스도를 바라보신다. 예수님이 친구들을 위해 자신의 목숨을 내주셨을 때 품으셨던 그 '사랑'을 당신이 체험하고 실천하도록 성령이 도와주실 것이다. 예수님이 경험하셨던 '희락'이 지금 당신에게 충만해질 것이다. 예수님이 매맞고 조롱당하실 때도 그분의 마음을 지켜 주었던 '화평'을 성령이 당신 안에 심어 주려 하신다. 예수님이 가장 가르치기 힘든 제자에게 보이셨던 '인내'를 지금 성령이 당신 안에서 자라게 해 주신다. 예수님이 아이들과 죄인들에게 보이셨던 '자비'가 다른 사람들을 향한 당신의 마음을 부드럽게 해 줄 것이다. 오직 하나님의 성령의 임재로만 설명할 수 있는 '양선'이 당신에게 나타날 것이다. 예수님이 아버지께 전적으로 순종하도록 이끈 '충성'을 성령이 당신 안에 심어 주신다. 또 당신이 옳은 일을 하고 유혹을 뿌리칠 수 있는 힘을 갖도록 성령이 '절제'를 가르쳐 주실 것이다.

이 모든 것은 나무에서 열매가 자라는 것처럼 자연스러운 일로, 당신이 그리스도인이 되는 순간 저절로 시작된다. 그 일이 얼마나 빨리 일어나는지는, 당신이 얼마나 온전히 성령의 역사에 자신을 의탁했느냐에 달려 있다.

Experiencing GOD

164
천국 열쇠를 쓰라

내가 천국 열쇠를 네게 주리니 마 16:19상

천국 열쇠는 당신이 예수 그리스도와의 관계를 통해 아버지 하나님께 나아갈 수 있게 된 것을 뜻한다. 이 관계로 인해 그리스도가 가질 수 있는 모든 것을 당신도 가질 수 있다. 그러나 이 특권은 누구나 다 누릴 수 있는 것이 아니다. 제자들이 예수님을 그리스도로 인정한 후에야 예수님이 그 열쇠를 주시지 않았는가. 그때 비로소 제자들은 예수님과 특별하고 개인적인 관계를 맺었다.

이와 같이 당신과 그리스도의 관계는 당신에게 천국 문을 열어 주며, 아버지께 직접 나아갈 수 있게 해 준다. 그리스도인이라면 당신도 천국 열쇠를 갖고 있다. 어떤 상황을 만나든 하나님께 나아가 필요한 모든 것을 얻을 수 있다. 두려울 땐 모든 지각에 뛰어난 하나님의 평강을 얻을 수 있다(빌 4:7 참조). 관계가 깨어졌을 땐 화목하게 하시는 하나님께 나아갈 수 있다(고후 5:18-21 참조). 곤경에 처한 사람을 만나면 하나님께 그 사람의 필요를 채워 달라고 구할 수 있다.

165
말은 마음을 드러낸다

입에서 나오는 것들은 마음에서 나오나니 이것이야말로
사람을 더럽게 하느니라 마 15:18

성경은 말이 마음속에 있는 것을 정확하게 나타낸다고 강조한다. 당신의 말이 다른 사람들을 축복하고 격려하면 그것은 자비로운 마음의 증거다. 종종 그리스도에 대한 복음을 전한다면 당신 자신의 구원에 대해 감사하는 마음을 나타내는 것이다. 다른 사람들이 위기에 처했을 때 당신의 말에서 평안과 위로를 얻는가? 자주 자연스럽게 다른 사람들을 위한 기도가 나오는가? 당신의 말과 말하는 태도가 인내하는 마음을 드러내는가? 이 모든 행동은 아버지의 마음을 닮은 마음을 나타낸다.

다른 사람들을 자주 비판하는가? 화가 났을 때 당신의 입에서 나오는 말에 대해선 책임이 없다고 느끼는가? 성화된 입은 하나님을 위한 훌륭한 도구다. 아버지의 마음을 닮은 마음은 순결하고 사랑스러운 말만 할 것이다. 당신의 말에 대해 어떤 변명도 하지 말고, 해로운 말을 한 것에 대해 성령께 용서를 구하라. 그리고 나서 당신의 입을 단련해 주셔서, 당신의 모든 말이 하나님의 도구가 되어 다른 사람들을 격려하고 가르치는 데 사용되게 해 달라고 간구하라.

166
하나님은 당신을 찾아내신다

**그러나 노아는 여호와께 은혜를 입었더라 …… 노아는 의인이요
당대에 완전한 자라 그는 하나님과 동행하였으며** 창 6:8-9

당신이 얼마나 악한 환경 속에 있든 간에, 하나님은 항상 당신을 찾아내시고 당신과 동행하신다. 노아는 아마 역사상 가장 악한 세대에 살았을 것이다. 모두 자신의 악한 쾌락을 좇았다. 노아 시대의 사람들이 너무나 악했기 때문에, 하나님은 성경에 기록된 가장 철저하고 강력한 심판을 계획하셨다.

그런데도 하나님은 그 수많은 죄인들의 무리 속에서 노아를 잊지 않으셨다. 노아는 주변 사람들이 모두 어떻게 행하든 간에 하나님 앞에서 바르게 살기로 선택했고, 하나님은 그런 노아를 지켜보셨다. 덕분에 그 자신과 가족의 목숨을 구했다.

항상 악에 둘러싸여 있는가? 때로는 당신 혼자만 의로운 삶을 살기 위해 아등바등하는가? 노아의 삶을 보고 확신을 얻으라. 하나님은 노아를 지켜보셨던 것처럼 당신도 보고 계신다. 항상 많은 무리들 속에서 당신을 찾으실 것이며, 노아에게 복을 주셨던 것처럼 당신과 당신의 가족에게 복 주기를 원하신다.

167
삶의 영향력

여호와께서 노아에게 이르시되 너와 네 온 집은 방주로 들어가라
이 세대에서 네가 내 앞에 의로움을 내가 보았음이니라 창 7:1

노아의 자녀들은 중요한 결정에 직면했다. 그들은 모든 사람이 노골적으로 하나님을 무시하는 악한 것이 표준이 되는 세상에서 살았다. 노아의 아들들이 다른 사람들처럼 악하게 산다고 해서 그들을 나무랄 사람은 아무도 없었을 것이다. 불경한 태도와 온갖 악행들이 난무한 세상에서 그들의 아버지가 하나님의 말씀에 순종하여 100년 동안 방주를 만들자고 했을 때, 노아의 아들들은 주변 사람들을 믿을지, 아니면 아버지를 믿을지 선택해야 했다. 그들은 아버지와 함께하기로 선택했다. 노아가 그의 가정에 미친 경건한 영향력을 보여 주는 얼마나 아름다운 증거인가!

당신의 삶도 주변 사람들에게 영향을 미친다. 배우자와 자녀들은 당신의 선택에 깊이 영향을 받는다. 동역자들, 이웃, 친구들 모두 당신의 삶에 의해 영향을 받을 것이다. 당신의 삶은 의인의 본을 보여 주어야 한다. 사람들이 당신의 삶을 보고 하나님을 따르는 것이 지혜로운 일임을 깨닫게 하라. 당신의 순종이 가까운 사람들에게 미치는 긍정적인 영향력을 과소평가하지 말라.

하나님의 약속을 묵상하라

성령이 친히 우리의 영과 더불어
우리가 하나님의 자녀인 것을 증언하시나니 롬 8:16

우리가 거듭났을 때 우리의 것이 된 것들을 모두 헤아리는 건 불가능하다. 그러나 성령이 우리가 정말 하나님의 자녀인 것을 확신시켜 주시며, 우리가 받은 유산이 얼마나 풍성한지 깨닫도록 도와주신다.

어쩌면 당신에겐 사랑 많은 육신의 아버지가 없었을지도 모른다. 성령의 역할은 오직 완전한 사랑 안에서만 당신과 관계를 맺으시는 아버지에게 응답하는 법과 왕의 자녀답게 사는 법을 가르쳐 주신다. 어쩌면 당신은 가난하게 자랐을지도 모른다. 성령은 그런 당신이 하나님의 자녀로서 누릴 수 있는 무한한 부를 보여 주실 것이다. 또한 아버지께서 당신에게 성령을 주셔서 당신의 인도자이자 선생이 되게 하셨다. 성령은 당신이 하나님의 가족으로 입양됨으로써 누릴 수 있는 훌륭한 약속들과 자원들로 당신을 인도하신다.

당신에게 주신 하나님의 놀라운 약속들을 묵상하는 시간을 가지라. 당신이 정말로 하나님의 자녀이며 그리스도와 함께한 후사라는 사실을 성령이 확신시켜 주실 것이다.

169
아빠 하나님

너희가 아들이므로 하나님이 그 아들의 영을 우리 마음 가운데 보내사
아빠 아버지라 부르게 하셨느니라 갈 4:6

'아버지'라는 단어를 들었을 때 떠오르는 이미지는 사람마다 다를 것이다. 어떤 이들은 사랑, 웃음, 존경, 수용의 이미지를 떠올린다. 그러나 안타깝게도 '아버지'라는 단어를 공포, 거절, 실망과 연관시키는 사람들도 있다. 중요한 것은 당신의 경험을 근거로 성령을 이해하려 하지 말고 성경에 비추어 당신의 경험을 이해해야 한다는 것이다.

하나님은 가장 진실한 의미에서 아버지의 이상적인 모델이시다. 하늘에 계신 아버지는 당신을 구원하기 위해 어떤 대가도 지불하려 하셨다(롬 8:32 참조). 하늘 아버지는 당신을 너무나도 사랑하셔서, 성숙한 그리스도인이 되도록 훈련시키려 하신다(잠 3:11-12, 히 12:5-10 참조). 당신이 하나님을 사랑하지 않을 때에도 하나님은 당신을 사랑하신다(요일 4:19 참조). 그래서 당신을 하나님의 상속자로 삼으셨고, 하늘나라에 당신을 위한 집을 예비해 두셨다(롬 8:15-17 참조).

170
성령의 인도를 구하라

어떤 길은 사람이 보기에 바르나 필경은 사망의 길이니라 잠 16:25

자신의 지혜를 의지하여 성령의 인도하심과 동떨어진 결정을 내리는 것은 나침반 없이 항해하는 배와 같다. 매력적으로 보이는 것이 사실은 우리를 죄로 인도할 수 있다. 아무리 깊은 인간의 생각도 하나님께는 미련한 것에 불과하기 때문이다(고전 1:18-20 참조). 오직 하나님만이 생명으로 인도하는 길을 알고 계시며, 우리를 그 길로 인도하기 원하신다(마 7:13-14 참조). 하나님의 말씀은 당신의 길에 빛이 되어 의의 길로 인도할 것이다(시 119:105 참조).

모든 기회를 하나님으로부터 온 것으로 생각지 말라. 먼저 성령께 조언을 구하지 않고 바르게 보이는 길을 따르는 것은 위험하다(요 16:13 참조). 어떤 결정을 해야 할 때 성령의 인도를 구하는 시간을 가지라. 그분은 당신의 선택으로 일어날 모든 파급 효과를 알고 계신다. 성령은 당신이 진리를 깨닫고 풍성한 삶을 경험하도록 도우실 것이다. 그분이 당신을 인도하실 때 믿고 따르라.

171
믿음으로 구하자

그들이 말하되 네가 미쳤다 하나 여자 아이는 힘써 말하되 참말이라 하니 그들이 말하되 그러면 그의 천사라 하더라 행 12:15

　머리로는 기도하지만 마음속에 의심이 있을 수 있다. 때로 하나님은 감옥 안에서 처형을 기다리던 베드로에게 하신 것처럼 기도에 응답해 주실 것이다. 베드로를 석방시킬 능력이 없었던 예루살렘의 신자들은 그저 기도만 했다. 그러나 정작 하나님이 베드로를 풀어 주셨을 때 그들은 의심하며 베드로가 밖에 서서 문을 두드리는데도 절대 그가 풀려났을 리가 없다고 주장했다.

　하나님의 자녀로서 당신은 하나님의 기도 응답을 마땅히 기대해야 한다. 하나님께 어떤 일을 해 달라고 기도는 하면서, 그 기도제목에 맞게 삶을 조정하는가? 부흥을 위해 기도하고 있다면, 그 부흥을 어떻게 준비하고 있는가? 용서를 구하는 기도를 하면서 혹시 여전히 죄책감에 눌려 살고 있는가? 하나님께 당신의 필요를 채워 달라고 구해 놓고 여전히 염려하고 근심하는가?

　하나님께 당신의 믿음을 키워 달라고 기도하고, 하나님에 대한 절대 믿음을 나타내는 삶을 살기 시작하라. 믿음으로 기도하는 기쁨을 누리라.

172
하나님이 '노(No)'라고 하실 때

**요한의 형제 야고보를 칼로 죽이니 유대인들이 이 일을
기뻐하는 것을 보고 베드로도 잡으려 할새** 행 12:2–3

헤롯 왕은 베드로를 체포하고 처형하려 했다. 그런데 그 날 밤 그의 교회가 기도하자, 천사가 베드로를 풀어 주어 목숨을 구할 수 있었다. 그러나 얼마 전에 야고보도 헤롯에게 체포되었는데, 그는 처형을 당했다. 하나님은 야고보보다 베드로를 더 사랑하신 걸까? 물론 그렇지 않다. 야고보도 예수님의 친한 친구 가운데 한 사람이었다. 그러나 하나님이 야고보는 죽게 하시고 베드로는 하나님의 사역에 계속 사용하셨다. 이 일을 두고 예루살렘 교회는 하나님을 향해 원망을 품지 않았다. 그들은 하나님의 사랑과 지혜를 믿었기에 하나님의 응답을 받아들였다.

하나님이 우리 안에서 그분의 일을 완수하실 때까지 우리가 계속 기도하기를 원하실 때가 있다(눅 11:5-8, 18:1-6 참조). 그러나 하나님의 응답이 거절인데 계속 간청을 들어 달라고 구하는 것은 무익한 일이다. 기도의 목적은 하나님을 당신의 뜻에 따르게 하려는 것이 아니라, 당신의 뜻을 하나님께 맞추는 것이다. 하나님이 안 된다고 말씀하셔도 그분의 뜻이 최선임을 인정하고 받아들일 수 있도록 하나님을 신뢰하는 법을 배우라.

173
하나님이 침묵하실 때

**주 여호와의 말씀이니라 보라 날이 이를지라 내가 기근을 땅에
보내리니 양식이 없어 주림이 아니며 물이 없어 갈함이 아니요
여호와의 말씀을 듣지 못한 기갈이라 암 8:11**

　이스라엘 백성이 노골적으로 그들을 향한 하나님의 말
씀을 무시하고 거절하자 하나님은 기근을 보내셨다. 이 기
근은 단순히 양식과 물이 부족한 기근보다 훨씬 더 심각한
것이었다. 바로 하나님의 생명의 말씀이 끊긴 것이다.

　만약 당신이 '가뭄' 속에 있다는 것을 깨달았다면, 즉시
하나님을 구하라. 그리고 다시 예전처럼 하나님과 교제를
누리려면 삶의 어떤 부분을 고쳐야 하는지 알려 달라고 기
도하라. 하나님이 새로운 지침을 주시기 전에 당신의 순
종을 기다리고 계신지도 모른다. 어쩌면 당신의 삶에 고
백하지 않은 죄가 있거나 손상된 관계가 있을지도 모른다
(사 1:15, 벧전 3:7 참조). 기도 시간에 말을 너무 많이 했는데 하
나님은 당신이 듣기를 원하실 수도 있다. 하나님의 침묵은
하나님이 당신과 교통하시는 시간이 될 수 있다.

　그분은 하나님이시므로 우리가 그 말씀을 귀 기울여 듣
고 열정적으로 반응하기를 기대하신다. 우리가 하나님을
무시하면, 회개하고 하나님과의 관계를 바로잡을 때까지
그분의 음성을 들려주지 않으실지도 모른다.

Experiencing GOD

174
영적 기념비 세우기

**여호와께서 여호수아에게 이르신 대로 이스라엘 자손들이
지파의 수를 따라 요단 가운데에서 돌 열둘을 택하여
자기들이 유숙할 곳으로 가져다가 거기에 두었더라** 수 4:8

이스라엘 백성은 험한 인생 여정을 경험했다. 과연 하나
님이 그들에게 승리를 주실 만큼 강하실까, 하는 의심을
품은 대가로 광야에서 40년 동안 헤매야만 했다. 그러고
나서 하나님은 기적적으로 요단 강을 가르셔서 백성이 무
사히 강을 건너 계속 정복해 가게 해 주셨다.

하나님은 이스라엘 백성이 위험한 적을 만날 때마다 하
나님이 그들을 보호해 주실 수 있을 만큼 강한 분이란 걸
상기시켜 주시려고, 그들에게 요단 강 기슭에 기념비를 세
우도록 지시하셨다. 백성은 이 장소에 돌아올 때마다 그
기념비를 보고 하나님의 어마어마한 능력을 떠올리고, 새
로운 도전에 맞설 수 있는 확신을 얻었을 것이다.

영적 지표는 하나님이 당신을 인도하셨다는 것을 분명히
알게 된 결정적인 시간을 뜻한다. 하나님이 당신을 생명의
길로 부르신 중요한 때가 언제였는가? 하나님이 어떤 결정
을 하도록 당신을 인도하셨던 때나 당신이 해야 할 헌신에
대해 강력하게 말씀하셨던 순간들을 잘 기억해 두라! 이것
은 당신의 삶에서 하나님이 행하신 일을 기억하도록 도와
주고, 앞으로 어떤 결정을 해야 할 때 방향 감각을 갖게
줄 것이다.

175
섬기는 행복

앉아서 먹는 자가 크냐 섬기는 자가 크냐 앉아서 먹는 자가 아니냐
그러나 나는 섬기는 자로 너희 중에 있노라 눅 22:27

하나님 나라에서는 헌신과 사랑으로, 불평하지 않고, 남이 알아주기를 바라지 않고 섬기는 사람이 가장 큰 존경을 받는다. 예수님과 그분의 제자들이 다락방에 들어갔을 때 제자들은 서로 높은 자리에 앉으려고 했다. 그러나 예수님은 섬기는 자리를 찾으셨다. 그러고는 수건과 대야를 가져와 제자들의 발을 손수 닦아 주셨다(요 13:1-15 참조).

우리 그리스도인들은 자신을 종이라고 부르길 좋아한다. 하지만 종처럼 대우받는 것을 기꺼이 받아들이는 경우는 극히 드물다. 예수님을 바라보라. 섬김을 받는 것보다 섬기는 일에 훨씬 더 고귀한 인품이 필요하다는 것을 알게될 것이다.

세상은 당신을 섬기는 사람들의 수로 당신의 중요성을 평가할 것이다. 그러나 하나님은 당신이 섬기는 사람들의 수에 더 관심이 있으시다. 예수님께 헌신적인 자세를 가르쳐 달라고, 또 예수님의 본을 따를 수 있는 힘을 달라고 기도하라. 함께 다른 사람들을 섬기자는 예수님의 초청에 주의를 기울이라.

Experiencing GOD

176
자비를 베푸는 삶

**내가 너를 불쌍히 여김과 같이
너도 네 동료를 불쌍히 여김이 마땅하지 아니하냐 마 18:33**

자비는 선물이다. 자비는 받을 자격이 없는데 받는 것이다. 죄에는 당연히 형벌과 결과가 따르지만 자비로운 사람은 죄인의 처벌을 원하지 않는다. 하나님의 자비가 없었더라면 우리는 모두 오래전에 하나님의 끔찍한 심판을 받았을 것이다.

예수님은 제자들에게 하나님께 받은 자비를 다른 사람들에게 똑같이 베풀라고 명령하셨다. 그 누가 우리에게 죄를 범했어도, 우리가 하나님께 범한 죄에 비할 수 있을까? 누가 아무리 우리에게 잘못했어도, 죄 없으신 하나님의 아들이 당하신 학대만큼 부당할 수 있을까? 우리는 다른 사람들에게 받은 부당한 대우만 생각하고 하나님이 은혜롭게 베풀어 주신 자비는 얼마나 빨리 잊어버리는가!

다른 사람들을 용서하기가 힘들다면, 당신에게 하나님의 정당한 진노를 경험하지 않게 해 주신 하나님의 자비를 묵상하라. 성경은 하나님을 "용서하시는 하나님, 은혜로우시며 긍휼히 여기시며 더디 노하시며 인자가 풍부하신"(느 9:17하) 분으로 묘사한다.

177
상황을 바라보는 법

형제들아 내가 당한 일이 도리어 복음 전파에 진전이 된 줄을
너희가 알기를 원하노라 빌 1:12

모든 상황을 바라보는 두 가지 방법이 있다. 그것이 당신에게 어떤 영향을 끼칠 것인가, 그리고 그것이 하나님 나라에 어떤 영향을 끼칠 것인가를 보는 것이다.

사도 바울은 항상 자신이 처한 환경이 복음 전파에 어떻게 도움이 될 것인지를 생각했다. 부당하게 감옥에 갇혔을 때, 자신의 투옥으로 인해 어떻게 다른 사람들이 구원받을 수 있는지 생각했다(빌 1:13, 행 16:19-34 참조). 분노한 군중의 공격을 받았을 때는 그 기회를 이용해 복음을 전파했다(행 22:1-21 참조). 범죄자로 고소당해 왕 앞에 끌려갔을 때도 오로지 왕에게 자신의 믿음을 나누는 데만 몰두했다(행 26:1-32 참조). 섬에 난파했을 때도 그 기회를 활용해 거기서도 복음을 전했다.

위기에 직면했을 때, 하나님이 우리의 환경을 통해 무엇을 하려고 하시는지 생각하기보다는 화를 내거나 우리 자신의 행복을 걱정할 수 있다. 하나님이 지금의 상황을 통해 다른 사람들에게 복을 주실 수 있다는 사실을 깨닫게 해 달라고 기도하라.

온전함은 완벽함이 아니다

우스 땅에 욥이라 불리는 사람이 있었는데 그 사람은 온전하고
정직하여 하나님을 경외하며 악에서 떠난 자더라 욥 1:1

온전한 삶에는 엄청난 자유가 있다. 욥은 온전한 사람이
었다. 사탄도, 어떤 사람도 그의 잘못을 찾아내 비난할 수
없었다. 가장 혹독한 시험을 거치면서도 욥은 나무랄 데가
없었다. 사도 바울은 다른 사람들을 대할 때 절대 자기 행
동에 대해 후회하지 않으려고 애썼다고 말했다(행 24:16 참
조). 우리도 이런 마음을 품어야 한다.

온전하다는 것은 완벽하다는 뜻이 아니다. 그것은 어떤
상황에서나 옳은 일을 행하는 것을 뜻한다. 누군가에게 죄
를 지었으면 죄를 자백하고 용서를 구한다. 하나님께 죄를
지으면 회개하고 순종하기 시작한다(잠 28:13 참조). 때로는
당신이 자신의 죄를 어떻게 다루는지가 죄 자체만큼 중요
하다. 잘못을 깨달았으면 그 죄를 온전히 처리하도록 노력
하라. 죄를 감추거나, 부인하거나, 합리화하거나, 다른 사
람 탓으로 돌리면, 본래의 죄를 더 악화시키는 것이다.

온전한 자가 되려면 모든 잘못을 바로잡고 깨어진 관계
를 회복하기 위해 당신이 할 수 있는 모든 일을 다 해야 한
다. 온전히 행하는 자에게는 깊은 평안이 있다.

179
인생 최대의 적, 교만

사람이 교만하면 낮아지게 되겠고
마음이 겸손하면 영예를 얻으리라 잠 29:23

교만은 그리스도인의 가장 큰 적이다. 그리스도인답지
못한 행위를 하도록 우리를 부추기고, 하나님께 영광 돌리
는 일을 하지 못하도록 방해한다. 아담과 하와는 교만해져
서 하나님처럼 되려고 했다(창 3:5 참조). 가인의 교만함은 동
생을 살해하도록 부추겼다(창 4:5 참조). 요한의 형들이 요한
을 노예로 팔도록 자극한 것도 교만이었다(창 37:8 참조). 교
만은 사울 왕이 다윗을 심히 미워하여 죽이려고까지 하게
만들었다(삼상 18:8 참조).

교만은 당신이 더 나은 대우를 받을 자격이 있다고 생각
하게 만든다. 교만은 다른 사람들을 섬기지 못하게 방해한
다. 그리고 높은 자리에 앉으려고 애쓰게 만들 것이다. 교
만은 정직한 충고를 무시하고 아첨에 귀 기울이게 만든다.
교만은 당신이 홀로 고립되어 다른 사람들에 대해 책임을
지지 않게 만든다.

그에 반해 겸손은 하나님을 기쁘시게 한다. 그로 인해 하
나님이 당신을 높여 주실 것이다. 당신 삶의 일부 영역에
교만이 몰래 들어왔다면, 그것 때문에 당신을 향한 하나님
의 뜻이 무산되기 전에 하나님께 교만을 이기게 해 달라고
기도하라.

180
나의 보물은 무엇인가

너희 보물 있는 곳에는 너희 마음도 있으리라 눅 12:34

당신이 가장 귀하게 여기는 것이 당신의 보물이다. 당신의 시간과 돈을 소비하는 곳이 바로 당신의 보물이다. 당신의 대화를 지배하는 내용이 바로 당신이 소중히 여기는 것이다. 대부분의 그리스도인들은 하나님이 자신의 최우선순위라고 쉽게 말한다. 그러나 그들의 행동을 보면 그들의 보물이 하나님이 아니라 이 세상 것들이라는 사실이 드러날 때가 종종 있다.

어떤 그리스도인들은 하나님과의 관계에 대해 이야기하는 건 어려워하면서, 자기 가족이나 친구들이나 취미에 대해선 재잘재잘 잘도 이야기한다. 또 어떤 이들은 하나님과 시간을 보내기 위해 일찍 일어나는 건 불가능하다고 하면서, 취미생활을 위해선 새벽에 잘도 일어난다.

당신이 가장 즐겨 생각하고 토론하는 것이 무엇인지 생각해 보라. 친구들이 볼 때 당신이 무엇을 가장 중요하게 여기는 것 같은지 물어보라. 자녀들이 보기에 당신이 무엇을 가장 소중히 여기는 것 같은지 이야기해 보게 하라. 다른 사람들이 아는 당신의 모습은 바로 당신의 보물이 무엇인지 알려 주는 좋은 지표다.

181
함께 짐을 지라

너희가 짐을 서로 지라
그리하여 그리스도의 법을 성취하라 갈 6:2

누군가가 무엇을 필요로 하는지 알아본다는 건, 당신이 체험할 수 있는 하나님의 가장 위대한 초청 가운데 하나다. 우리는 다른 사람들의 문제 때문에 좌절하기 쉽다. 끊임없이 다른 사람들의 필요를 인식함으로써 기가 꺾이는 것이다. 그럴 땐 새로운 문제들을 당신의 시간이나 에너지나 재정을 빼앗는 것으로 보지 말고, 하나님께 왜 당신을 이런 상황에 두셨는지 물으라. 겉으로 보이는 다른 사람들의 필요를 넘어, 하나님이, 그들의 삶에서 이루고자 하시는 일들을 볼 수 있도록 하나님의 도움을 구하라.

하나님이 물질적으로 당신에게 복을 주고 계신가? 하나님은 당신의 삶에 '물품 창고'를 만들어 그것을 통해 다른 사람들에게 필요한 것을 공급해 주려 하시는지도 모른다. 하나님이 당신에게 강건한 가정생활을 허락하셨는가? 어쩌면 하나님이 당신 주변의 상처받은 가정들을 돕기 위해 그런 가정을 필요로 하시는지도 모른다. 당신이 다른 사람들의 짐을 지게 하기 위해 하나님이 일부러 당신의 삶에 여러 가지를 더해 주셨는지도 모른다.

182
영혼을 품는 마음

예수께서 무리를 보시고 산에 올라가 앉으시니 제자들이
나아온지라 입을 열어 가르쳐 이르시되 마 5:1-2

복음서 전체를 통해 예수님이 제자들을 가르치신 한 가지 패턴을 볼 수 있다. 예수님은 무리를 보실 때마다 그 사람들에 대한 예수님의 생각을 제자들에게 보여 주려 하셨다. 사람들을 향한 예수님의 사랑을 제자들도 함께 품기를 원하셨던 것이다.

하나님이 당신을 무리 속에 두실 때는 성령이 그 사람들을 향한 하나님의 마음과 뜻을 당신에게 알려 주시는 것을 느낄 것이다. 어쩌면 주님이 당신을 외진 곳으로 인도하셔서, 당신과 함께 있었던 사람들에 대한 주님의 긍휼함을 당신에게도 심어 주실 것이다. 그 사람들에 대한 주님의 뜻을 당신에게 보여 주시고, 당신을 그의 구속 사역에 동참하도록 초청하실지도 모른다. 또 그들을 위해 기도하도록 마음에 짐을 지워 주실지도 모른다.

다음에 사람들과 어울려 있을 때 성령이 하시는 말씀에 귀를 기울여 보라. 하나님이 그 사람들에게 관심이 많으시다는 것, 그리고 제자들 가운데 한 명이 하나님의 자극에 반응하기를 기다리고 계신다는 것을 알게 될 것이다.

183
의의 종이 누리는 복

죄로부터 해방되어 의에게 종이 되었느니라 롬 6:18

그리스도인이 되기 전에 당신은 죄에 속박된 종이었다. 죄를 짓고 싶지 않아도 안 지을 수가 없었다(롬 7:15-24 참조). 사도 바울은 자신이 그리스도를 따르기 시작했을 때 그리스도의 '종'이 되었으며 자신의 삶이 더 이상 자기 것이 아니라는 것을 깨달았다(롬 1:1 참조). 이제는 죄의 종이 아니라 하나님과 하나님의 의의 종이 된 것이다.

사람들에게 학대를 당할 때 바울은 자기 마음이 시키는 대로 행할 권리를 포기하고 의로운 반응을 나타내야 했다. 그에게는 유혹을 받을 때 자기 감정에 굴복할 자유가 없었다. 의의 종으로서 그의 주인을 영화롭게 하는 거룩한 삶을 살아야 한다는 것을 알았기 때문이다.

의로운 삶은 하나님의 모든 자녀들에게 주어진 명령이요 의무다. 그리스도 안에서 누리는 자유는 죄의 종이었을 땐 절대로 살 수 없었던 의로운 삶을 살 수 있는 자유다. 이제 우리는 의롭게 살 자유가 있으므로, 성령이 우리 안에서 거룩한 믿음의 삶을 이루어 내시게 해야 한다(요일 3:7 참조).

184
하나님 앞에서 살라

주께서 나를 온전한 중에 붙드시고
영원히 주 앞에 세우시나이다 시 41:12

요셉은 마을에서 경건한 자로 알려진 의로운 사람이었다. 그런데 요셉과 약혼한 여자 마리아가 임신을 했다는 소문이 마을에 퍼졌다. 이 불미스러운 상황을 놓고 최악의 추측을 하는 사람들도 많았을 것이다. 뒤에서 쑥덕거리는 사람들도 있었을 것이고, 요셉을 배척하는 사람들도 있었을 것이다. 그러나 요셉은 온전한 사람이었고, 하나님이 자신과 마리아의 관계의 진실을 알고 계신다고 믿었다.

때로는 하나님이 유일하게 당신의 의로운 행위의 증인이시다. 또 어떤 때는 하나님이 시키신 대로 행하지만 다른 사람들의 조롱을 받기도 할 것이다. 그럴 때 당신이 할 수 있는 일은 하나님이 항상 당신을 바라보고 계신다는 것을 믿고 자신의 온전함을 유지하는 것이다.

가장 중요한 것은 사람들이 진실을 알아주는 것이 아니라, 당신이 하나님 앞에서 온전한 사람으로 살아가는 것이다. 하나님이 늘 당신을 지켜보신다는 것을 확신하고 의지해야 한다. 그런 확신이 당신을 붙들어 줄 것이다.

185
타협은 없다

그러므로 내가 또 말하기를 내가 그들을 너희 앞에서 쫓아내지
아니하리니 그들이 너희 옆구리에 가시가 될 것이며
그들의 신들이 너희에게 올무가 되리라 하였노라 삿 2:3

하나님은 이스라엘에게 특별한 명령을 내리셨다. 가나안 사람들을 그 땅의 모든 곳에서 쫓아내고, 그들의 가증한 우상 숭배 흔적을 없애 버리라는 것이었다. 그러나 이스라엘의 죄악된 본성이 가나안인들의 생활양식과 종교의 많은 부분에 이끌려서는 그들의 우상 숭배를 완전히 말살하지 않고 적당히 타협했다. 그 결과 가나안인들은 두고두고 이스라엘인들에게 골칫거리가 되었으며, 그들의 우상 숭배는 계속 유혹거리가 되었다.

당신이 그리스도인이 되었을 때, 하나님은 당신의 삶에 있는 죄의 요새에 전쟁을 선포하셨다. 악한 행동과 태도들이 당신의 인격 속에 확고히 자리 잡고 있었지만, 하나님은 그것들을 멸절시키라고 명령하셨다. 성령은 당신의 삶에서 하나님의 뜻을 거스르는 영역들을 지적해 주셨다. 자칫 방심하면 그것에 지고 만다. 잠깐 부주의한 틈을 타, 이 요새들이 당신을 유혹하여 과거의 악한 행동을 계속하게 할 것이다. 죄의 파괴력을 과소평가하지 말라. 당신 삶에 정복하지 못한 요새가 있다면, 성령이 완벽한 승리로 이끌 만반의 준비가 되어 있으시다는 사실을 기억하라.

186
열매를 기다리신다

내가 내 포도원을 위하여 행한 것 외에 무엇을 더할 것이 있으랴
내가 좋은 포도 맺기를 기다렸거늘
들포도를 맺음은 어찌 됨인고 사 5:4

이사야 선지자는 기름진 산에 포도원을 가진 사람의 이야기를 들려주었다. 그 사람은 땅을 갈고 돌을 골라내, 포도나무의 성장을 방해하는 것이 아무것도 없게 만들었다. 그리고 가장 품질 좋은 포도나무들만 심었다. 포도원 중앙에는 망대를 세워 야생동물과 침입자들이 들어오는지 살폈다. 포도주 틀을 만들어 놓고 잘 익은 포도를 수확할 준비를 했다. 그리고 기다렸다. 그러나 좋은 포도가 열리기는커녕 아주 보잘것없는 포도가 열렸다.

이 이야기는 하나님과 그분의 백성의 관계를 보여 준다. 하나님은 우리가 삶에서 영적인 열매를 풍성하게 맺기 위해 필요한 모든 것을 해 주셨다. 우리를 죄에서 구원하셨고, 삶에서 열매를 맺을 수 있도록 성령을 주셨다(갈 5:22-23 참조). 또한 자유롭게 하나님을 섬길 수 있도록 우리 죄를 없애 주셨다.

언젠가 하나님이 우리를 위해 해 주신 모든 일들에 대해 우리에게 책임을 물으실 것이다. 하나님이 우리 삶을 위해 풍성히 공급해 주신 모든 것들에 대해 열매를 보여 달라고 하실 것이다. 그때 하나님은 무엇을 보시게 될까?

187
기쁨을 지키라

**한밤중에 바울과 실라가 기도하고 하나님을 찬송하매
죄수들이 듣더라** 행 16:25

그리스도인의 기쁨은 하나님으로부터 오며, 외적인 것에 영향을 받지 않는다. 참된 기쁨은 환경과 관계없이, 하나님 자신이 당신 안에 살고 계시며 당신과 교제하신다는 사실을 아는 데서 온다. 진정한 기쁨은 거룩하신 하나님이 당신의 모든 죄를 완전히 용서하셨고, 지금도 당신이 하나님과 함께 영원히 살게 될 거처를 하늘나라에 준비해 두고 계신다는 것을 아는 데 있다(요 14:3 참조). 삶의 환경이 이 진리들을 바꿀 수는 없다.

바울과 실라는 매우 힘든 상황에 직면했다. 부당하게 고소당하고, 체포당하고, 감옥에 갇혔다. 매를 맞고 감옥에서도 가장 어둡고 추운 곳에 감금되었다. 그러나 그런 끔찍한 상황에도 그들의 기쁨은 시들해지지 않았다. 그들은 이런 일들이 일어나게 하신 하나님을 원망하지 않았다. 대신 하나님의 선하심을 찬양했다.

힘든 상황들 때문에 당신이 하나님의 자녀라는 사실을 아는 기쁨을 잃지 않도록 하라. 하나님의 성령이 억누를 수 없는 기쁨으로 당신을 충만케 해 주실 것이다.

Experiencing GOD

188
지금 돌아가자!

만군의 여호와께서 이처럼 이르시되
너희는 내게로 돌아오라 만군의 여호와의 말이니라
그리하면 내가 너희에게로 돌아가리라 슥 1:3

하나님은 우리가 하나님을 떠나 있었으면 어서 그분께 돌아오라고 부르신다. 우리가 돌아가면 즉시 하나님과 우리의 관계를 회복시켜 주겠다고 약속하신다. 그리스도인의 삶의 많은 부분이 우리의 반응과 또 하나님을 충만하게 경험하고픈 마음에 달려 있다.

왜 어떤 그리스도인들은 다른 사람들보다 하나님과 훨씬 더 깊이 동행하는 것처럼 보이는가? 왜 어떤 이들은 열방의 역사를 바꾸는 능력 있는 중보기도 사역을 하는가? 왜 하나님은 어떤 사람들의 말에 기름을 부어 주셔서, 그들이 말하거나 기도하거나 설교할 때 그들의 말이 하나님에 의해 거룩하게 되었다는 것을 알 수 있는가? 그것은 하나님의 임재가 그들의 삶에 강력하게 나타날 때까지 헌신적으로 하나님을 추구했기 때문이다.

당신은 이미 하나님과의 관계에 만족하는가, 아니면 더 많은 것을 갈망하는가? 죄 때문에 깨어지고 성령의 능력이 없는 하나님과의 관계에 만족하는 일은 없기 바란다. 하나님께 돌아가라. 당신이 하나님께 돌아간다면 훨씬 더 많은 것들이 당신을 위해 준비되어 있을 것이다.

189
영원한 상급

이기기를 다투는 자마다 모든 일에 절제하나니
그들은 썩을 승리자의 관을 얻고자 하되
우리는 썩지 아니할 것을 얻고자 하노라 고전 9:25

운동선수들은 몸과 마음을 완전히 제어하여 탁월한 성과를 거두고 상을 받으려고 노력한다. 다른 사람들은 집에 가서 편히 쉴 때 운동선수들은 훈련을 계속한다. 그런데 바울은 운동선수의 성공과 상은 결국 잊혀지고 만다고 말했다. 아무리 훌륭한 성적도 영원 세계에 영향을 미치지 못하기 때문이다.

운동선수가 썩어 없어질 상을 받으려고 그렇게 엄청난 희생을 한다면, 그리스도인들은 주님께 '잘했다' 칭찬받기 위해 얼마나 더 열심히 노력해야겠는가!

하나님의 영광을 위해 자신의 몸을 복종시키려고 애쓰는가? 세상보다 하나님에 대한 생각을 하려고 마음을 단련하고 있는가? 다른 사람들이 자고 있을 때 깨어서 중보기도를 하는가? 하나님의 말씀을 부지런히 공부하여, 어떤 어려움을 만나도 좋은 해답을 발견할 준비가 되었는가? 언제라도 당신의 믿음을 나눌 수 있을 만큼 복음 전도를 위해 준비되었는가? 그리스도인으로서 당신을 위해 예비된 썩지 않을 면류관을 받을 자격을 갖추기 위해 노력할 준비가 되었는가?

190
거룩한 통로가 되라

거기에 대로가 있어 그 길을 거룩한 길이라
일컫는 바 되리니 사 35:8상

예루살렘 성전은 하나님의 구원의 복음이 전 세계 곳곳으로 퍼질 중심지가 될 것이다. 그러나 하나님의 백성이라 하는 자들이 하나님을 버리고 온갖 죄를 저질렀다. 하나님을 위한 대사들이 되기는커녕 하나님의 거룩한 이름을 더럽혔다. 이스라엘 백성은 하나님의 본뜻에서 너무나 멀어졌기 때문에 하나님은 그들을 심판하시고 쫓아내셨다. 그러나 언젠가는 하나님의 백성이 다른 사람들의 구원을 위한 길이 될 거라고 약속하셨다.

어디든 그리스도인이 있으면 사람들이 하나님의 구원에 대해 알 수 있다(롬 10:14-15 참조). 언제든 불신자가 그리스도인을 만나면, 그리스도를 따르기 위해 알아야 할 모든 것을 배울 수 있어야 한다. 그러나 우리 삶이 위선이나 의심, 분노로 가득하면 다른 사람들이 그리스도께 나아가는 데 방해가 될 것이다. 우리의 삶은 거룩한 길이 되어, 하나님을 찾는 자라면 누구나 하나님께 쉽게 나아갈 수 있게 해주어야 한다. 다른 사람들이 예수님을 알지 못하게 방해하는 장애물이 당신의 삶에 있다면 제거해 달라고 하나님께 구하라.

191
응답받는 기도

의인의 간구는 역사하는 힘이 큼이니라
약 5:16하

기도해도 아무런 답이 없는 것 같을 땐 어떻게 해야 하는가? 야고보는 간절한 기도가 역사하는 힘이 크다고 말한다. 그렇다면 우리가 간절하게 기도하지 않아서일까?

간절한 기도란 쉽게 그치지 않는 기도를 뜻한다. 간절한 기도란 의도적으로 중보기도에 충분한 시간을 할애하는 것을 뜻한다. 간절한 기도란 때로는 눈물로, 마음과 영혼을 다하여 아버지께 부르짖는 것을 뜻한다. 간절한 기도는 성령이 말할 수 없는 탄식으로 기도하심으로 우리를 도와주실 때 나오는 기도다(롬 8:26 참조).

하나님은 우리의 행동을 넘어, 심지어 우리의 생각을 넘어, 바로 우리의 마음을 보신다. 그러므로 기도해도 아무 일도 일어나지 않는다면, 문제는 우리에게 있다. 하나님의 말씀은 절대적으로 신뢰할 수 있기 때문이다. 하나님의 명령을 잘 지키기만 하면, 하나님이 그의 뜻에 합당한 것들을 위해 기도하도록 우리를 이끄실 것이고, 그럴 때 하나님이 아주 강력하게 우리의 기도에 응답하실 것이다.

192
쓴 뿌리 해결하기

**너희는 하나님의 은혜에 이르지 못하는 자가 없도록 하고
또 쓴 뿌리가 나서 괴롭게 하여 많은 사람이 이로 말미암아
더럽게 되지 않게 하며 히 12:15**

쓴 뿌리는 영혼 속에 깊이 심겨져, 아무리 뽑아 버리려 해도 끈질기게 저항한다. 쓴 뿌리가 생기는 원인은 여러 가지다. 어린 시절에 받은 깊은 상처일 수도 있고, 친구나 동료의 상처 주는 말일 수도 있다. 그러나 정작 당신에게 상처 준 사람은 당신의 괴로움이 어느 정도인지 모르는 경우가 많다.

쓴 뿌리는 정당화하기가 쉽다. 당신은 원망하는 마음에 익숙해져서 그것이 편안할 수도 있지만, 결국은 그 마음이 당신을 파괴하고 만다. 오직 하나님만이 그것의 잠재적인 파괴력을 아신다. 하나님의 은혜가 닿지 않을 만큼, 또 제거할 수 없을 만큼 당신의 마음속에 깊이 박힌 것은 아무것도 없다. 삶의 어떤 부분도 하나님의 은혜로 온전히 치유할 수 없을 만큼 고통스러운 것은 없다.

당신 삶에 쓴 뿌리가 자라도록 내버려 둔다면, 당신을 자유롭게 하시는 하나님의 은혜를 거부하는 것이다. 하나님 앞에서 정직한 사람은 그 쓴 뿌리를 인정하고 하나님께 용서를 구할 것이다. 하나님은 당신의 쓴 뿌리를 제거하고 그 자리에 하나님의 평안과 기쁨을 채워 주신다.

193
확실한 소망

**약속하신 이는 미쁘시니 우리가 믿는 도리의 소망을
움직이지 말며 굳게 잡고** 히 10:23

그리스도인은 우주의 주인이신 하나님과 개인적인 관계를 맺고 있다. 그분은 모든 피조물을 다스리실 뿐 아니라 우리가 경험하는 모든 상황들까지 주관하신다. 우리의 소망은 미쁘신 하나님께 있으므로 확신을 가지고 살 수 있다. 하나님은 약속을 지키시며 그분의 말씀은 반드시 이루어진다(사 55:11 참조). 하나님이 당신에게 어떤 말씀을 하시면 온전히 신뢰하라.

자녀들을 하나님의 방법으로 양육하는 데 쏟아부은 모든 노력이, 과연 그 아이들이 성인이 되었을 때 결실을 맺을지 궁금한가? 하나님은 그렇게 될 거라고 약속하셨다(잠 22:6 참조). 당신이 그리스도인이 되었을 때 포기했던 것들이 하나님의 축복으로 돌아올지 궁금한가? 예수님은 백 배나 받게 될 거라고 장담하셨다(막 10:29-30 참조). 예수님이 다시 오셔서 이미 죽은 자들과 우리를 만나게 해 주실지 의심스러운가? 성경은 이것을 확실하게 말해 준다(살전 4:13-18).

우리의 소망은 하나님이 어떤 일을 하실 거라는 추측이 아니다. 하나님은 삶의 많은 영역에서 그분이 하실 일에 관해 말씀해 주셨다. 그러므로 하나님이 약속하신 모든 것들에 대해 확신에 찬 소망을 가질 수 있다.

Experiencing GOD

194
하나님을 기다리라

**너는 여호와를 기다릴지어다 강하고 담대하며
여호와를 기다릴지어다** 시 27:14

무척 하기 힘든 일 가운데 하나가 기다리는 것이다. 우리는 행동하는 사람이 되고 싶어 한다. 이렇다 보니 기다림은 하나님을 의지할 수밖에 없게끔 만든다.

다윗은 기다림이 어떤 것인지를 배웠다. 그는 하나님께 이스라엘 왕으로 선택받았고 하나님의 약속이 그의 삶에서 이루어질 때까지 몇 년을 기다렸다. 기다리는 동안, 이기적이고 과대망상에 빠진 왕을 피해 굴 속에 숨어 지냈고, 적들 가운데서 살아야만 했으며, 친구들이 죽임을 당했고, 가족과 재산도 잃었다. 하나님의 약속을 기다리는 동안 다윗보다 더 큰 역경을 당한 사람은 없을 것이다.

그러나 다윗은 또한 하나님을 기다린 보상을 받아 누렸다. 이스라엘 역사상 가장 위대한 왕이 되었고, 그 시련을 통해 하나님의 마음에 합한 사람이 되었다. 다윗의 시편은 수많은 사람들에게 사랑받는 격려의 말씀이 되었고, 다윗의 후손들을 통해 메시아가 오셨다. 다윗이 기꺼이 기다림으로써 우리 모두에게 복을 준 것이다.

여호와를 기다리는 시간은 당신의 삶에서 가장 귀중한 시간이 될 수 있다(요 11:1-6 참조). 힘을 내어 하나님이 당신에게 하신 약속을 이루어 주실 때까지 기다리라.

195
유익한 근심

하나님의 뜻대로 하는 근심은 후회할 것이 없는
구원에 이르게 하는 회개를 이루는 것이요
세상 근심은 사망을 이루는 것이니라 고후 7:10

　세상 근심과 하나님의 뜻대로 하는 근심은 둘 다 마음
속 깊은 근심이지만 분명히 다르다. 유다는 은 삼십 때문
에 하나님의 아들을 배신했다. 더구나 그의 근심은 회개로
이어지지 않았고, 너무나 괴로운 나머지 외딴 곳으로 가
서 스스로 목숨을 끊었다(마 27:3-5 참조). 자신의 근심을 무덤
으로 가져간 것이다. 베드로도 예수님이 십자가에 못 박히
시던 날 밤에 예수님을 배신했다. 그 또한 밖으로 나가 심
히 통곡했다(눅 22:62 참조). 그러나 베드로는 예수님께 돌아
왔고 다시 예수님에 대한 사랑을 고백했다(요 21:15-17 참조).
베드로는 회개했고, 삶의 방향을 바꾸었고, 다시는 똑같은
죄를 범하지 않았다.
　자신이 한 일에 대한 죄책감과 후회 때문에 진정한 회개
의 기회를 잃어버리지 말라. 자신이 범한 죄 때문에 자신
을 비난하고 스스로에게 화가 날 수 있지만, 그것은 회개
가 아니다. 성령이 당신 죄의 무게를 보여 주셔야 한다. 하
나님이 당신의 인격을 어떻게 보시는지 분명히 보여 달라
고 성령께 구하라. 하나님의 관점에서 자신의 죄를 바라볼
때 하나님의 뜻대로 하는 근심을 경험할 수 있다.

196
하나님이 돌보신다

**여인이 어찌 그 젖 먹는 자식을 잊겠으며 자기 태에서
난 아들을 긍휼히 여기지 않겠느냐 그들은 혹시 잊을지라도
나는 너를 잊지 아니할 것이라 사 49:15**

하나님은 한 자녀에게만 몰두하거나 무관심하지 않으신
다. 젖 먹이는 엄마가 아이를 잊더라도 하나님은 자녀들을
잊지 않으신다고 말씀하셨다. 엄마는 아기에게 아주 민감
하다. 아기가 다른 방에 있더라도 엄마의 감각은 늘 자녀
와 함께 있다. 언제 아이에게 젖을 먹이고 보살펴 주어야
하는지 안다.

우리 아버지 하나님도 자녀들의 필요에 민감하시다. 그
분은 도움을 구하는 모든 부르짖음을 미리 다 아신다. 우
리가 곤경에 처하여 부르짖기도 전에 하나님은 응답하신
다(사 65:24 참조). 하나님은 결코 우리를 잊지 않으신다.

힘든 상황에 처했다고 해서 하나님이 당신을 잊으셨다고
생각하지 말라. 하나님이 당신보다 다른 사람들, 더 중요
하고 영적인 사람들의 필요에 관심을 가지실 거라고 생각
하지 말라. 성경은 젖 먹이는 엄마가 어린 아기를 바라볼
때와 똑같은 사랑과 관심으로 하나님이 당신을 바라보신
다고 가르친다. 아버지 하나님이 당신을 그렇게 사랑하신
다는 것을 명심하고 안심하라!

197
먼저 물으라

내가 여호와를 항상 내 앞에 모심이여
그가 나의 오른쪽에 계시므로 내가 흔들리지 아니하리로다 시 16:8

여호와를 항상 당신 앞에 모신다는 것은 당신이 만나는 모든 일을 하나님에 대한 믿음과 연관짓는 것을 의미한다. 당신이 초점을 두기로 선택하는 것이 곧 당신의 삶에서 지배적인 영향력을 발휘한다. 그리스도를 당신의 오른편에 모시고, 하나님을 조언자이자 변호자로서 당신의 삶에서 가장 중요한 자리로 초청하라. 성경이 기록된 시대에 오른쪽은 중요한 조언자나 후원자를 위한 가장 좋은 자리였다.

사람들이 당신을 모욕하고 학대하면, 조언자이신 주님께 올바른 대처법을 가르쳐 달라고 해야 한다. 위기를 만나면 주님으로부터 힘을 얻으라. 위급할 때 먼저 당신 오른편에 계신 조언자 주님께 의견을 물으라. 두려운 상황에서는 주님에게서 용기를 얻어야 한다. 당신이 하는 모든 일들은 그리스도와 당신의 관계와 관련이 있다.

그리스도가 당신 곁에 서서 당신을 인도하고 조언하고 변호해 주신다니, 이 얼마나 놀라운 하나님의 은혜인가! 그리스도가 당신의 오른편에 계신데 어떻게 낙담할 수 있겠는가?

Experiencing GOD

198
온전한 존중

**나를 존중히 여기는 자를 내가 존중히 여기고
나를 멸시하는 자를 내가 경멸하리라** 삼상 2:30하

엘리의 아들들은 하나님께 반항하며 살았다. 아버지로서 엘리는 누구를 존중할지 결정해야 했다. 부도덕하고 불경한 아들들의 뜻을 존중하면서 동시에 그가 섬기는 하나님을 높일 수는 없었기 때문이다. 결국 엘리는 아들들을 존중하기로 선택한 셈이 되었다. 그러나 하나님은 엘리의 행동을 다르게 보셨다(삼상 3:13-14 참조).

엘리는 자식들을 다루는 방식에 있어, 이스라엘 백성 앞에서 하나님을 존중하지 않았고, 그로써 자신의 마음을 드러냈다. 이것이 하나님이 엘리와 그의 자식들에게 가혹한 벌을 내리신 이유다(삼상 4:17-18 참조).

교회에서만 하나님을 찬양하고 직장에서는 그렇지 않다면 하나님은 기뻐하지 않으신다. 다른 그리스도인들과 함께 있을 때는 하나님을 공경하나 학교나 이웃들 사이에서는 그렇지 않다면, 하나님은 그것을 용납하지 않으신다. 하나님은 당신의 말과 행동과 삶으로 온전히 하나님을 존중하기를 기대하신다. 당신이 하나님을 존중하면 하나님도 당신을 존중해 주실 것이다.

199
당신은 소중하다

**여호와께서 자기를 위하여 경건한 자를 택하신 줄 너희가 알지어다
내가 그를 부를 때에 여호와께서 들으시리로다** 시 4:3

하나님이 보시기에 경건한 사람보다 더 귀한 사람은 없다. 하나님은 의로운 삶을 살고 하나님께 영광을 돌리려고 애쓰는 사람을 보실 때마다 흐뭇해하신다. 그리고 그런 사람들을 따로 구별하여 마음속 특별한 장소에 품으신다. 하나님은 항상 그들 뒤에 계시며 그들의 작은 부르짖음에도 바로 응답할 준비가 되어 있으시다. 의로운 사람은 하나님이 기도를 들으셨는지 고민할 필요가 없다(요일 5:14-15 참조).

하나님께 택함 받았다는 것, 하나님이 당신의 성별된 삶을 보시고 기뻐하신다는 것은 기분 좋은 일이다. 당신의 삶이 하나님의 마음속에서 특별한 자리를 차지하고 있음을 안다는 것이 얼마나 대단한 특권인가!

세상이 당신에게 특별한 지위를 주지 않아도 당신은 하나님께 소중한 사람이다. 세상의 가장 큰 상도 하나님의 마음속에서 특별한 자리를 차지하는 엄청난 축복에 비하면 초라하기 짝이 없다.

Experiencing GOD

200
주 안에서 기뻐하라

**또 여호와를 기뻐하라 그가 네 마음의 소원을
네게 이루어 주시리로다** 시 37:4

성경은 여호와를 기뻐하고, 하나님 안에서와 하나님이
소중히 여기시는 것들 속에서 가장 큰 기쁨을 찾으라고 권
면한다. 오직 하나님과 함께 시간을 보낼 때, 하나님이 사
랑하시는 것들 속에서 기쁨을 얻는다. 하나님과 친밀한 시
간을 보내고, 하나님이 그분의 관점에서 당신의 상황을 보
여 주실 때, 당신도 하나님이 보시는 것처럼 모든 것을 바
라볼 것이다.

기도할 때면 하나님이 바라시는 것들을 구하고 있는 자
신을 발견할 것이다. 하나님이 가장 중요하게 생각하시는
문제를 당신도 중요시하게 될 것이다. 제일 먼저 하는 기
도가 자신을 위한 것이 아니라, 하나님의 이름이 높임을
받고 하나님 나라가 확장되기를 구하는 기도가 될 것이다
(마 6:9-10 참조).

하나님은 기도하는 사람들에게 중요한 조건을 제시하신
다. 바로 하나님의 우선순위를 묻고 그것을 우리 자신의
우선순위로 삼으라는 것이다. 하나님 안에서 기쁨을 찾을
때, 정말로 중요한 것이 무엇인지 알게 될 것이며 우리도
아버지처럼 이런 것들을 갈망하게 될 것이다.

201
하나님을 알아 가는 기쁨

**하나님이 모세에게 말씀하여 이르시되 나는 여호와이니라
내가 아브라함과 이삭과 야곱에게 전능의 하나님으로 나타났으나
나의 이름을 여호와로는 그들에게 알리지 아니하였고** 출 6:2-3

하나님은 여러 세대에 걸쳐 그분의 백성과 동행하시면서, 하나님의 뜻과 백성의 필요에 따라 점진적으로 하나님의 속성을 보여 주셨다.

아브라함, 이삭, 야곱은 하나님을 전능하신 하나님으로 알고 있었다. 그들을 적들로부터 보호해 줄 하나님의 강한 능력이 필요했기 때문이다. 모세와 이스라엘 백성은 하나님이 모든 나라와 만물의 주인이심을 알게 되었다. 하나님은 그들을 압제자로부터 구원해 주셨을 뿐 아니라 그들을 약속의 땅으로 인도해 주셨기 때문이다.

하나님은 지금도 당신의 필요와 하나님의 목적에 따라 그분의 속성을 계시해 주신다. 슬플 때는 하나님이 위로자로, 궁핍할 때는 공급자로 다가오신다. 중대한 난관에 직면했을 땐 하나님의 전능하심을 보여 주신다. 당신의 현재 상황이 어떠하든 간에, 하나님이 환경을 통해 하나님 자신에 대해 무엇을 가르쳐 주시는지 생각하라. 예전과 다른 새로운 차원에서 하나님을 알게 될 것이다.

202
인생의 주도권 드리기

**여호와께서 아브람에게 이르시되 너는 너의 고향과 친척과
아버지의 집을 떠나 내가 네게 보여 줄 땅으로 가라** 창 12:1

　당신의 삶에서 가장 극적인 변화들은 당신이 아니라 하나님이 주도하실 때 일어난다. 성경에서 하나님께 능력 있게 쓰임 받은 사람들은 모두 평범한 사람들이었다. 그들 스스로는 절대 시작하지 않았을 거룩한 임무를 하나님이 그들에게 주셨다. 하나님은 그들의 마음을 보셨고, 그들이 믿을 만한 사람들이란 걸 알고 계셨다.

　하나님은 애굽의 노예였던 이스라엘을 해방시키기로 하셨을 때 모세에게 나타나셨다. 또 이새의 막내아들 다윗에게서 장차 하나님의 백성을 이끌어 갈 경건한 사람의 모습을 발견하셨다. 마리아에게는 메시아의 어머니가 될 거라고 말씀하심으로 놀라게 하셨다.

　오랫동안 하나님은 사람들이 상상도 못한 일들을 그들을 통해 이루시기 위해 그들의 일상생활 속에서 주도권을 잡고 행하셨다. 하나님이 당신에게 그분의 계획을 말씀하시면 하나님을 믿고 따르라. 당신이 꿈도 못 꿨던 일들을 당신의 삶을 통해 이루시는 것을 볼 것이다(엡 3:20 참조).

203
신앙은 삶이다

**예수께서 대답하여 이르시되 진실로 진실로 네게 이르노니
사람이 거듭나지 아니하면 하나님의 나라를 볼 수 없느니라** 요 3:3

그리스도와 관계를 맺으면 삶이 달라진다. 모든 것이 새로워진다(고후 5:17 참조). 새로운 생각, 새로운 태도, 새로운 가치, 새로운 감각을 갖게 된다. 모든 것을 그리스도와 같은 시각으로 보게 될 것이다. 기독교 신앙은 당신의 삶에 더하는 것이 아니다. 그 자체가 바로 삶이다!

니고데모는 어떤 종교 의식을 행하고 특정한 종교적 가르침을 받는 것이 구원일 거라고 생각했다. 구원의 포괄적인 특성을 몰랐던 것이다. 당신이 그리스도인이 될 때 하나님은 당신에게 새로운 마음을 주셔서 '모든 것'이 새로워지게 해 주신다. 그리스도와 같은 새로운 마음을 주셔서 다르게 생각하게 해 주신다. 또한 죄에 민감해져서 죄를 지으면 마음이 편치 않다. 여가시간도 달라지고, 인간관계도 성령의 인도를 받는다. 그간 변화되지 않았던 해로운 습관과 태도도 달라질 것이다.

이런 변화들은 당신이 예수님을 구세주와 주로 믿었을 때 받은 새 생명의 증거로써 분명하게 눈에 보여야 한다.

204
빛 되신 주

그 중에 이 세상의 신이 믿지 아니하는 자들의 마음을 혼미하게 하여
그리스도의 영광의 복음의 광채가 비치지 못하게 함이니
그리스도는 하나님의 형상이니라 고후 4:4

마음이 혼미할 땐 상황을 있는 그대로 보지 못한다. 또 주변에 있는 모든 것들을 있는 그대로 경험하지 못한다. 바울은 "이 세상의 신"이 마음을 혼미케 하여 예수 그리스도의 실체를 모르게 만들 수 있다고 경고했다. 사탄이 당신을 꾀어 그리스도가 약속하신 대로 하실 수 있다는 사실을 의심하게 만들면, 당신의 마음을 혼미케 하여 지금 당신의 삶이 실제로 어떠한지, 또 앞으로 어떻게 될지 깨닫지 못하게 된다.

그리스도는 빛으로 다가오신다(요 1:4-5, 9 참조). 당신의 죄를 밝게 비추어 얼마나 추하고 해로운지 보게 해 주신다. 또 주님 자신을 계시해 주심으로, 그분의 인격의 영광과 그분이 가져다주시는 놀라운 부요함을 인식할 수 있게 해 주신다. 주님의 임재가 당신의 길을 비추어 주시므로 당신은 임박한 위험을 볼 수 있다. 사실은 하나님이 당신의 삶에서 하고자 하시는 많은 일들을 놓치고 있는데, 모든 일이 제대로 되고 있다고 생각하는 어리석음에 빠지지 말라. 그리스도께 당신 삶을 조명해 주시고 당신의 영적 상태를 분명히 보여 달라고 기도하라.

205
구원을 이룰 책임

**두렵고 떨림으로 너희 구원을 이루라 너희 안에서
행하시는 이는 하나님이시니 자기의 기쁘신 뜻을 위하여
너희에게 소원을 두고 행하게 하시나니** 빌 2:12하-13

구원을 받았으면, 그로 인해 우리의 것이 된 모든 것들을 주장해야 한다. 하나님은 구원을 통해 당신에게 죄에 대한 승리를 주셨다. 그 승리는 과거의 죄들뿐만 아니라 앞으로 범할 모든 죄들에게까지 적용된다. 당신이 그리스도인이 되었을 때 하나님은 당신을 새로운 피조물로 만드셨다(고후 5:17 참조). 하나님은 당신이 하나님과 동행할 때 계속해서 당신의 삶에 새로운 것들을 주기 원하신다. 하나님은 당신의 뜻을 하나님께 복종시키고 하나님의 인도를 따를 것을 계속 요구하신다. 당신이 회심했을 때, 하나님은 당신이 모든 것을 사용할 수 있게 해 주셨다. 하나님이 주신 것을 어떻게 사용할지는 당신의 선택에 달렸다(벧후 1:3-9 참조).

이것이 그리스도인의 삶의 가장 큰 역설이다. 우리는 믿음의 성장을 위해 부지런히 노력해야 한다. 다만 하나님만이 우리 삶에 지속적인 변화를 일으키실 수 있다는 사실을 잊어서는 안 된다. 하나님이 당신의 삶의 한 영역을 성장시키시는 것을 느낄 때, 당신 안에서 하나님의 구원이 온전히 나타나도록 하나님의 역사에 동참하라.

206
다른 사람의 죄를 볼 때

**죄인을 미혹된 길에서 돌아서게 하는 자가 그의 영혼을 사망에서
구원할 것이며 허다한 죄를 덮을 것임이라 약 5:20**

어떤 그리스도인들은 죄에 빠진 사람을 보고 반응을 보이는 것은 그 사람을 판단하는 거라고 생각한다. 그러나 가만히만 있어서는 능력 있는 중보자가 될 수 없다. 죄는 죽음을 가져온다(롬 6:23 참조).

누군가 진리를 떠나 잘못된 길로 가는 것을 보면 어떻게 행동해야 하는가? 예수님은 죄를 보시면 몹시 마음 아파하셨다. 예수님은 심지어 사람들을 죄에서 구원하기 위해 죽음까지 감당하셨다. 죄로 인한 파멸이 어떤 것인지 아셨기 때문이다. 예수님은 주변 사람들이 죄 때문에 타락할 때 방관하지 않으셨다. 항상 그들을 하나님께 돌이키는 데 적극적인 역할을 하셨다.

자기 일만 신경쓰면 자기는 좀 더 편해질 수는 있겠지만, 하나님께 돌아가야 할 형제자매들에게는 전혀 도움이 안 된다. 친구를 위해 간절히 기도하라. 그것이 당신의 동기를 지켜 줄 것이고, 그 친구를 도울 수 있도록 준비시켜 줄 것이다. 하나님이 친구와 맞서라고 요구하실 때는 특별히 주의하라. 당신도 시험을 받지 않도록 사랑과 온유함으로 그들을 대해야 한다(갈 6:1 참조).

207
복음에 합당하게

오직 너희는 그리스도의 복음에 합당하게 생활하라 빌 1:27상

바울은 하나님께 부름받았을 때의 감동을 잊지 않고 그는 자신을 택하신 왕께 합당한 삶을 살아야 한다는 것을 알았다. 복음의 신비가 여러 세대 동안 감춰져 있다가 예수 그리스도의 삶과 죽음과 부활을 통해 비로소 계시되었다는 것을 알았다(골 1:26-27 참조).

바울은 또한 사람들이 복음을 받아들이기 전까지는 영적으로 죽은 상태이며 따라서 소망이 없다는 것을 알았다(골 2:13 참조). 하나님의 구원 계획으로 인해, 예수님을 믿는 자들은 그리스도 안에서 생명을 얻을 뿐 아니라 하나님 아버지의 자녀가 된다(롬 8:16-17 참조). 바울은 복음이 세상 사람들에게는 어리석게 들리지만 그것을 받아들이는 자들에게는 영생을 주는 하나님의 능력이라는 것을 알았다. 그래서 바울은 자신에게 생명을 준 그 복음을 영화롭게 하는 삶에 헌신했다.

그리스도의 보혈로 죽음에서 구원받고도 그 희생에 대해 아무런 경의를 표하지 않는다면 정말 부끄러운 일이다. 구주 예수 그리스도가 당신에게 주신 비길 데 없는 은혜의 증거가 당신의 삶으로 나타나야 한다.

Experiencing GOD

208
다 아시는 하나님

…… 구하기 전에 너희에게 있어야 할 것을
하나님 너희 아버지께서 아시느니라 마 6:8

예수님은 하나님이 각 사람을 얼마나 친밀하게 아시고
사랑하시는지 제자들에게 가르쳐 주고 싶으셨다. 그래서
그들에게 기도하라고 하셨다. 부모는 아이가 인식하기도
전에 아이의 필요를 예상하고 미리 그 필요를 채워 줄 준
비를 한다. 하늘에 계신 우리 아버지는 오늘, 그리고 다음
주에 우리가 어떤 일을 당할지 정확히 아신다. 그리고 우
리에게 필요한 것을 공급해 주시는 하나님을 우리가 체험
하기를 간절히 바라신다.

때때로 우리는 무엇이 자기에게 이로운지 잘 안다고 생
각한다. 심지어 하나님께 어떤 것을 구할 필요가 없다고
생각할 정도로 어리석을 수도 있다. 그러나 하나님은 우리
가 필요할 때 하나님께 나아가기를 원하신다(마 7:7 참조). 우
리의 약함을 통해 하나님의 강함을 드러내실 준비가 되어
있으시다. 하늘에 계신 우리 아버지는 우리에게 무엇이 최
선인지 정확히 알고 계시며, 우리가 구하기만 하면 모든
필요를 채워 주려고 준비하고 계신다(빌 4:13 참조).

209
거짓을 버리자

그런즉 거짓을 버리고 각각 그 이웃과 더불어 참된 것을 말하라
이는 우리가 서로 지체가 됨이라 엡 4:25

당신이 거듭났을 때 하나님은 진리의 성령을 당신 안에 두셨고(요 16:13 참조), 성령의 역할은 당신을 진리 가운데로 인도하는 것이다. 성령은 무엇에든지 참된 것으로 당신의 마음을 가득 채우기를 원하신다(빌 4:8 참조). 성령이 하나님의 진리로 충만하게 해 주시면 당신은 행동이나 관계에서 진실해질 것이다.

세상은 진실을 선택할 수 있는 것으로 여긴다. 사탄은 사람들과 처음 접촉할 때부터 거짓말을 했고, 진리가 아닌 거짓 가운데서 살도록 설득해 왔다. 세상은 진리를 타협하도록 유혹할 것이다. 마귀의 속임수를 조심하라. 거짓으로 하나님 나라를 건축할 수는 없다. 하나님은 거룩한 목적을 이루는 데 악한 수단을 사용하지 않으신다.

죄를 지으면 진실을 숨기고 싶은 유혹이 생긴다. 그러나 진실을 고백해야만 용서받고 자유를 얻을 수 있다(약 5:16 참조). 말은 마음속에 있는 것을 반영한다(마 12:34 참조). 하나님의 진리가 당신 안에 가득하여 어떤 형태로든 거짓을 발견하면 심히 혐오하게 해 달라고 하나님께 기도하라.

210
하나님을 가까이하라

**하나님을 가까이하라 그리하면 너희를 가까이하시리라
죄인들아 손을 깨끗이 하라 두 마음을 품은 자들아
마음을 성결하게 하라** 약 4:8

하나님이 멀리 계신 것처럼 느껴지는 때가 있는데, 그것은 죄가 당신과 하나님 사이를 갈라놓았기 때문이다. 야고보에 의하면 해결책은 간단하다. 바로 하나님을 가까이하는 것이다. 아버지께 더 가까이 가야 할 필요성을 느끼고 돌이키기 시작할 때, 하나님은 탕자를 맞이하러 뛰어나온 아버지처럼 우리를 맞이해 주신다(눅 15:20 참조).

하나님을 가까이하려면 두 가지 행동이 필요하다. 첫째, 손을 깨끗이 해야 한다(사 1:15 참조). 즉 당신의 삶을 정결케 해야 한다. 그동안 적극적으로 죄에 가담해 왔다면 그런 생활을 끊어야 한다. 다른 사람의 마음을 상하게 하거나 상처 주는 일을 한 적이 있다면 그것을 바로잡아야 한다. 둘째, 마음을 성결하게 해야 한다(시 51:10 참조). 당신의 태도와 생각과 동기가 하나님 보시기에 옳은지, 그리고 하나님의 말씀과 조화를 이루는지 확인해 보아야 한다.

하나님을 사랑하는 만큼 다른 것을 사랑하면서 하나님을 기쁘게 해 드린다는 것은 있을 수 없는 일이다. 하나님이 멀리 계신 것 같은가? 언제나 변함이 없으시고 신실하신 하나님께 가까이 나아가라.

211
쓰임 받는 삶

엘리야가 엘리사에게 이르되 나를 네게서 데려감을 당하기 전에
내가 네게 어떻게 할지를 구하라 엘리사가 이르되 당신의 성령이
하시는 역사가 갑절이나 내게 있게 하소서 하는지라 왕하 2:9

모세는 이스라엘 백성에게 가장 위대한 지도자였다. 그러나 하나님은 여호수아를 준비시켜 모세도 이루지 못한일을 성취하게 하셨다. 다윗의 통치 기간은 이스라엘 국가에 매우 중대한 시기를 기록했지만, 훌륭한 성전을 지은사람은 아들 솔로몬이었다.

하나님이 그분의 뜻을 성취하시는 방법은 무궁무진하다. 모세를 인도하신 하나님이 또한 여호수아를 사용하셨다. 우리가 아니더라도 하나님은 그분의 뜻을 이루신다. 문제는 우리가 하나님의 사역에 동참할 것이냐, 아니면 하나님이 다른 사람을 찾으실 것이냐 하는 것이다. 하나님을 섬기는 것은 하나님이 우리에게 주시는 영광일 뿐, 우리가 하나님의 부탁을 들어 드리는 것이 절대 아니다.

당신의 지도자 가운데 한 사람을 잃었다고 낙심하지 말라. 하나님이 또 다른 지도자를 세워 주실 것이다. 하나님은 반드시 그분의 뜻을 이루실 것이기 때문이다. 어쩌면 당신을 지도자로 준비시켜 오셨는지도 모른다.

Experiencing GOD

212
영적 쇠락을 막는 길

**삼손이 잠을 깨며 이르기를 내가 전과 같이 나가서
몸을 떨치리라 하였으나 여호와께서 이미 자기를 떠나신 줄을
깨닫지 못하였더라 삿 16:20**

　하나님을 떠난 마음이 드러내는 한 가지 특징은 영적인
능력이 없다는 것이다. 삼손은 적을 물리치려고 시도한 후
에야 뭔가 문제가 있다는 것을 알아차렸다. 전처럼 블레셋
과 싸우러 나가면서 금방 이길 거라 생각했다. 그러나 이
번에는 블레셋이 그를 쉽게 이겨 버렸다.

　죄가 당신의 삶에 슬며시 들어오도록 내버려 두면, 하나
님께 복종하기를 거부하면, 당신에게 상처 준 사람들과 화
해하지 않으면, 당신의 영적인 능력이 점점 쇠약해질 것이
다. 영적 능력의 결핍은 크게 눈에 띄지는 않는다. 그러나
당신의 영 안에서, 그리고 하나님과의 관계에서 미묘한 변
화들이 일어난다.

　영적 쇠퇴를 막기 위해서는 정기적으로 죄를 회개해야
한다. 하나님께 당신의 삶을 살펴 주셔서 제거해야 할 태
도나 관계나 활동들이 있는지 봐 달라고 요청하라. 하나님
의 뜻에 순종하라. 이렇게 하나님과 동행하는 사람은 영
적인 능력이 점점 강해질 것이며 하나님께 능력 있게 쓰임
받을 것이다.

213
하나님의 강력한 임재

**네 평생에 너를 능히 대적할 자가 없으리니
내가 모세와 함께 있었던 것같이 너와 함께 있을 것임이라
내가 너를 떠나지 아니하며 버리지 아니하리니** 수 1:5

여호수아는 하나님께 임무를 받고 자신도 모세처럼 잘 수행할 수 있을지 걱정했다. 그러자 하나님은 모세가 성취한 일들이 모두 하나님의 임재 덕분이었음을 확신시켜 주셨다. 여호수아는 모세와 함께하셨던 하나님이 지금 자신과도 함께하시기에 확신을 가졌다(수 1:6 참조).

모세, 여호수아, 엘리야, 베드로, 야고보, 요한, 그리고 바울과 함께하셨던 하나님이 지금 당신 안에 살고 계신다. 어떤 힘으로도 당신을 인도하시는 하나님을 이길 수 없다. 그들을 축복하셨던 하나님이 여전히 당신의 삶을 통해 그분의 뜻을 이루실 수 있다. 도저히 이기지 못할 것 같은 적들을 이기게 해 주신 하나님, 그들 자신의 능력이 부족할 때 필요한 것을 공급해 주신 하나님, 어떤 결정을 내릴 때마다 그들을 인도해 주신 하나님이 오늘 당신의 삶에서도 능력 있게 역사하실 준비가 되어 있으시다. 믿음의 영웅들은 모두 힘 없는 평범한 사람들이었다.

그러나 그들이 여느 사람과 다른 점은 바로 하나님의 강력한 임재다. 시대는 변해도 하나님의 임재의 능력은 변하지 않는다.

Experiencing GOD

214
충성된 마음

여호와의 눈은 온 땅을 두루 감찰하사 전심으로
자기에게 향하는 자들을 위하여 능력을 베푸시나니 대하 16:9

하나님께 진심으로 충성하는 사람은 하나님을 찾지 않아도 된다. 하나님이 이미 당신을 찾고 계시기 때문이다. 하나님이 그런 사람들을 찾으시면 하나님의 임재를 명백하고 강력하게 보여 주신다.

아사 왕은 구스에서 온 위협적인 군대를 만났을 때 하나님의 어마어마한 능력을 경험했다(대하 14:9 참조). 이길 가능성이 희박한 싸움이었지만, 하나님이 아사에게 승리를 안겨 주신 것이다. 그러나 이 기적 같은 일을 겪고도 다음번에 적군을 만났을 때는 믿음이 약해져 하나님을 의지하지 못했다.

때로는 절대 극복할 수 없을 것 같은 인생의 도전들이 있다. 그 순간에도 하나님께 충성된 마음을 유지하라. 하나님은 항상 당신을 지켜보신다. 하나님은 지금 당신의 문제들도 이기게 해 주길 원하시며, 또 충분히 그럴 능력이 있으시다. 문제는 하나님이 그분의 백성을 찾으시느냐가 아니라 백성이 하나님을 찾느냐 하는 것이다. 하나님이 당신을 지켜보시며 승리를 주기 원하신다는 약속을 믿고 위안을 얻으라.

215
승리의 하나님

**그때에 여호와께서 여호수아에게 이르시되 그들을 두려워하지 말라
내가 그들을 네 손에 넘겨 주었으니 그들 중에서 한 사람도
너를 당할 자 없으리라 하신지라 수 10:8**

그리스도인에게 하나님의 뜻을 행하고 있다는 것을 아는 데서 오는 확신보다 더 큰 확신은 없을 것이다. 하나님은 성공에 대한 보장 없이 당신에게 어떤 일을 하라고 시키지 않으신다. 물론 하나님은 당신이 생각해 내는 모든 일에서 승리를 약속하지는 않으신다. 다만 당신이 하나님의 뜻을 따를 때마다 틀림없이 성공할 거라고 약속하신다(신 28:7, 25 참조). 하나님은 그 무엇도 하나님의 자녀들이 하나님의 뜻을 이루는 것을 방해하도록 내버려 두지 않으실 것이니 안심하라.

하나님의 관점으로 성공의 가치를 평가하라. 세상의 성공관을 받아들인다면, 어쩌면 당신은 패배했다고 느낄 수도 있다. 그러나 당신의 상황을 통해 하나님이 이루신 일을 바라본다면, 하나님이 성공으로 이끌고 계시다는 걸 발견할 것이다. 하나님이 명하신 일을 하다가 반대에 직면할 때는 하나님이 원하시는 모든 일을 반드시 성취하실 거라는 확신을 가지라.

216
안주하지 말자

당신도 그날에 들으셨거니와 그곳에는 아낙 사람이 있고
그 성읍들은 크고 견고할지라도 여호와께서 나와 함께하시면
내가 여호와께서 말씀하신 대로 그들을 쫓아내리이다 수 14:12

하나님이 이스라엘 백성에게 땅을 나누어 주실 때, 사람들은 울창한 골짜기와 풀이 무성한 평지를 요구했다. 그런데 갈렙은 산지를 요구했다. 당시 이스라엘은 산에 요새를 지어 놓고 적들을 산으로 몰아넣곤 했는데, 이 사실이 갈렙에겐 아무 문제가 되지 않았다. 그는 실로 어려운 도전을 자처한 것이다.

그가 믿는 건 자신의 힘이 아니라 하나님의 함께하심이었다. 갈렙은 하나님이 능력으로 역사하시는 것을 보고 싶었고, 그가 편안한 곳에 있으면 하나님을 덜 의지하게 되리라는 것을 알았다. 그래서 하나님을 의지할 수밖에 없는 환경을 택한 것이다. 또 그는 하나님께 받은 자신의 기업이 산에 있다는 것을 알았다. 그것을 얻기가 힘들다는 이유로 하나님이 그에게 약속하신 모든 것을 누리지 못하는 일은 없어야 한다고 생각했다.

항상 평화로운 골짜기를 구하며 편안한 길만 택한다면, 하나님의 능력이 나타나 산지를 획득할 수 있게 해 주시는 것을 절대로 보지 못할 것이다. 산지를 구하라. 그러면 오직 하나님의 강력한 임재로만 설명할 수 있는 일들을 하나님이 당신의 삶을 통해 하시는 것을 볼 수 있을 것이다.

217
깨끗한 손, 정결한 마음

여호와의 산에 오를 자가 누구며 그의 거룩한 곳에 설 자가 누구인가 곧 손이 깨끗하며 마음이 청결하며 시 24:3-4상

하나님과의 친밀함에도 수준이 있다. 그리스도인이 되는 순간 하나님과의 관계가 시작된다. 그러나 계속 죄를 버리지 않으면, 죄가 당신과 하나님을 갈라놓으며 하나님과 친밀한 교제를 누리지 못하게 막는다. 하나님의 기본 명령들만 따르고 그때그때 하나님이 주시는 구체적이고 개인적인 지시들은 모두 거부한다면, 결코 하나님의 인격의 깊이를 온전히 경험하지 못할 것이다.

그러나 시편 기자처럼 하나님의 거룩하심을 알고 있다면 하나님과 더 깊은 교제를 누리기 위해 당신의 삶을 하나님의 기준에 맞추고 하나님의 말씀에 바로 반응할 것이다. 거룩하신 하나님과 가까워질수록 당신의 가장 작은 죄들까지 더 명백히 드러난다. 하나님의 성품을 알수록 하나님께 가까이 가기 전에 손을 씻고 마음을 정결케 해야 할 필요성을 더욱 깨닫는다.

전능하신 하나님이 당신을 하나님 앞에서 완전히 깨끗하게 해 주시기를, 그래서 하나님과 최고의 관계를 누릴 수 있게 되기를 원하는가?

Experiencing GOD

218
신실하신 하나님

**너희의 하나님 여호와께서 너희에게 대하여 말씀하신
모든 선한 말씀이 …… 하나도 어김이 없음을
너희 모든 사람은 마음과 뜻으로 아는 바라** 수 23:14

인생의 끝이 가까워 오자 여호수아는 이스라엘 백성과 함께 시간을 보내며, 그들이 처음 하나님을 따르기 시작했을 때부터 하나님이 그들을 위해 하신 모든 일들을 돌아보았다. 그들은 수많은 승리를 경험했고 하나님이 모든 필요를 공급해 주시는 것을 받아 누렸다.

때로는 하나님이 얼마나 신실하신 분이었는지 나중에서야 깨닫는다. 위기를 겪는 동안에는 하나님이 과연 약속을 지키실까 하는 의심이 든다. 다윗이 목숨을 부지하려고 도망다닐 땐 하나님이 그를 왕으로 삼으시겠다는 약속을 어떻게 지키실지 확실히 몰랐을 것이다. 그러나 길고 번창했던 통치 기간이 끝났을 때, 다윗은 하나님이 어떻게 모든 약속을 지키셨는지 돌아볼 수 있었다.

지금 위기에 처해 있는가? 주님의 약속을 붙잡으라! 하나님은 당신에게 하신 약속들을 절대로 잊지 않으신다. 당신의 신앙생활을 돌아보면서, 하나님이 그분의 말씀을 신실하게 지키셨던 일들을 하나하나 생각해 보라.

219
질투하시는 하나님

네 하나님 여호와는 소멸하는 불이시요
질투하시는 하나님이시니라 신 4:24

우리 하나님은 소멸하는 불이시다. 그분의 사랑으로 우리를 완전히 태워 버려야만 만족하시는 분이다. 우리에 대한 하나님의 질투는 귀하게 여겨야 한다. 하나님은 우리와 하나님의 관계에 방해가 되는 것은 뭐든지 반대하신다(신 6:15 참조). 다른 신들이 얼마나 위험한지 알고 계시며, 그것들이 어떻게 우리를 유혹하고 속이고 공허하게 만들지 아시기 때문이다. 따라서 하나님에 대한 사랑보다 중요시하는 것들을 결코 묵인하지 않으실 것이다. 우리가 하나님을 거부하면, 하나님께 돌아갈 때까지 계속 우리를 찾아오실 것이다.

하나님과의 관계가 최우선이다. 그에 따라 우리의 시간과 돈, 에너지를 어떻게 사용할지 결정해야 한다. 하나님은 우리가 마음과 목숨과 뜻과 힘을 다하여 하나님을 사랑하길 원하신다(막 12:30 참조). 하나님에 대한 우리의 사랑은 삶의 구석구석으로 확대되어야 한다. 하나님은 자기 아들을 주실 만큼 우리를 사랑하셨다. 그 보답으로 우리의 가장 큰 헌신을 하나님께 드리자.

Experiencing GOD

220
바로 지금 하라!

**제자 중에 또 한 사람이 이르되 주여 내가 먼저 가서
내 아버지를 장사하게 허락하옵소서 마 8:21**

그리스도인으로서 자주 부딪히는 어려움은 '즉시' 순종하는 것이다. 예수님의 제자가 되기를 희망하는 사람들은 기꺼이 주님을 따르겠다고 맹세했다. 그러면서 아직은 준비가 되지 않았다고 예수님께 말씀 드렸다. 예수님 당시에 유대인 남자는 노부모를 돌아가실 때까지 모셔야만 했다. 제자 가운데 한 사람은 아버지가 돌아가신 후에 예수님을 따르기 원했다. 그 사람은 이 중요한 책임과 예수님의 부르심을 따르는 것 중에서 선택을 해야만 했다.

그러나 그가 예수님을 따르기만 했으면 하나님이 그의 아버지를 돌보아 주셨을 것이다. 이것은 하나님의 아들과 동행할 수 있는 기회였는데, 이 세상 근심이 하나님께 대한 순종과 서로 우선순위를 다투었던 것이다.

순종의 타이밍이 중요하다. 하나님을 섬길 어떤 기회들은 즉시 받아들이지 않으면 영영 사라지고 만다. 다른 사람들을 도울 기회도 지나가 버린다. 하나님이 우리에게 누군가를 위해 중보하라고 하실 때, 바로 하던 일을 멈추고 하나님이 하시는 일에 순응하고 동참하라. 하나님을 섬길 기회를 놓친다는 것은 매우 슬픈 일이다.

221
가장 좋은 것 드리기

흠이나 악질이 있는 소와 양은 아무것도
네 하나님 여호와께 드리지 말지니 이는 네 하나님 여호와께
가증한 것이 됨이니라 신 17:1

구약성경을 보면, 하나님이 그분의 백성에게 요구하시는 희생제사에 높은 기준을 제시하신다. 합당한 제사를 드리려면 사람들이 뭔가를 희생해야 했다. 그런데 사람들의 마음이 하나님에게서 멀어지면서 하나님께 값비싼 제물을 바치기가 힘들어졌다. 그래서 눈 먼 짐승, 절름발이 짐승, 병든 짐승을 바치면서 하나님이 모르실 거라고 생각했다(말 1:8 참조). 하나님은 그들의 행위를 다 보셨고 그들의 제물이 헛된 것이라고 선언하셨다(말 1:10 참조). 구약 시대 내내 하나님은 인간의 죄를 위해 그분의 아들을 완벽하고 죄 없는 마지막 희생제물로 내어주실 준비를 하고 계셨기 때문이다.

하나님께 드리는 제물을 통해 우리의 마음 상태를 알 수 있다. 하나님이 기뻐하시는 사람은 사랑하는 마음으로 즐겁게 드리는 사람, 자기가 가진 모든 것이 하나님으로부터 왔음을 깨닫고 우리가 어떤 희생을 하든 하나님이 더 크게 갚아 주신다는 것을 아는 사람이다(고후 9:8 참조). 하나님은 사랑 때문에 가장 소중한 독생자 아들을 희생하셨다. 하나님을 사랑한다면 가장 좋은 것을 드리라.

222
악은 모양도 버리라

너희 가운데서 악을 제할지니라 신 22:21하

악 때문에 하나님의 아들이 죽으셔야 했다. 죄는 그와 접촉하는 모든 사람에게 말할 수 없는 고통과 파멸을 가져다준다. 악을 가볍게 다루는 것은 하나님의 구속 사역을 무시하는 어리석음을 나타낸다. 어떤 형태의 오락거리나 불경한 관계 등 하나님이 당신 가운데 있는 악을 깨우쳐 주시면 즉시 제거하라!

때로는 악한 영향력들을 제거할 힘이 없기 때문에 당신 자신이 유혹을 피해야 할 때도 있다. 바울은 악은 어떤 모양이라도 버리라고 권면한다(살전 5:22 참조). 요셉이 주인의 아내에게 강간의 유혹을 받았을 때 즉시 달아나지 않았는가!(창 39:12 참조)

죄를 미워하는 마음을 잃지 말라. 가정에서, 인간관계에서, 마음속에서 어떤 형태의 유혹도 머물지 못하도록 부지런히 애쓰라. 어두움과 빛은 공존할 수 없다. 어두움에서 나와 빛으로 달려가라!

223
부끄럽지 않은 삶

그들이 이르되 당신이 우리를 속이지 아니하였고
압제하지 아니하였고 누구의 손에서든지
아무것도 빼앗은 것이 없나이다 하니라 삼상 12:4

아무것도 숨길 것이 없을 때 자유가 온다. 당신의 정직함은 당신이 자신에 대해 하는 말이 아니라, 하나님과 사람들이 당신에 대해 하는 말로 평가할 수 있다. 사무엘은 평생을 하나님의 백성 속에서 살았고, 삶이 끝나갈 무렵 백성 앞에 서서 자기가 누구에게라도 잘못한 일이 있으면 이야기하라고 했다. 사람들은 그의 잘못을 하나도 생각해 내지 못했다. 지도자의 위치에서 사무엘은 백성을 이용할 수도 있었다. 그러나 그는 언제나 조심스레 자신의 동기를 지키고 흠없는 관계들을 유지했다.

사무엘은 다른 사람들이 자신에 대해 뭐라고 말할지를 두려워하지 않았다. 의롭게 살았으면 누구든 아무 부끄러움 없이 대할 수 있다. 스스로 그리스도와 같이 행해 왔다는 것을 알기 때문이다.

만일 당신의 명성이 더럽혀졌다면, 당신이 잘못한 사람들에게 용서를 구하라. 하나님께 매일 당신의 관계들을 인도해 주셔서 다른 사람들을 후회 없게 대접할 수 있게 해 달라고 기도하라.

224
하나님을 기쁘시게

**이제 내가 사람들에게 좋게 하랴 하나님께 좋게 하랴
사람들에게 기쁨을 구하랴 내가 지금까지 사람들의 기쁨을 구하였다면
그리스도의 종이 아니니라 갈 1:10**

때로는 하나님을 기쁘시게 하는 일과 사람들을 기쁘게 하는 일 사이에서 선택을 해야 한다. 하나님과 화평하는 것이 항상 제일 중요하다. 예수님은 그분께 순종하면 인간관계에 불화가 생길 수 있다고 경고하셨다(마 10:35-36 참조). 당신이 예수님께 복종하며 따를 때, 가족들이 이해를 못해 주거나 심지어 반대할 수도 있다. 그러나 예수님은 그분의 뜻에 순종하는 자들이 그분의 형제요 자매라고 하셨다(눅 8:21 참조). 하나님은 가정을 분열시키려는 것이 아니라 다만 가정의 화목보다 순종을 더 우선시하시는 것이다.

하나님을 기쁘시게 하는 일이 무엇인지 깨달으려면 홀로 하나님과 조용한 시간을 보내라. 하나님이 무엇을 원하시는지 확실히 모르면, 세상의 생각들이 당신을 잘못된 길로 인도하기가 훨씬 더 쉽다. 베드로는 자신이 하나님의 인정보다 여종의 의견을 더 중요시했다는 것을 깨닫고 마음이 무너졌다. 다른 사람들의 환심을 사려고 하나님이 당신에게 원하시는 것이 무엇인지 알고도 타협하려는 유혹이 생긴다면, 베드로의 실수로부터 배우라. 다른 사람들의 생각과 상관없이 당신의 하나님을 기쁘시게 하기로 결단하라.

225
그리스도의 향기

우리는 구원 받는 자들에게나 망하는 자들에게나
하나님 앞에서 그리스도의 향기니 고후 2:15

로마인들은 중요한 군사적 승리를 거둘 때마다 화려한 퍼레이드를 하고, 제단 위에 향을 피워 온 도시에 좋은 향이 가득하게 했다. 그 향기로 인해 모든 사람이 자기 나라 군대가 승리했다는 것을 알았다.

바울의 말에 의하면, 하나님은 우리 삶에 그리스도를 아는 지식의 향기가 가득하게 해 주신다. 어디를 가든지 우리 삶은 다른 사람들에게 그리스도가 승리하셨다는 것을 증거해야 한다. 믿지 않는 사람들이 우리 삶을 보고 그리스도의 승리의 능력을 깨달아야 한다. 또 그리스도가 우리 죄를 이기게 해 주시는 것을 다른 그리스도인들이 볼 때, 그들도 주님의 승리를 즐거워하며 그리스도가 그들의 삶에도 승리를 가져다주실 거라는 확신을 얻을 수 있다.

그리스도가 살아 계시며 승리하셨다는 가장 강력한 증거는 그분의 백성의 삶에서 역사하시는 것이다. 그리스도의 향기가 된다는 것은 큰 특권이다. 당신의 삶은 하나님이 그분의 백성의 삶을 통해 계속 능력 있게 일하신다는 확실한 증거가 되어야 한다.

226
불쌍히 여기는 마음

**서로 친절하게 하며 불쌍히 여기며 서로 용서하기를
하나님이 그리스도 안에서 너희를 용서하심과 같이 하라 엡 4:32**

불쌍히 여긴다는 것은 다른 사람들의 감정에 매우 민감하다는 뜻이다. 동료 그리스도인이 슬픔을 겪을 때면 우리도 슬프다(고전 12:26 참조). 다른 그리스도인이 기뻐하면 우리도 기쁘다. 불쌍히 여긴다는 것은 주변 사람들을 향해 동정심을 나타내는 것을 말한다.

우리는 또한 하나님의 이상에 미치지 못하기 때문에 서로 용서해야 한다. 우리는 불신자들보다 동료 그리스도인들에 대해 더 인내하지 못할 때가 많다. 아무래도 그리스도인들에게는 기대를 더 많이 하다 보니, 그들이 우리를 실망시키면 배신감을 느껴 그런 듯싶다. 이런 일이 생길 땐 십자가를 가까이서 바라보며 우리가 받은 용서를 생각해야 한다. 다른 사람들에 대해 참지 못하고 비판하는 자기 중심적인 태도를 버려야 한다.

세상은 그리스도인들이 서로 사랑하는 모습을 보고 하나님을 알게 될 것이다(요 13:35 참조). 하나님께 친절과 불쌍히 여기는 마음과 용서하는 마음을 달라고 기도하라. 성령이 당신 안에 이런 특성들을 형성해 주시면, 당신의 삶은 주변 사람들에게 축복이 될 것이다.

227
은혜를 입은 자

그런즉 우리가 무슨 말을 하리요 은혜를 더하게 하려고
죄에 거하겠느냐 그럴 수 없느니라 죄에 대하여
죽은 우리가 어찌 그 가운데 더 살리요 롬 6:1-2

그리스도인은 죄에 대해 죽었다. 그리스도인이 되기 전
에는 죄의 영향을 쉽게 받았지만 그리스도인이 되었을 때
당신의 옛 자아는 죽었다(갈 2:20 참조). 이제는 유혹이 죽은
시체를 지배하지 못하는 것처럼 죄가 더 이상 당신을 지배
할 수 없다. 예수님이 자신이 구원하러 오신 사람들의 손
에서 조롱과 채찍질과 십자가에 못 박힘을 당하면서도 견
딜 수 있으셨던 것은 하나님의 은혜 때문이었다. 우리가 하
나님께 죄를 범할 때마다 하나님이 이와 동일한 은혜를 우
리에게 나타내 보이신다. 이 은혜를 알면 계속 죄를 범할
수가 없다(롬 6:1-2 참조).

당신은 더 이상 무기력한 죄의 희생자가 아니다. 이미 승
리를 얻었다. 하나님이 당신의 죄와 싸워 이미 이기셨기
때문이다. 당신은 하나님의 승리를 삶의 각 영역에 적용하
기만 하면 된다. 죽여야 할 악한 습관이나 불경한 태도, 또
는 부정한 관계가 있다면 오늘 그리스도의 부활의 승리를
주장하라. 그러면 하나님이 당신을 위해 예비하신 풍성한
삶을 마음껏 누릴 수 있을 것이다.

228
죄를 이기신 분

모든 사람이 죄를 범하였으매 하나님의 영광에 이르지 못하더니
그리스도 예수 안에 있는 속량으로 말미암아 하나님의 은혜로
값 없이 의롭다 하심을 얻은 자 되었느니라 롬 3:23-24

구원의 놀라움은 하나님이 죄를 완벽하게 처리하셨다는 데 있다. 우리가 할 수 없는 일을 하나님이 해 주셨다. 그리스도의 희생을 통해 하나님이 은혜로 구원을 주시고 우리 죄에 대한 형벌을 없애 주신 것이다.

하나님의 은혜로, 하나님의 최선에 미치지 못한 삶을 택하여 의미를 불어넣어 주신다. 즉시 우리 죄를 자백하여 모든 불의에서 깨끗하게 될 기회를 주신다(요일 1:9 참조). 상한 마음을 치료해 주신다. 하나님의 은혜는 분노와 원한을 없애 주신다. 끊어진 관계들을 회복시켜 주신다. 죄 때문에 황폐한 삶을 온전케 해 주신다. 우리의 실패를 통해 선한 것을 이루어 주신다.

오직 하나님만이 죄로 인한 황폐함을 치료하실 수 있다. 하나님만이 그분의 영광과 당신의 죄 사이의 간격을 메우실 수 있다(롬 3:23 참조). 그렇게 해 주실 하나님을 신뢰해야 한다. 당신이 하나님께 구하면 하나님이 죄의 속박에서 자유롭게 해 주실 것이며, 하나님과의 관계를 다시 회복시켜 주시고, 또한 당신을 온전하게 회복시켜 주실 것이다.

229
영화로운 이름

이름이 거룩히 여김을 받으시오며 마 6:9하

그리스도인으로서 우리의 소명은 하나님의 이름을 영화롭게 하는 것이다. 하나님의 이름은 곧 하나님의 인격을 나타낸다. 그러므로 하나님의 이름을 헛되이 사용하는 것은 다른 사람들에게 하나님의 인격을 잘못 전달하는 것이다(출 20:7 참조).

"예수님의 이름으로"(요 15:16) 어떤 일을 한다는 것은 그분의 인격과 부합되는 일을 하는 것이다. 그것은 우리가 지금 하는 일을 예수님이 우리와 함께하길 원하신다는 뜻이다. 우리는 사람들의 명성을 보호하는 데는 지나친 관심을 쏟는 반면에 하나님의 거룩한 이름을 보호하는 데는 거의 신경 쓰지 않을 때가 있다.

이스라엘 백성이 삶을 통해 열방들 앞에서 하나님의 이름을 더럽히자 그들을 벌하심으로써 그분의 이름을 거룩하게 하셨다(겔 36:22 참조). 다윗이 자기 민족 앞에서 죄를 범했을 때, 하나님은 그분의 이름을 거룩하게 보호하시기 위해 공공연하게 다윗을 징계하셨다. 예수님이 가르쳐 주신 대로, 하나님의 이름이 거룩히 여김을 받으시도록 매일 기도해야 한다.

230
하나님의 마음을 품는 법

**나라가 임하시오며 뜻이 하늘에서 이루어진 것같이
땅에서도 이루어지이다 마 6:10**

예수님은 제자들에게 그들을 둘러싼 세상에서 하나님의 뜻이 이루어지기를 기도하라고 가르치셨다. 어떻게 기도해야 하는지 본을 제시해 주신 예수님은 제자들에게 하나님의 마음을 품는 법을 가르쳐 주셨다.

우리의 뜻을 구하지 않고 이 땅에서 하나님 나라를 구할때, 하늘에 계신 우리 아버지와 같은 마음을 갖게 된다. 하나님의 뜻을 구하면 하나님이 당신의 기도를 인도해 주실것이다. 하나님의 뜻대로 믿음으로 기도함으로써 하나님의 동역자가 된다.

당신에게 어떤 사람의 구원을 위해 기도하라는 마음의 부담을 주시면, 그 부담은 또한 그 사람의 삶에서 하나님이 하시는 일에 동참하라는 초청도 된다. 기도는 당신을 하나님의 종으로 준비시키며, 하나님은 그런 당신을 통해 이 땅에서 그분의 뜻을 이루실 수 있다. 이 땅에서 하나님의 절대적인 통치가 당신의 삶에서부터 시작되기를 기도하라. 그런 다음 하나님이 어떻게 당신을 사용하여 다른 사람들에게 그분의 주권을 확장시켜 가시는지 보라.

231
매일의 양식을 주신다

오늘 우리에게 일용할 양식을 주시옵고 마 6:11

이스라엘 백성이 광야에서 방황할 때는 양식을 얻을 길이 없었다. 그때 하나님은 기적적으로 매일 아침 만나를 내려 주셨다. 이스라엘 백성은 신선한 만나를 공급받으며 하나님의 사랑을 확인했다. 그런데 앞으로 며칠을 두고 먹으려고 만나를 모아 두면, 바로 다음날 만나가 상해 버렸다. 하나님은 그들이 음식 저장실이 아닌 하나님을 의지하길 원하셨기 때문에, 하나님의 양식은 저장해 둘 수가 없었다. 하나님의 은혜는 그날그날 족했던 것이다.

하나님은 우리가 매일 필요한 것을 하나님께 의탁하기 원하신다. 그렇다고 계획을 세우지 말라거나, 미래에 대해 신경 쓰지 말라는 뜻이 아니다. 올바른 믿음의 시각으로 하나님과의 관계를 유지하라는 뜻이다. 하나님은 내일 무슨 일이 생길지, 우리가 어떻게 대비해야 하는지 잘 아신다. 하나님은 매일 그분을 의지하라고 하신다. 오늘의 믿음으로 내일의 믿음을 대신할 순 없다. 오늘 우리가 하나님과 친밀하게 동행한다면 내일은 하나님의 뜻 가운데 있을 것이다.

232
가난한 마음

**심령이 가난한 자는 복이 있나니
천국이 그들의 것임이요** 마 5:3

우리 자신이 가진 자원을 의지하면 절대로 하나님을 의지할 수 없다. 우리 영혼의 가난함을 인정할 때, 우리에게 구세주가 얼마나 절실히 필요한지 깨닫게 된다. 예수님은 "회개하라 천국이 가까이 왔느니라"(마 4:17)고 선포하셨다.

예수님은 부자가 하나님 나라에 들어가는 것보다 낙타가 바늘귀를 통과하는 것이 더 쉽다고 하셨다. 이 말씀을 하시기 직전에 예수님은 부자 청년관원을 만나셨다. 그는 자기 소유물이 너무 소중해 예수님을 따르기 위해 그것들을 버릴 수가 없었다(눅 18:18-24 참조). 나중에 예수님은 부자에다 악명 높은 죄인이었던 삭개오를 만나셨다(눅 19:1-10 참조). 삭개오는 물질적으로 부유했음에도 불구하고 자신의 영적인 가난함을 인정했고 구원을 얻었다. 예수님은 참된 부는 하나님과의 관계 속에서 발견할 수 있다고 제자들에게 가르치셨다. 자신의 타고난 영적 가난함을 깨닫는 자들은 하나님을 의지할 것이고, 하나님은 그들의 삶을 한없이 부유하게 해 주실 것이다.

당신이 가진 자원, 지혜, 재능 또는 능력이 당신에게 풍성한 삶을 주실 수 있는 분을 신뢰하지 못하게 방해하는 일이 없게 하라.

233
죄에 대한 애통

애통하는 자는 복이 있나니
그들이 위로를 받을 것임이요 마 5:4

하나님은 우리가 그분의 기쁨을 경험하기 원하신다(요 15:11 참조). 그러나 죄에 대해 애통하기 전까지는 하나님의 기쁨을 경험할 수 없다. 성경은 자신의 죄에 대해 슬퍼하는 사람이 하나님을 가까이한다고 말한다(약 4:8-10 참조). 죄의 중함을 깨닫지 못하면 회개할 수 없다. 죄의 결과들을 보고 후회하는 것과 거룩하신 하나님께 죄 범한 것을 슬퍼하는 것은 엄연히 다르다. 죄 고백이 반드시 회개를 나타내는 건 아니다. 우리 죄가 하나님을 멀리 떠난 마음에서 비롯된 것임을 인정하고, 거룩하신 하나님께 범한 심각한 죄에 대해 마음 아파할 때에만 회개할 수 있다.

예수님은 자신의 죄를 비통해하는 자들이 위로를 받을 거라고 말씀하셨다. 그들은 하나님의 사랑과 용서를 새로운 차원에서 경험할 것이다. 하나님의 무한한 은혜는 아무리 끔찍한 죄라도 충분히 덮어 주실 수 있다. 슬퍼하며 회개하는 과정을 건너뛰고 바로 기쁨을 누리는 단계로 나아가려 하면 안 된다. 하나님은 당신이 죄에 대해 계속 슬퍼하도록 내버려 두지 않으시고, 용서와 위로를 주시며 그분의 기쁨으로 충만케 해 주실 것이다.

234
하나님을 갈망하는 자

의에 주리고 목마른 자는 복이 있나니
그들이 배부를 것임이요 마 5:6

몸은 주림과 목마름이라는 신호를 보내 우리가 '공허하다'는 것을 알려 준다. 육체적인 주림과 목마름에 대한 자연스러운 반응은 필요를 채우기 위해 음식과 물을 찾는 것이다. 그리스도인 안에는 그리스도의 의로만 만족할 수 있는 내적 갈망이 있다. 그러나 내면이 자아로 가득 차 있으면 의로 충만해질 수가 없다.

하나님은 성경을 통해, 온 마음으로 하나님을 갈망하는 자는 하나님을 찾게 될 거라고 강조하신다(렘 29:13 참조). 우리가 의를 갈망할 때 죄를 회개하게 되고, 하나님은 우리에게서 죄를 없애 주신다. 우리의 이기심 대신 성령의 열매가 나타난다.

의를 추구한다는 것은 사람들의 의견보다 하나님의 의견을 훨씬 더 가치 있게 여긴다는 뜻이다. 의는 단순히 죄없음을 뜻하지 않는다. 의란, 하나님이 그분의 거룩하심으로 우리를 가득 채워 주시는 것이다(롬 6:11 참조). 그리스도를 닮는 것이다. 예수님은 제일 먼저 하나님의 의를 구하는 본을 보여 주셨고, 아버지께서는 그를 영화롭게 해 주셨다. 하나님의 의를 구하라!(마 6:33 참조) 의에 주리고 목마르면 배부르게 될 것이다.

235
온유하신 예수

**온유한 자는 복이 있나니
그들이 땅을 기업으로 받을 것임이요** 마 5:5

그리스도인이 온유해지려면 자신의 뜻을 주님께 복종시켜야 한다. 온유함은 모든 사람에게 복종하는 것이 아니다. 온유함은 우리가 우리의 권리를 변호할 필요가 없다는 것, 주님이 우리를 변호해 주시도록 맡기는 것을 뜻한다. 온유함은 성령께 복종하고, 성령이 꼭 필요한 변화를 일으키시도록 자유를 드리는 것이다. 온유함은 하나님을 신뢰함으로써 생기는 절제를 포함한다. 온유함은 우리가 당하는 부정한 일을 하나님이 처리하시도록 맡기고 오래 참는 태도를 나타낸다.

예수님의 삶은 온유함의 본보기였다. 그분은 천군천사를 불러 십자가를 피해 가실 수도 있었지만, 죄인들이 그분을 고문하고 죽이도록 내버려 두셨다. 예수님은 자신을 방어할 능력이 없는 분이 아니셨지만 아버지의 뜻대로 목숨을 내어 주는 쪽을 택하셨다. 아버지를 전적으로 신뢰하셨기 때문이다. 우리도 자신의 힘으로 행하는 경향이 있는데, 이는 아버지 하나님을 의심하기 때문이다. 예수님은 우리의 삶에 대한 지배권을 하나님께 드리면 생명을 풍성하게 얻는다고 말씀하셨다.

236
한 번에 한 걸음씩

**네 하나님 여호와께서 이 민족들을 네 앞에서
조금씩 쫓아내시리니 너는 그들을 급히 멸하지 말라
들짐승이 번성하여 너를 해할까 하노라** 신 7:22

하나님은 그분의 백성을 약속의 땅으로 인도하실 때 한 걸음씩 인도해 주셨다. 한번에 그들이 감당할 수 있을 만큼의 책임만 주신 것이다. 이와 같이 하나님이 당신의 신앙 성장을 인도하실 때도, 당신의 성격과 하나님과의 관계에 알맞은 어려움들을 허락하실 것이다.

당신이 그리스도인이 되었다고 해서 하나님이 단번에 당신의 성격을 완전히 바꾸지는 않으실 것이다. 당신 삶의 한 영역이 성령의 지배를 받을 때까지 하나님은 계속 그 영역 안에서 일하실 것이다. 지름길은 없다. 하나님은 영원의 관점에서 당신의 삶을 바라보시며, 오랜 시간을 들여 당신 안에서 지속적인 영적 성장을 이루어 가실 것이다.

하나님이 당신 안에 그리스도를 닮은 형상을 만들어 내시는 동안 절대 조급해 하지 말라. 하나님이 당신에게 주신 책임보다 더 많은 책임을 맡겨 달라고 구하지 말라. 하나님이 당신에게 명하신 모든 일에 복종하면, 당신의 현재 인격과 당신을 향한 하나님의 목적에 걸맞는 속도로 당신을 인도하실 것이다.

237
지혜의 영을 사모하라

**그의 위에 여호와의 영 곧 지혜와 총명의 영이요
모략과 재능의 영이요 지식과 여호와를 경외하는
영이 강림하시리니** 사 11:2

예수님은 사역 기간 내내 성령을 의지하셨다. 성령은 예수님에게 아버지의 뜻과 길을 알게 해 주셨다. 예수님은 소년 시절에 이미 하나님의 말씀에 대한 비범한 지식을 갖고 계셨다(눅 2:47 참조). 성령은 예수님께 이 지식을 활용할 수 있는 지혜를 주셨고, 예수님이 만나는 사람들의 구체적인 필요에 하나님의 말씀을 효과적으로 적용할 수 있게 해 주셨다.

판단을 내리려면 하나님의 지혜가 필요하다(롬 11:33 참조). 어쩌면 하나님이 당신에게 큰 책임을 맡기셔서, 당신이 내려야 할 결정 때문에 큰 부담감을 느낄지도 모른다. 부모로서, 친구로서, 또는 지도자로서 역할을 감당하는 데 하나님의 지혜가 간절히 필요할 수도 있다. 예수님이 사탄의 속임수를 꿰뚫어보실 수 있게 해 주신 바로 그 성령이 당신 앞에 놓인 유혹들도 잘 헤쳐 나가도록 인도해 주실 것이다. 하나님이 지혜의 영으로 충만케 해 주셔서 당신이 내리는 결정들을 통해 능력 있는 삶을 살 수 있게 해 달라고 기도하라.

238
풍성한 생명의 삶

**도둑이 오는 것은 도둑질하고 죽이고 멸망시키려는 것뿐이요
내가 온 것은 양으로 생명을 얻게 하고
더 풍성히 얻게 하려는 것이라** 요 10:10

예수님은 하나님이 우리를 위해 예비하신 것을 빼앗으려 하는 도둑들을 조심하라고 경고하신다. 예수님은 우리가 풍성한 생명을 누리길 원하신다(요 10:10 참조).

아담과 하와 때부터 사람들은 누구를 믿을지 선택해야 했다. 사탄은 아담과 하와에게 하나님께 불순종하면 모든 것을 얻으리라고 유혹했다. 그러나 그들은 불순종함으로써 오히려 모든 걸 빼앗겼다. 남은 평생 동안 하나님이 계획하신 축복의 아주 일부만 경험할 수 있었다. 성경은 덧없고 공허한 것을 얻기 위해 하나님의 자녀로서의 유업을 포기한 사람들의 이야기로 가득하다.

예수님은 당신이 하나님의 사랑받는 자녀임을 알고 안심하며 살기를 원하신다. 지금까지 당신이 풍성하고 기쁨 충만한 삶을 경험하지 못하는 것에 대해 변명하기 바빴다면, 오늘부터는 당신의 삶을 향한 하나님의 최선에 못 미치는 것에는 절대 만족하지 않기로 결단하라. 만족을 찾는 세상의 길을 따르지 말라. 대신 구세주의 음성에 귀를 기울이라. 그러면 참된 만족을 발견할 것이다.

239
시간을 잘 쓰라

그런즉 너희가 어떻게 행할지를 자세히 주의하여
지혜 없는 자같이 하지 말고 오직 지혜 있는 자같이 하여
세월을 아끼라 때가 악하니라 엡 5:15–16

어리석은 자는 자신의 시간에 대해 지혜롭지 못한 선택을 한다. 새로운 기회가 올 때마다 방향을 바꾸고, 그것이 최선의 선택인지 의심하지도 않는다. 가장 큰 목소리에 주의를 기울인다. 그러다 어느 순간, 자신의 시간을 헛되이 썼다는 것을 알고 당황한다.

당신의 삶을 지혜롭게 투자하는 것은 당신 자신에게는 물론 다른 사람들에게도 중요한 문제다. 악하거나 헛된 일을 추구하느라 어리석게 시간을 낭비해 버리면 당신과 다른 사람들에게 큰 손해가 될 수 있다. 더러는 그냥 좋은 것을 위해 가장 좋은 것을 희생하라는 유혹이 찾아온다. 원수는 여러 가지 주의를 흐트러뜨리는 것들로 당신을 유인하여 결국 하나님의 뜻을 이룰 시간이 없게 만들어 버린다. 그는 좋은 일들로 당신의 스케줄을 꽉 채워서 하나님의 최선을 이루기 위한 시간이 남아 있지 않게 만들려고 한다. 방심하는 사이에 종교적인 활동으로 하나님의 뜻을 대신하고, 하나님의 명령을 기다리는 대신 하나님 나라를 위한 당신 자신의 목표를 추구하고 있는지도 모른다. 시간은 귀중한 것이다. 반드시 지혜롭게 써야 한다.

240
하나님을 높이라

**무릇 자기를 높이는 자는 낮아지고
자기를 낮추는 자는 높아지리라** 눅 14:11

　사람들에게 존경받는 두 가지 방법이 있다. 하나는 세상의 방법으로, 모든 기회를 이용해 다른 사람들 앞에서 자신을 높이는 것이다. 다른 방법은 하나님의 방법으로, 자신을 낮추는 것이다. 인정받고 영향력 있는 자리에 이르려고 애쓰기보다는 다른 사람들을 먼저 생각하려고 노력하라. 겸손한 마음을 길러라. 겸손은 자연스럽게 생기지 않는다. 그리스도인의 삶에 대한 많은 역설 가운데 하나가, 하나님이 당신의 진정한 겸손을 보실 때 당신을 높여 주신다는 것이다. 잠언 16장 18절은 자신을 높이려 하면 패망할 것이라고 경고한다.

　잠언 25장 27절은 스스로 영예를 구하는 것이 합당치 않다고 말한다. 세상이 당신을 높여 줄 때는 당신이 영예를 얻는다. 그러나 하나님이 당신을 높여 주시면 하나님이 당신의 삶에서 행하신 일로 인해 다른 사람들이 하나님을 찬양하게 된다. 당신이 하나님을 높이면 하나님도 당신을 높여 주신다(삼상 2:30 참조). 자신을 낮추고 하나님께 영광을 돌리도록 노력하라. 그러면 하나님이 기뻐하시는 방식대로 당신을 높여 주실 것이다.

241
섬길 곳을 찾을 때

**내게 광대하고 유효한 문이 열렸으나
대적하는 자가 많음이라** 고전 16:9

    섬김의 문이 열릴 때 대적하는 자들이 들어올 수 있다. 당신이 하나님의 초청에 응할 때, 대적하는 자들이 당신의 일을 훼방하려 해도 놀라지 말라. 사람들이 하는 일을 근거로 결정을 내리지 말라. 그들은 당신이 하나님의 뜻을 행하는 것을 막을 수 없다(롬 8:31 참조). 가혹한 박해와 강력한 반대의 시련 속에서 이루어진 영적인 사역이 가장 큰 보상을 받는 경우가 많다.

    바울이 에베소에 있는 동안, 그의 사역에 대한 반발로 폭동이 일어났다. 도시의 극장에 두 시간 동안 자기들의 신을 지지하며 외치는 성난 군중의 소리가 울려퍼졌다. "크다 에베소 사람의 아데미여!"(행 19:23-41) 이토록 거센 반대에도 불구하고, 에베소는 복음을 아시아 전역에 퍼뜨린 주요 도시 가운데 하나가 되었다.

    인간의 행위를 넘어 하나님의 뜻을 바라보려면 영적 분별력이 필요하다. 섬길 곳을 찾을 땐 사람들의 말을 듣지 말고 하나님이 하시는 일을 보라.

242
심판의 날을 준비하자

이는 우리가 다 반드시 그리스도의 심판대 앞에 나타나게 되어
각각 선악간에 그 몸으로 행한 것을 따라 받으려 함이라 고후 5:10

그리스도인의 삶에는 동기를 부여하는 것들이 여러 가지 있다. 그 가운데 하나가 언젠가 우리 삶에 대해 그리스도께 말씀 드리게 될 날이 올 거라는 사실이다. 바울은 마지막 심판 날에 모든 그리스도인들이 자신의 행위에 대해 설명하게 될 거라고 경고했다. 이런 생각이 바울을 두렵게 만들었고, 그가 하는 모든 일에서 하나님을 기쁘게 해 드리려고 노력하도록 부추겼다(고후 5:9-11 참조).

하나님은 우리에게 그분의 뜻을 강요하지 않으신다. 다만 우리가 하나님께 보인 반응에 대해 책임을 지라고 하신다. 그리스도인들은 예수님의 희생으로 인해 용서를 받았다. 그러나 하나님은 절대 공정하시기 때문에, 우리의 행위에 대해 설명하도록 요구하실 것이다.

그리스도인의 삶은 엄청난 자유를 주지만, 또한 하나님과 다른 사람들에 대해 광범위한 책임감을 느끼게 한다. 바울로부터 그 책임이 건전한 것임을 배울 수 있다. 그것은 하나님을 기쁘게 해 드리려는 강력한 동기를 부여하기 때문이다.

243
화평케 하는 자

모든 것이 하나님께로서 났으며
그가 그리스도로 말미암아 우리를 자기와 화목하게 하시고
또 우리에게 화목하게 하는 직분을 주셨으니 고후 5:18

죄는 하나님과의 관계를 파괴하며 다른 사람들과의 관계도 이간시킨다. 죄는 불신과 질투, 증오, 탐욕을 일으키는데, 그 모든 것이 관계를 황폐하게 만든다. 오직 그리스도만이 인간 관계에 미치는 죄의 파괴적인 영향력을 제거하실 수 있다. 우리는 그리스도의 제자로서 깨지고 분열된 세상에 화해의 메시지를 전해야 한다. 먼저 하나님과 화목하고, 그 다음에 서로 화목하도록 열심히 권해야 한다.

하나님의 평화의 메시지를 전하는 자들이 서로 적의를 품고 있다면 이 얼마나 비극적인 일인가. 세상 사람들에게는 사랑의 메시지를 전하면서 자신은 정작 미움으로 가득하다면, 그건 위선이다. 아직 용서하지 않은 사람이 있으면 당신이 전하는 화해의 메시지는 위선이 되는 것이다. 당신이 예수님의 제자라는 증거는 바로 다른 그리스도인을 사랑하는 것이다(요 13:35 참조).

모든 관계에서 사랑과 용서를 행동으로 보임으로써 당신이 하나님께 받은 것을 나타내라. 그러면 입으로 화해의 메시지를 전할 뿐 아니라 그런 삶을 살게 될 것이다.

244
기도 생활을 점검하라

**예수께서 말씀하여 이르시되
네게 무엇을 하여 주기를 원하느냐** 막 10:51

주님이 우리에게 너희를 위해 무엇을 해 줄까, 물으신다는 것은 정말 믿기 힘든 일이다. 그러나 때로는 이런 질문에 대답해야 할 때가 있다. 눈 먼 바디매오는 예수님이 자기에게 무엇을 해 주시길 원하는지 정확히 알았다. 바로 시력을 회복시켜 주시는 것이었다. 그러나 그는 육적인 시력보다 훨씬 더 큰 것을 얻었다. 예수님이 바디매오의 마음이 진실하다는 것을 아시고 구원을 주신 것이다. 바디매오는 그 즉시 자신이 받은 선물을 활용하여 구세주를 따르는 자가 되었다.

우리가 구하는 것을 하나님이 들어주지 않으신다면, 우리의 기도를 점검해 보아야 한다. 우리의 동기가 이기적인가? 하나님이 주려고 하시는 것보다 훨씬 더 못한 것을 구하는가?(왕하 13:19, 엡 3:20 참조) 우리가 구하는 것들이 하나님께 합당한 것인가? 하나님이 우리의 소원을 들어주시기 위해 요구하시는 믿음이 부족한가?(마 17:20 참조) 고백하지 않은 죄가 있는가?(사 1:15 참조)

하나님의 뜻대로 구할 때 우리는 바디매오처럼 기대한 것보다 훨씬 더 많이 받을 것이다(렘 33:3 참조).

245
전심으로 찾으라

너희가 여호와와 함께하면 여호와께서 너희와 함께하실지라 너희가 만일 그를 찾으면 그가 너희와 만나게 되시려니와 너희가 만일 그를 버리면 그도 너희를 버리시리라 대하 15:2

우리가 하나님께 어떻게 반응하는지에 따라 하나님이 우리 삶에 함께해 주신다. 우리가 전심으로 하나님을 찾으면 찾을 것이다(렘 29:13-14 참조). 하나님은 우리와 교제하기 원하시지만 억지로 관계를 맺지는 않으신다. 따라서 하나님과의 교제를 거부하면서 하나님이 가까이 계실 거라고 기대할 수는 없다. 하나님은 우리가 그분의 도우심을 필요로 할 때만 우리와 함께해 주시는 분이 아니다.

하나님이 종처럼 우리를 기다리셔야 한다고 생각하는 것은 주권자이신 하나님을 모욕하는 것이다. 하나님은 우리의 방식이 아닌 하나님의 방식대로 우리를 대하신다. 하나님은 우리와 친밀하게 동행하길 원하시며, 우리 죄를 회개하고 하나님의 방식대로 하나님을 구하면 하나님과의 친밀한 교제를 기대할 수 있다(약 4:8-10 참조).

우리는 항상 하나님을 찾아야 하며, 하나님이 옆에 계신다는 확신이 없이 하루를 시작하지 말아야 한다. 진심으로 하나님을 찾고 있다는 것을 행동으로 보이라. 그러면 반드시 하나님을 찾을 것이다(마 6:6 참조).

246
하나님의 사역자

네가 이 백성에게 행하는 이 일이 어찌 됨이냐
어찌하여 네가 홀로 앉아 있고 백성은 아침부터 저녁까지
네 곁에 서 있느냐 출 18:14

하나님을 기쁘게 해 드리고 하나님 나라를 앞당기려는 열심에, 하나님이 우리에게 부여하지도 않으신 책임을 떠맡을 때가 종종 있다.

그리스도인의 삶에서 가장 어려운 일 가운데 하나가 하나님이 우리에게 원치 않으시는 일이 무엇인지 판단하는 것이다. 때로는 우리의 선한 의도가 이익보다는 해를 초래하는 경우가 있다. 모세는 예전에 종이었던 자들에게 하나님의 백성으로서 더불어 사는 법을 배우도록 자신이 직접 나서서 도와주었다. 이 일을 혼자 함으로써 모세는 다른 사람들에게서 하나님을 섬길 기회를 빼앗았다. 게다가 모세는 백성에게도 피해를 주고 있었다. 모세가 그런 식으로 하지 않았으면 백성의 문제를 훨씬 더 빨리 해결할 수도 있었기 때문이다.

사역을 하는 이유는 단 하나다. 하나님이 그분의 뜻이라고 말씀하셨기 때문이다. 지금 하는 모든 일에 압박감을 느낀다면, 아마 하나님이 시키신 일보다 더 많은 일을 하고 있어서인지도 모른다. 당신이 맡은 책임들을 놓고 기도해 보라. 하나님의 최선을 놓치는 일이 없도록 말이다.

247
사람들을 인내하라

나는 너희를 위하여 기도하기를 쉬는 죄를
여호와 앞에 결단코 범하지 아니하고 선하고 의로운 길을
너희에게 가르칠 것인즉 삼상 12:23

사무엘은 이스라엘을 다스릴 왕을 세우는 것의 위험성에 대해 백성에게 충분히 경고했다. 그래도 그들은 주변 국가들처럼 되기를 원하여, 어떤 대가라도 치르겠다고 우겼다. 백성의 바람이 이루어지자마자 그들은 자신들의 잘못을 깨달았다. 하지만 이미 너무 늦었다.

사무엘은 하나님이 건강한 사람들을 위해서가 아니라 아픈 사람들을 위해 그의 종들을 보내신다는 것을 알고 있었다(마 9:12 참조). 사무엘은 백성의 반응을 자신을 거부하는 것으로 받아들이지 않고 하나님이 함께하신다는 표시로 받아들였다. 사무엘이 섬기는 건 하나님이었지 이스라엘이 아니었다.

때로 사람들이 하나님이 당신을 통해 말씀하시는 메시지에 합당한 반응을 보이지 않을 것이다. 그렇다고 실망하지 말라. 그것은 그들과 하나님과의 관계를 나타내는 것이다. 당신은 하나님의 종이다. 예수님이 영적으로 곤핍한 자들과 함께 시간을 보내셨다면, 당신에게도 그와 같이 할 것을 요구하실 것이다. 하나님의 백성에 대해 인내하고 또 인내하라. 하나님이 당신을 사랑하시는 만큼 그들도 사랑하신다는 걸 명심하라.

248
형통의 비결

**그가 행하는 모든 일 곧 하나님의 전에 수종드는 일에나
율법에나 계명에나 그의 하나님을 찾고
한 마음으로 행하여 형통하였더라** 대하 31:21

유다 왕 히스기야는 위험하고 소란스러운 시대에 살았다
(대하 28장 참조). 하지만 그는 온 마음으로 하나님을 섬겼고,
참되신 하나님에 대한 예배를 촉진시키기 위해 자기가 할
수 있는 모든 일을 다 했다. 부지런히 하나님의 계명을 따
랐다. 히스기야가 하나님을 섬기기로 결정함으로써 하나
님이 그를 축복해 주셨다. 히스기야는 대중의 의견을 따르
지 않고 하나님을 따르기로 결단했기 때문에 혼란의 시대
에도 번창하였다.

하나님은 그분을 따르기로 헌신하는 마음을 존중해 주신
다(대하 26:5 참조). 하나님을 섬기는 것이 보편화되지 않았고
하나님을 반대하는 세력들이 우세한 시대에 하나님을 따
르려면 용기와 결단이 필요하다.

히스기야는 전에 유다 왕이었던 르호보암과 아주 대조적
인 모습을 보인다. "르호보암이 악을 행하였으니 이는 그
가 여호와를 구하는 마음을 굳게 하지 아니함이었더라"(대
하 12:14). 당신이 노력하는 일에서 형통하는 가장 확실한 길
이 있다. 바로 온 마음으로 하나님을 섬기는 것이다!

249
축복의 통로

너희가 거저 받았으니 거저 주라 마 10:8하

하나님 나라에서 구두쇠는 설 자리가 없다. 가진 것을 남들에게 나눠 주기가 힘들다면, 그 소유물들이 어디서 왔는지 망각한 것이다. 우리가 받은 것들은 모두 하나님의 은혜로 인한 것이다(고전 4:7 참조).

"내가 모태에서 알몸으로 나왔사온즉 또한 알몸이 그리로 돌아가올지라 주신 이도 여호와시요 거두신 이도 여호와시오니 여호와의 이름이 찬송을 받으실지니이다"(욥 1:21).

우리는 마치 모든 재산을 우리 스스로 벌어들인 것인 양, 그 재산들에 대한 권리가 자신에게 있다고 생각한다. 그러나 예수님은 우리가 모든 것을 거저 받았으니 즐겁게 거저 나눠 줄 각오가 되어 있어야 한다고 말씀하셨다. 우리가 주변 모든 사람들에게 축복을 나눠 주리라는 것을 하나님이 아시고 우리에게 축복을 부어 주실 수 있어야 한다. 남들에게 거저 주기가 힘들다면, 선물을 주신 분보다 선물 자체에 더 애착을 갖고 있기 때문이다. 하나님이 당신에게 주신 모든 것을 생각해 보라(요 3:16 참조). 당신의 나눔을 통해 하나님께 감사를 표현하기로 결심하라.

250
사랑의 언약

누가 우리를 그리스도의 사랑에서 끊으리요
환난이나 곤고나 박해나 기근이나 적신이나 위험이나 칼이랴 롬 8:35

아무리 끔찍하거나 무서운 경험이라도 당신을 하나님의 사랑에서 끊을 순 없다. 아무리 심한 고난과 불행을 당하더라도 당신을 향한 하나님의 사랑은 그보다 더 뜨겁다. 극심한 기근 때문에 굶주려도 아버지의 사랑에는 굶주리지 않을 것이다. 가난이 당신에게서 하나님의 긍휼을 빼앗아 갈 수 없다.

주어진 상황에 근거하여 하나님의 사랑을 판단한다면 혼란에 빠지고 만다. 하나님은 당신이 하나님의 사랑에서 결코 끊어지지 않을 거라고 약속하셨다. 당신이 절대 고난이나 핍박, 가난, 또는 위험을 당하지 않을 거라고 말씀하지 않으셨다. 하나님이 당신을 사랑하신다면 이렇게 힘든 경험을 하게 내버려 두실 수 있을까 하는 의심이 든다면, 예수님의 삶을 생각해 보라. 당신이 하나님의 사랑에 대해 품을 수 있는 모든 의문들을 예수님의 십자가 죽음으로 영원히 해결한다면, 아무리 힘든 상황이라도 확신을 갖고 다가갈 수 있을 것이다. 하나님의 사랑의 관점에서 당신의 상황을 판단하라.

251
세상의 빛과 소금

**우리 하나님 여호와께서 호렙 산에서 우리에게 말씀하여 이르시기를
너희가 이 산에 거주한 지 오래니 신 1:6**

하나님이 산꼭대기에서 살도록 허락하셨다면 우리는 아무런 시련을 경험하지 않았을 것이다. 그러나 또한 어떤 승리도 거두지 못했을 것이다. 이스라엘 백성이 호렙산 기슭에 모여 있을 때 하나님이 그들에게 말씀하시고 율법을 주셨다. 불과 연기가 산을 덮었고, 번개가 쳤고, 큰 나팔소리가 귀청이 터지도록 점점 더 크게 공기중에 울려 퍼졌다. 산기슭의 땅이 흔들렸고, 백성은 두려워 떨었다(출 19:16-25 참조).

하나님이 그들을 구원하신 것은 약속의 땅을 정복하게 하기 위함이었다. 마침내 하나님은 그들이 산에 충분히 오래 있었다고 말씀하셨다. 이제 싸우러 갈 때가 된 것이다.

때로 하나님은 은혜롭게 산꼭대기의 경험을 누리게 해주실 것이다. 당신은 하나님을 만나는 기쁨 속에서 남은 평생을 보내고 싶을 것이다. 그러나 명심하라. 이런 산꼭대기의 만남은 앞으로 있을 싸움을 위해 당신을 준비시키시는 하나님의 방법이라는 것을!

252
각자에게 맞는 방식으로

예수께서 그 곳에 이르사 쳐다보시고 이르시되
삭개오야 속히 내려오라 내가 오늘 네 집에
유하여야 하겠다 하시니 눅 19:5

　예수님은 십자가 위에서 사명을 완수하기 위해 예루살렘으로 가시는 중이었다. 수많은 무리들이 예수님 주변에 몰려들어, 키가 작은 삭개오는 나무 위에 올라가지 않고는 예수님을 볼 수가 없었다. 그런데 예수님이 걸음을 멈추시고 삭개오를 직접 쳐다보셨다. 그 순간 삭개오는 주변 사람들의 시선은 안중에도 없었다. 그의 삶을 완전히 변화시킨 예수님과의 특별한 만남이 시작되는 순간이었다.

　예수님은 당신에게도 특별한 방법으로 다가오실 것이다. 그분은 당신의 과거부터 미래까지 당신에 관한 모든 것을 아시므로, 하나님이 당신에게 주시는 말씀은 당신의 상황에 완벽하게 들어맞을 것이다. 다른 사람들에겐 들리지 않는 말씀이 당신에게만 들릴지도 모른다. 다른 사람들이 진리에 대해 당신만큼 흥분하지 않더라도 실망하지 말라. 꼭 당신만큼 그들이 하나님의 말씀을 실천하지 않더라도 안달하지 말라. 하나님은 당신에게 개인적으로 말씀해 주실 것이고, 당신의 친구들에게도 각자의 필요에 맞는 특별한 방식으로 말씀해 주실 것이다.

253
위기를 기회로

시몬이 대답하여 이르되 선생님 우리들이
밤이 새도록 수고하였으되 잡은 것이 없지마는
말씀에 의지하여 내가 그물을 내리리이다 하고 눅 5:5

베드로는 밤새 수고했으나 물고기를 한 마리도 잡지 못했다. 숙련된 어부였는데도 말이다. 예수님은 이렇게 말씀하실 수도 있었다. "베드로야, 고기가 안 잡힌다고 걱정하지 마라. 어차피 너는 곧 다른 일을 하게 될 테니까."

그러나 예수님은 깊은 곳으로 들어가 그물을 던지라고 하셨다. 베드로 입장에서는 얼마나 자기를 무시하는 말로 들렸겠는가! 목수가 어부에게 고기 잡는 법을 이야기하니 말이다.

예수님이 당신의 삶에 좋은 것을 주시기 위해 일부러 실패했던 자리로 다시 데려가실 때가 있다. 당신이 시도했다가 처참하게 실패했기 때문에 그 일을 계속하는 건 주님이 원치 않으실 거라고 생각할지 모른다. 그러나 당신의 문제는 주님의 능력이 아닌 당신 자신의 힘을 의존했기 때문일 수도 있다. 당신이 실패로부터 배우고, 하나님이 당신의 관계들을 인도해 주실 때 나타날 수 있는 변화들을 경험하도록 도와주실 것이다. 하나님의 능력으로 행하려 할 때, 성공이 당신의 것임을 발견하게 될 것이다.

254
한결같은 사랑

**여호와께서 이와 같이 말씀하시기를 내가 너를 위하여
네 청년 때의 인애와 네 신혼 때의 사랑을 기억하노니
곧 씨 뿌리지 못하는 땅, 그 광야에서 나를 따랐음이니라 렘 2:2**

유다 백성의 마음이 하나님에게서 멀어지자 하나님은 안타까워하셨다. 그때 하나님은 새 신부가 신랑을 사랑하듯, 미래에 대한 설렘과 열정으로 그들이 하나님을 사랑했던 것을 기억하셨다. 그들이 어디든 하나님이 인도하시는 대로 기꺼이 따라가며 보여 주었던 인애를 떠올리셨다. 한때 그들이 하나님을 향해 품었던 사랑을 상기시키신 것은, 그 기억이 헌신의 마음을 다시 불붙게 하여 그들의 마음이 하나님께 돌아오게 하시려는 것이었다.

당신의 마음을 지키지 않아 그리스도를 향한 사랑이 냉랭해지면 주님이 당신에게 다가와 한때 당신과 주님의 관계가 어떠했는지 상기시켜 주실 때가 올 것이다. 지금 당신이 하나님께 표현하는 사랑을 과거와 비교해 보기 전까지는, 당신이 하나님으로부터 얼마나 멀어졌는지 실감하지 못할 수도 있다.

하나님은 변하지 않으셨다. 당신이 그리스도인이 되었을 때 마음을 드렸던 바로 그 하나님이시다(말 3:6-7 참조). 하나님에 대한 사랑이 예전만큼 강렬하지 않다면 다시 하나님께 돌아가라. 예전에 누렸던 친밀한 교제를 하나님이 다시 회복시켜 주실 것이다.

255
어디든지 가리라!

그러므로 너희는 가서 모든 민족을 제자로 삼아
아버지와 아들과 성령의 이름으로 세례를 베풀고 마 28:19

주님이 우리에게 '가라'고 명하신다. 가지 않고 머무르려면 허락을 받아야 한다. 복음은 예수님이 아버지의 우편을 떠나 갈보리로 가신 이야기다. 예수님은 그분의 제자가 되기 원하는 사람들에게 집과 편안한 곳을 떠나 그분을 따르라고 지시하셨다. 그리고 예수님은 그분을 따르기 힘들어하는 이들을 너그러이 봐주지 않으셨다. 예수님을 따른다는 것은, 예수님이 정하시는 방향으로 따라와야 하는 것임을 분명히 해 두셨다.

제자들이 성공하고 있음에도 불구하고 예수님이 다른 곳으로 가라고 하신 적이 종종 있다. 베드로가 배에 고기를 가득 싣고 왔을 때, 예수님은 모든 것을 버리고 떠나라고 하셨다(눅 5:1-11 참조). 빌립은 복음전도자로서 놀라운 성공을 거두고 있을 때 성령이 광야로 가라고 지시하셨다(행 8:25-40 참조). 지금 누리는 성공이 오히려 예수님이 원하시는 곳으로 가는 데 가장 큰 장애물이 될 수 있다. 지금 있는 곳이 너무 편안해져서 다른 데로 가라는 예수님의 초청을 거절할지도 모른다.

주님이 어디로 인도하시든지 갈 준비를 하라!

Experiencing GOD

256
당신을 향한 계획

하나님이 미리 아신 자들을 또한 그 아들의 형상을
본받게 하기 위하여 미리 정하셨으니 이는 그로 많은 형제 중에서
맏아들이 되게 하려 하심이니라 롬 8:29

당신의 삶은 하나님의 거대한 계획의 한 부분이다. 하나님은 당신이 그분의 아들을 닮게 하려고 미리 정하셨다. 하나님이 당신의 삶에 허락하시는 모든 사건은 당신이 더욱 그리스도를 닮게 하기 위해 계획된 것이다.

당신은 죄 때문에 절대로 흠 없는 삶을 살 수 없었다. 그러나 하나님은 당신의 죄를 용서하시고 의인으로 인정해 주셨다. 하나님께 진 영적인 빚을 모두 탕감받았고, 이제부터 영원히 하나님을 즐거워하며 섬길 수 있는 놀라운 자유가 주어졌다.

성경 시대에 하나님의 백성의 영광은 하나님의 임재를 경험하는 것이었다. 당신도 지금 하나님의 충만이 당신 안에 거하기 때문에 영화롭게 되며, 언젠가는 하나님과 함께 있게 될 것이다(골 1:27, 2:9 참조).

하나님은 당신의 삶에서 하나님의 뜻을 이루어 가시는 데 동참하라고 부르신다. 주님의 형상을 닮아 가라는 것이다(빌 2:12 참조).

257
기도로 준비하라

오순절 날이 이미 이르매 그들이 다같이 한 곳에 모였더니 행 2:1

기도는 영적인 능력을 주지 않는다. 기도는 당신의 삶을 하나님과 연합시켜 하나님이 당신을 통해 그분의 능력을 나타내시도록 한다.

기도의 목적은 당신의 상황을 바꿔 달라고 하나님을 설득하는 것이 아니라, 하나님의 활동에 동참할 수 있도록 준비하는 것이다. 예수님은 제자들에게 성령이 오실 때까지 예루살렘에 남아 있으라고 하셨다(행 1:4-5 참조). 제자들은 예수님의 명령에 순종했고, 하나님의 다음 지시를 기다렸다. 처음으로 제자들은 결정을 내리는 데 성경을 지침서로 사용했다(행 1:15-26 참조). 오순절 날이 되자 예루살렘은 전 세계에서 온 순례자들로 가득했다. 하나님이 제자들에게 성령을 주셨을 때, 이미 모든 나라에 복음을 전할 자들이 그 도시에 가득하게 하신 것이다. 기도는 제자들이 순종할 수 있도록 준비시켜 주었다.

기도는 하나님을 당신의 뜻에 맞추는 것이 아니라 당신을 하나님의 뜻에 맞추기 위한 것이다. 당신이 원하는 것에 초점을 맞추기보다 하나님이 당신 안에서 일어나는 변화에 더 관심을 갖고 계시다는 사실을 기억하라.

258
빛의 자녀

그 안에 생명이 있었으니 이 생명은 사람들의 빛이라 요 1:4

예수님은 어둡고 죄로 죽어 있는 세상에 빛과 생명으로 오셨다. 예수님이 가시는 곳마다 그분의 빛이 죄의 어두움을 쫓아냈다. 예수님이 가져오신 생명은 풍성하고, 죄로 죽은 모든 이들이 얻을 수 있었다(엡 2:1, 요 10:10 참조).

당신이 그리스도인이라면 예수님이 당신 안에 사시며 그분의 빛이 당신 안에 있다. 그리스도의 빛이 당신을 통해 밝게 비치므로, 어두움을 행하는 자들이 주변에 있으면 거북함을 느껴야 한다. 당신 안에 있는 빛이 친구들과 동료들, 또한 가족들의 삶에서 어두움을 쫓아내야 한다. 그리스도 안에서 발견한 생명의 풍성함이 그리스도인인 당신 안에 있다(골 1:27 참조). 당신 안에 있는 그리스도의 생명은 모든 사람의 필요를 채우고도 남는다.

많은 사람들이 예수님을 거부했듯이 당신이 제시하는 진리를 거부하는 사람들 또한 있을 것이다(요 1:11 참조). 그러나 하나님이 당신을 통해 그분 자신을 나타내시고 다른 사람들에게 빛과 생명을 주시기로 결정하셨다는 사실에 감사하라.

259
새 마음

또 새 영을 너희 속에 두고 새 마음을 너희에게 주되
너희 육신에서 굳은 마음을 제거하고
부드러운 마음을 줄 것이며 겔 36:26

우리가 하나님께 나타내는 반응은 마음에서 비롯된다. 하나님이 가장 바라시는 것은 그분의 백성이 온 마음으로 하나님을 사랑하는 것이다(신 6:5 참조).

죄는 마음을 굳어지게 한다(마 13:4, 19 참조). 우리의 마음을 통과하여 삶으로 나타나는 죄들이 많을수록 하나님의 말씀에 더욱 저항하게 된다. 용서하지 않는 죄는 마음을 강퍅하게 만든다. 악하고 불경한 영향력에 노출되면 하나님과 그분의 말씀에 둔감해진다. 시간이 갈수록 마음은 돌처럼 굳어져, 하나님으로부터 오는 새로운 말씀을 받아들이지 않게 된다. 죄에 대해서도 무감각해진다.

하나님이 당신을 파괴하는 영향력들로부터 당신을 떼어 놓으실 것이다(겔 36:24 참조). 모든 더러움을 씻어 주시고, 당신이 하나님 대신 사랑했던 모든 것을 없애 버리실 것이다 (겔 36:25 참조). 당신의 마음에서 돌을 제거하시고 하나님과 그분의 말씀에 대해 부드러운 마음을 주실 것이다. 당신의 마음을 새롭게 해 주셔서 신앙과 헌신을 회복시켜 달라고 기도하라.

260
사랑으로 응답하신다

**곧 네가 기도를 시작할 즈음에 명령이 내렸으므로
이제 네게 알리러 왔느니라 너는 크게 은총을 입은 자라
그런즉 너는 이 일을 생각하고 그 환상을 깨달을지니라** 단 9:23

바벨론에 포로로 잡혀간 다니엘은 자신이 처한 상황의 의미를 알기 위해 기도를 올렸다. 그러자 하나님은 즉시 천사 가브리엘을 보내 주셨다. 다니엘을 너무나도 사랑하신 하나님은 그가 간구를 시작하자마자 천사를 보내셨다.

하나님은 마음이 온전히 하나님을 향해 있는 사람들의 기도를 들어주신다(대하 16:9 참조). 하나님은 이 시대에 일어나는 사건들을 당신에게 정확히 설명해 주실 수 있다. 당신을 사랑하시는 하나님이 하나님의 때에 당신에게 말씀하실 것이다. 다니엘의 경우처럼 하나님의 응답이 즉시 올 것이다. 혹시 늦어질 수도 있지만 반드시 올 것이다(단 10:13 참조).

당신을 둘러싼 모든 것이 허망하게 무너지는 것처럼 보이고, 왜 하나님의 역사하심이 보이지 않는지 의문이 생기더라도, 당신이 하늘나라에서 사랑받는 존재라는 걸 알고 위안을 얻으라. 진심으로 하나님의 응답을 구하고 있다면, 확신을 가지고 당신의 문제를 아버지께 가지고 갈 수 있다. 하나님은 사랑으로 당신에게 응답해 주실 것이다(눅 11:5-13 참조).

261
하나님의 임재를 구하라

**솔로몬이 기도를 마치매 불이
하늘에서부터 내려와서 그 번제물과 제물들을 사르고
여호와의 영광이 그 성전에 가득하니** 대하 7:1

하나님의 영광은 하나님의 임재하심에 있다. 하나님이
어떤 곳에 오시면 틀림없이 하나님의 영광이 나타난다. 하
나님은 그의 임재를 나타내시는 장소에 대해 높은 기준을
갖고 계신다. 우리의 일시적인 기분에 따라 움직이시거나
우리의 생각대로 오시지 않는다.

하나님을 위해 정성 들여 성전을 지은 솔로몬은 하나님
의 임재를 위해 자신과 백성들을 준비시켰다. 제사장의 성
가대가 노래를 부르며 악기로 하나님을 찬양했다(대하 5:11-
14 참조). 제사장들은 셀 수도 없을 만큼 많은 짐승들을 잡아
제단에 바쳤다(대하 5:6 참조). 솔로몬이 기도를 마치자 하늘
에서 불이 내려 제물을 태웠다. 하나님의 영광이 성전에
가득했다(대하 7:2 참조).

하나님의 영광스러운 임재가 충만하면 그곳에선 평소 처
럼 일할 수가 없다. 신약성경은 그리스도가 우리 안에 거
하시므로 우리의 삶이 성전이라고 가르친다(고전 3:16 참조).
솔로몬처럼 우리도 철저히 우리 자신을 준비하여, 하나님
이 우리 삶에 그분의 임재를 나타내시도록 해야 한다.

262
잠재력을 보라

사울이 예루살렘에 가서 제자들을 사귀고자 하나
다 두려워하여 그가 제자 됨을 믿지 아니하니
바나바가 데리고 사도들에게 가서 행 9:26-27

우리의 잠재력은 하나님만이 아신다. 우리는 외적인 모습과 행동만 볼 수 있지만 하나님은 마음까지 보신다(삼상 16:7 참조). 사도들은 자칭 그리스도인이라 하는 몇몇 사람들에 대해 의심을 품었다. 특히 다소의 사울만큼 예수님의 헌신적인 추종자가 될 가능성이 희박해 보이는 사람은 없었다. 그는 한때 기독교의 가장 큰 적이었고, 스데반의 죽음을 곁에서 지켜보던 자였다(행 7:58-60 참조). 그러나 사도들이 그렇게 꺼리는데도 바나바는 바울 안에서 가장 좋은 면을 보았고 목숨을 걸고 바울을 옹호했다.

하나님이 바울 같았던 당신 곁에 그리스도인 친구를 두셔서 믿음의 성장을 도와주게 하셨을지도 모른다. 하나님이 당신 안에서 하실 수 있는 일을 믿어 주는 사람들을 보내 주신 아버지께 감사하라. 또한 주변에 스스로 그리스도인이라고 주장하지만 믿음이 가지 않는 사람들이 있더라도, 그들을 포기하지 말라. 교만하고 잔인했던 사울을 변화시킨 하나님이라면 다른 사람들도 틀림없이 구원하실 수 있다.

263
분별하라

악을 선하다 하며 선을 악하다 하며 흑암으로 광명을 삼으며
광명으로 흑암을 삼으며 쓴 것으로 단 것을 삼으며
단 것으로 쓴 것을 삼는 자들은 화 있을진저 사 5:20

하나님이 선하다고 하신 것이 실제로는 악하고 하나님이 악하다고 선언하신 것이 사실은 선한 것이라고 사람들을 설득하는 것이 사탄의 일이다. 사울 왕은 분명히 하나님의 명령에 불순종하고도 자기가 바친 제물에 대해 사무엘이 긍정적인 대답을 해 주기를 기대했다(삼상 15:13 참조). 아나니아와 삽비라는 빤한 거짓말을 하면서도 자기들이 바친 헌금에 대해 초대교회로부터 칭찬 듣기를 기대했다(행 5:1-11 참조). 남을 험담하고 다니면서, 죄에 빠진 사람을 위해 기도해 줄 그리스도인을 모집한다고 주장하는가? 자신의 야망을 좇아 행하면서 하나님의 뜻을 따른다고 단언하는가?

또 하나님이 선하다고 하신 것을 악하다고 하고 싶은 유혹도 온다. 하나님은 원수를 사랑하는 것이 선하다고 하시지만, 우리는 그들의 행위에 대한 책임을 그들에게 지우는 일이 우리가 할 일이라고 결론 내린다.

하나님은 우리가 그분의 명령에 대해 예외를 발견하길 원치 않으신다. 하나님은 오로지 우리의 순종을 요구하신다.

264
깨끗한 마음

내가 또 주의 목소리를 들으니 주께서 이르시되
내가 누구를 보내며 누가 우리를 위하여 갈꼬 하시니 그때에
내가 이르되 내가 여기 있나이다 나를 보내소서 하였더니 사 6:8

하나님을 보고 싶다면 마음이 청결해야 한다(마 5:8 참조).
교회 예배에 참석하고 성경을 읽고 기도를 해도, 마음에
죄가 가득하면 하나님을 볼 수 없다. 이사야는 유다의 유
능한 왕이었던 웃시야 왕의 죽음에 신경 쓰느라 정작 하늘
에 계신 왕을 바라보지 못했다.

그때 이사야의 삶을 영원히 변화시킨 사건이 일어났다.
거룩하고 위대하신 하나님이 천사들에게 둘러싸여 성전
에 있는 이사야에게 나타나신 것이다. 하나님이 임하시는
즉시 이사야는 자신의 죄를 깨달았다. 스랍 가운데 하나가
타는 숯을 가져와서 이사야의 죄를 깨끗하게 해 주었다.
그 즉시 이사야는 한 번도 들어 본 적이 없는 소리를 들을
수 있었다.

하나님과 그리고 하나님의 일에서 마음이 멀어졌다면,
하나님의 정결케 하심을 경험해야 한다. 당신과 하나님의
관계에 방해가 되는 불순물들을 하나님이 제거해 주셔야
만, 당신의 성별된 삶을 하나님께 바칠 때 그 섬김의 삶이
의미가 있을 것이다.

265
모두 하나님이 주신 복

도끼가 어찌 찍는 자에게 스스로 자랑하겠으며 톱이 어찌 켜는 자에게 스스로 큰 체하겠느냐 이는 막대기가 자기를 드는 자를 움직이려 하며 몽둥이가 나무 아닌 사람을 들려 함과 같음이로다 사 10:15

그리스도인의 삶에서 위험한 일 가운데 하나가 하나님이 하시는 일을 자신의 공로로 돌리는 것이다. 앗수르 사람들의 문제가 바로 이것이었다. 하나님이 이스라엘에게 벌을 내리실 때 앗수르인들을 도구로 사용하기 위해 복을 주시기 전까지 그들은 연약한 나라였다. 그러나 하나님이 그들에게 복을 주실수록 그들은 더욱 자신들의 힘을 믿었다.

때로는 부나 장점보다 가난이나 약점을 다루기가 더 쉽다. 가난은 우리에게 하나님이 필요하다는 것을 깨닫게 해 준다. 번영은 우리에게 더 이상 하나님이 필요하지 않다고 믿게 만든다. 성경에는 자급자족할 수 있다고 믿었다가 결국 비참한 가난을 깨달은 사람들의 예가 몇 가지 등장한다. 삼손은 세상에서 가장 힘 센 사람이었다. 그러나 자신의 힘이 하나님으로부터 왔다는 사실을 망각했다. 하나님이 그의 힘을 가져가시자 삼손은 불쌍한 종으로 전락하고 말았다.

하나님이 주시는 성공을 누릴 때는 항상 주의해야 한다. 가정이나 사업장이나 사역에서 하나님의 복을 누릴 때, 당신은 하나님의 손안에 있는 도구라는 것을 항상 명심하라.

266
마음 훈련

그러므로 너희 마음의 허리를 동이고 근신하여
예수 그리스도께서 나타나실 때에 너희에게 가져다 주실
은혜를 온전히 바랄지어다 벧전 1:13

하나님의 가장 유능한 종들 가운데 몇 사람은 하나님을 섬기기 위해 마음을 단련했다. 애굽의 가장 좋은 학교에서 교육 받은 모세는 이스라엘을 위해 율법서들을 모아 정리했다. 이사야는 학문적 지식을 활용하여 성경에서 가장 숭고한 예언서를 썼다.

그러나 안타깝게도 오늘날 많은 그리스도인들이 하나님을 섬기기 위해 마음을 단련하지 않는다. 어떤 책에서 그들의 신학을 발견할 수 있으면 굳이 스스로 하나님의 말씀을 연구하려 하지 않는다. 설교자가 권위 있게 말하면 그것이 성경적인지 확인해 보지 않고 그냥 받아들인다.

당신이 그리스도인이 되었을 때 하나님은 당신의 마음을 새롭게 해 주셨다(롬 12:2 참조). 당신의 마음을 사용하여 하나님께 영광을 돌리도록 하라.

267
하나님이 갚아 주신다

**내 사랑하는 자들아 너희가 친히 원수를 갚지 말고
하나님의 진노하심에 맡기라 기록되었으되 원수 갚는 것이
내게 있으니 내가 갚으리라고 주께서 말씀하시니라 롬 12:19**

하나님을 신뢰하기 가장 어려운 영역 가운데 하나가 바로 정의의 문제다. 우리는 부정을 보면 잘못한 쪽이 벌 받는 것을 보기 원한다. 특히 우리가 피해자일 경우엔 더더욱 정의가 승리하길 바란다. 빨리 보복을 하지 않으면 견디질 못한다. 그러나 우리는 정의를 갈망해야 하지만 보복을 구해선 안 된다(미 6:8 참조). 누군가가 우리를 괴롭히면, 우리의 책임은 용서하는 것이다(마 5:44 참조). 정의를 이룰 책임은 하나님께 있다. 하나님은 백성을 너무나 사랑하시므로 죄를 그냥 지나치지 않으신다.

하나님은 절대적으로 공정하시며, 오직 하나님만이 정의를 온전히 실현하실 수 있다. 우리가 성급하게 보복하려고 하면, 감히 우리 자신이 하나님보다 더 지혜롭다고 생각하는 것이며 하나님이 옳은 일을 행하실 거라는 믿음이 없다는 것을 드러내는 것이다. 하나님의 주권적인 지혜를 신뢰하지 않으면 원한과 분노의 노예가 되고 말 것이다. 우리는 마음을 지키고, 하나님이 그분께 대항하는 자들을 심판하실 것을 믿어야 한다.

268
산 제물

그러므로 형제들아 내가 하나님의 모든 자비하심으로
너희를 권하노니 너희 몸을 하나님이 기뻐하시는 거룩한 산 제물로
드리라 이는 너희가 드릴 영적 예배니라 롬 12:1

하나님은 가치 있는 제물을 매우 기뻐하신다. 하나님은 백성이 드리는 가장 좋은 것만 받으셨다. 어딘가 흠이 있거나 불완전한 짐승을 하나님께 바치는 것은 전능하신 하나님을 모욕하는 것이었다. 하나님 자신도 이 제사의 기준을 충족시키셨으니, 즉 흠없는 어린양이신 하나님의 아들, 예수님을 제물로 내어 주셨다. 이제 하나님은 우리의 생명을 산 제물로 하나님께 드리라고 하신다. 우리는 전적으로 하나님의 것이므로 전부를 드려야 한다.

그리스도인이라면 당신의 삶은 당신 자신의 것이 아니다. 그러나 하나님은 죽기보다는 산 제물로서 하나님을 위해 살라고 하신다. 매일매일 자신의 삶을 하나님께 드려야 한다. 남는 시간에 또는 남은 자원으로 하나님을 섬기는 것은 옳지 않다. 하나님을 위해 사는 것이 바로 하나님께 드리는 제물이다. 흠 없고 하나님이 받으실 만한 제물을 드리려면 삶에서 거룩함을 추구하라(엡 4:1, 빌 1:27, 살전 2:12 참조).

269
나보다 더 날 사랑하시는 분

**하나님이 우리를 사랑하시는 사랑을 우리가 알고 믿었노니
하나님은 사랑이시라 사랑 안에 거하는 자는 하나님 안에 거하고
하나님도 그의 안에 거하시느니라 요일 4:16**

하나님은 오직 사랑으로만 당신을 대하신다. 하나님이 당신을 사랑하신다는 진리를 받아들일 수 없다면, 하나님과 관계를 맺을 수 있는 방법이 제한될 것이다. 하나님이 당신을 징계하실 때 그것을 하나님의 사랑 표현으로 받아들이지 않고, 오히려 하나님을 원망할 수도 있다. 하나님이 당신을 위해 마련해 두신 최선의 계획보다 못한 것을 구하는 기도를 들어주지 않으실 때, 하나님이 당신을 보살펴 주시지 않는다고 단정지을 수도 있다.

하나님의 사랑을 분명히 이해하고 받아들이지 않으면 하나님에게서, 또 하나님이 당신의 삶에서 이루기 원하시는 일에서 멀어지고 말 것이다. 그러나 하나님의 사랑을 받아들이면 당신도 하나님과 다른 사람들을 사랑할 수 있을 것이다(요일 4:19 참조).

당신이 정말로 하나님의 큰 사랑을 받고 있다는 것을 아는 데서 오는 깊은 기쁨과 안정감을 느끼고 있는가? 당신을 향한 하나님의 사랑을 확신하면 매일매일 하나님이 쏟아내시는 수많은 사랑의 표현들을 자유롭게 누릴 수 있다.

270
죄에서 돌아서라

**그 안에 거하는 자마다 범죄하지 아니하나니
범죄하는 자마다 그를 보지도 못하였고
그를 알지도 못하였느니라 요일 3:6**

성경은 죄에 대해 두 가지를 분명히 이야기한다. 첫째, 죄악된 삶을 사는 것은 성령의 능력 안에서 행하지 않는다는 것을 나타낸다. 당신 스스로 자신의 영적 상태에 대해 뭐라고 말하는지와 상관없이 말이다. 정기적으로 하나님의 말씀을 공부하고 묵상하며 성령과 교제하는 가운데 기도하고 행한다면 계속 죄를 범할 수가 없다.

둘째, 하나님처럼 죄를 미워하지 않으면 진정으로 하나님을 알지 못하는 것이다. 계속 죄를 지으면서도 자신은 하나님을 사랑하고 하나님께 속한 자라고 우기는 사람들이 있다. 당신의 삶에 성령이 계신다는 증거는 바로 죄를 이기는 것이다. 이것은 절대로 죄를 짓지 않는다는 뜻이 아니라, 죄가 생활양식이 되는 걸 거부하고 죄를 지으면 바로 용서를 구한다는 뜻이다(요일 1:10 참조).

죄악된 습관에 빠져 있거나 예전만큼 죄에 대해 애통하는 마음이 없다면, 그리스도 안에 거하고 있지 않다는 증거다. 회개함으로 하나님께 돌아가라. 하나님과의 교제를 회복하라. 죄를 이기는 승리를 경험할 것이다.

271
걱정의 짐을 벗자

너희 염려를 다 주께 맡기라
이는 그가 너희를 돌보심이라 벧전 5:7

그리스도인이 된다고 해서 모든 문제가 사라지는 건 아니지만, 그 모든 염려를 믿고 맡길 수 있는 분이 생긴다. 베드로는 친구며 가족에게까지 배신당해 괴로울 때도 그 모든 상황을 그리스도가 다스리시며, 모든 시련을 해결해 주시리라 믿었다. 염려를 맡기는 것은 선택이다. 그것은 의식적으로 걱정거리를 그리스도께 넘겨 드리는 것이며, 주님이 우리의 문제들을 다 짊어지시게 하는 것이다. 우리 아버지의 강한 손에 염려를 맡기고 염려의 짐을 벗으라.

하나님은 우리 스스로 해결해야 하는 문제들과 하나님이 개입하셔야 할 문제들을 따로 구별하지 않으신다. 그 모든 문제를 하나님께 맡기라고 하신다. 우리가 가장 잘못하고 있는 것 가운데 하나가 어떤 일을 스스로 처리할 수 있다고 생각하는 것이다. 그러나 결과적으로는 우리가 정말로 할 수 없다는 것을 깨달을 뿐이다. 하나님은 당신을 아주 연약한 자녀로 보신다. 당신의 힘으로는 도저히 감당할 수 없는 짐을 진 어린아이 말이다. 그래서 당신의 짐을 대신 져 주려 하신다. 하나님께 맡기겠는가?

272
고백의 힘

그러므로 너희 죄를 서로 고백하며 병이 낫기를 위하여
서로 기도하라 의인의 간구는 역사하는 힘이 큼이니라 약 5:16

고백은 하나님과의 관계나 다른 사람들과의 관계를 방해하는 장애물을 제거하기 위해 하나님이 준비해 두신 것이다. 우리가 잘못했다는 것을 다른 사람들에게 솔직하게 고백할 때 엄청난 자유가 찾아온다. 그러나 회개에서 나오는 고백이 아니면 참된 고백이 아니다. 죄를 구체적으로 고백하고, 가능하면 당신이 해를 끼친 사람들에게 직접 고백한다. 고백은 연약함의 표시가 아니다. 그것은 죄가 당신의 삶에 남아 있는 걸 허용하지 않는다는 증거다.

야고보는 고백을 기도와 연관지었다. 고백하지 않은 죄가 있으면 기도에 방해가 될 것이다. 야고보가 "의인의 간구는 역사하는 힘이 큼이니라"고 단언한 것도 고백과 관련된 말이었다. 능력 있는 기도 생활을 하기 원한다면 정기적으로 죄를 고백해야 한다.

당신과 하나님 사이를, 또 다른 사람들과의 관계를 이간시키는 장애물이 없을 때 당신의 기도는 능력이 있을 것이다. 하나님을 기쁘게 해 드리고 싶은 열망이 죄를 고백하지 않을 수 없게 만들 것이며, 그럴 때 죄의 답답한 짐을 벗어 버릴 수 있을 것이다.

273
말씀은 명확하다

**내가 오늘 네게 명령한 이 명령은
네게 어려운 것도 아니요 먼 것도 아니라 신 30:11**

모세는 이스라엘 백성이 약속의 땅에 들어가기 전에 에발 산과 그리심 산 주변에 모이게 했다. 거기서 하나님은 그들이 하나님께 순종하기 위해 해야 할 일을 설명해 주셨다. 그들이 해야 할 일을 착각하지 않도록 아주 자세히 말씀해 주셨다. 그러고 나서 하나님은 그들에게 선택하라고 하셨다. 그들이 하나님의 명령에 순종하지 않기로 선택하면 하나님의 진노를 받는다. 그리고 순종하기로 선택하면 하나님의 축복을 받을 것이다.

하나님의 말씀은 이해할 수 없을 정도로 복잡하지 않다. 성경 어디에도 하나님의 명령이 너무 모호하거나 복잡해서 하나님이 불순종을 눈감아 주셨다는 말씀은 없다. 하나님이 원하시는 일이 무엇인지 정확히 알았지만 행하지 않았기 때문에 비난을 받았다. 하나님은 언제나 성령을 통해 충분한 계시와 능력을 주셔서, 당신이 하나님과 함께 다음 걸음을 내딛을 수 있게 해 주실 것이다. 하나님이 당신에게 요구하시는 일이 무엇인지 확실히 모르겠다면, 당신이 알고 있는 모든 일에 순종하고 있는지 돌아보라. 당신이 순종할 때 하나님의 다음 지시가 명확해질 것이다.

274
죄를 심판하실 때

아나니아가 이 말을 듣고 엎드러져 혼이 떠나니
이 일을 듣는 사람이 다 크게 두려워하더라 행 5:5

하나님이 누군가를 심판하실 때 우리의 자연스러운 성향은 종종 징계받는 사람을 동정하는 쪽으로 향한다. 그러나 하나님만이 무엇이 문제인지 아시며, 심판 받는 사람이 하나님의 진노를 초래한 모든 상황을 온전히 알고 계신다. 한 그리스도인의 죄가 다른 이들에게 파괴적인 영향을 끼치는 경우가 많이 있다. 때로 하나님은 어떤 사람의 죄를 엄격하게 심판하심으로써 다른 사람들이 죄를 짓지 못하게 하신다.

그러므로 하나님의 심판을 받는 사람을 보호하려 하지 말라. 하나님의 심판을 받는 것은 무서운 일이다(히 10:31 참조). 그러나 한 사람에 대한 하나님의 심판이 궁극적으로 그 사람과 다른 많은 사람들을 구원할 수도 있다. 하나님이 다른 사람들을 심판하실 땐 주의를 기울이고 자신의 삶을 돌아보라. 하나님은 무엇이 문제인지 알고 계신다. 그리고 죄의 위험에 대해 강하게 경고하실 만큼 자녀들을 사랑하신다.

275
우연은 없다

무리를 충동하니 그들이 돌로 바울을 쳐서 죽은 줄로 알고
시외로 끌어 내치니라 행 14:19

하나님이 우리가 죄를 짓지 않게 하시는 방법은 여러 가지가 있다. 한 가지 방법이 어떤 기억이 떠오르게 하셔서 하나님께 불순종하는 것을 가볍게 여기지 못하게 하시는 것이다. 바울은 회심하기 전에 하나님을 기쁘게 해드린다는 명목하에 그리스도인들을 체포하고 처형했다. 스데반이 신앙 때문에 잔인하게 살해당하는 것을 냉담하게 지켜볼 정도로 하나님의 뜻에 대해 무지했다.

신약성경에서 돌에 맞는 사건이 두 번 나오는 것이 참 의미심장한데, 바로 스데반과 바울의 경우다. 하나님은 바울이 스데반의 죽음에 관여했던 것을 분명히 용서하셨다. 하지만 그런 행동을 하게 했던 그의 거만함은 잊지 않고 기억하게 하셨다. 한때 바울이 교만 때문에 하나님을 보지 못했다면, 또 그런 일이 생길 수도 있는 노릇이었다.

하나님은 우리의 경험을 이용하여 하나님 자신에 대해 가르쳐 주신다. 우리 삶에서 죄의 파괴적인 결과들을 잊지 않게 하실 만큼 우리를 사랑하시는 하나님께 감사하자.

276
예수님처럼 기도하자

**백성이 다 세례를 받을새 예수도 세례를 받으시고
기도하실 때에 하늘이 열리며 눅 3:21**

그리스도인의 삶에서 가장 중요한 순간은 기도를 통해 온다. 예수님이 기도하실 때 하늘이 열리고 성령이 내려오셨다. 하나님은 오직 기도로 말미암아 우리의 삶에서, 또 우리의 삶을 통해 일하신다. 우리가 기도하고 하나님께 관심을 집중할 때, 좀 더 순종적으로 우리 삶을 하나님의 뜻에 맞추게 된다. 하나님의 말씀을 기억하지 않으면 성령이 능력을 주지 않으신다. 하나님은 성령의 강한 임재로 우리를 충만케 해 주시기 전에, 우리에게 온전히 집중하라고 말씀하신다.

기도하는 법을 배우고 싶으면 예수님을 본보기로 삼으라. 예수님이 항상 구하는 것을 받지는 않으셨지만 하나님은 언제나 예수님의 기도를 들으시고 응답해 주셨다(막 14:36, 히 5:7 참조). 당신의 삶에서 성령의 능력을 느끼지 못한다면 기도 시간을 충분히 갖지 않았기 때문이다. 지속적으로 기도 시간을 가지며 이 땅에 하나님 나라가 임하기를 기도하라. 그리하면 하나님은 예수님과 그분의 제자들의 삶에서 역사하신 것처럼 당신의 삶에서도 역사하실 것이다.

277
약한 자와 함께하라

누가 약하면 내가 약하지 아니하며 누가 실족하게 되면
내가 애타지 아니하더냐 고후 11:29

우리의 소명은 고독한 그리스도인이 되는 것이 아니라 제사장이 되는 것이다(벧전 2:9 참조). 우리는 서로 의존하고 있고, 이것이 우리가 하는 모든 일에 영향을 미친다. 예수님은 기도할 때도 "우리 아버지여"(마 6:9)라는 말로 시작하라고 하셨다.

우리는 무슨 일을 하든 동료 그리스도인을 염두에 두어야 한다(고전 14:12 참조). 자신의 영적인 여정에 몰두하다 보면 교회에 무심해질 수 있다. 하나님이 당신의 나라에서 행하시는 일에만 집중하다 보면, 세계 여러 나라에서 동료 그리스도인이 당하는 고통과 박해에는 무관심할 수 있다. 다른 신자들이 즐거워하거나 힘들어하는데 당신이 아무렇지도 않다면 하나님의 백성에게 둔감해진 것이다.

하나님이 동료 그리스도인들에 대한 마음의 짐을 지워 주시기를 기도하라. 그들의 필요를 인식해야 한다. 그들을 위해 기도하고, 하나님이 그들의 삶에서 행하시는 일에 동참하라.

278
영적 낙천주의

**다윗이 블레셋 사람에게 이르되 너는 칼과 창과 단창으로
내게 나아 오거니와 나는 만군의 여호와의 이름 곧 네가 모욕하는
이스라엘 군대의 하나님의 이름으로 네게 나아가노라 삼상 17:45**

다윗은 분명 낙천주의자였다. 상황이 어떠하든 간에 항상 하나님이 행하시는 일을 바라보았으니 말이다. 염세주의자는 문제에 초점을 맞추고, 어떤 일이 이루어질 수 없는 이유에 집중한다. 반면에 낙천주의자는 같은 문제를 보아도 하나님이 함께하신다는 관점에서 바라본다. 낙천주의자들은 어려움을 무시하지 않는다. 물론 그들도 어려움을 예민하게 느낀다. 그러나 하나님이 함께하신다는 것을 알기 때문에 낙심하거나 포기하지 않는다. 하나님의 임재 안에 있으면 절대 염세주의자가 될 수 없다.

다윗과 골리앗의 이야기는 그리스도인의 믿음의 근원이 어디에 있는지 생생하게 보여 준다. 그것은 우리 자신의 힘이나 자원이 아니라 바로 전능하신 하나님의 능력이다. 문제들에 초점을 맞추면 그것들이 아주 거대하게 보일 것이다. 그러나 하나님께 초점을 맞추면 올바른 시각으로 우리의 상황을 볼 것이며, 하나님께는 모든 것이 가능하다는 것을 확신하게 될 것이다(빌 4:13 참조).

279
마음을 닦으라

**깨끗한 자들에게는 모든 것이 깨끗하나 더럽고
믿지 아니하는 자들에게는 아무것도 깨끗한 것이 없고
오직 그들의 마음과 양심이 더러운지라 딛 1:15**

예수님은 우리의 눈을 가리는 것이 없어야만 다른 사람
들을 명백하게 볼 수 있다고 하셨다(눅 6:42 참조). 죄 때문에
눈이 흐려지면 다른 사람들을 제대로 보지 못한다.

마음이 깨끗하면 아무런 악의 없이 삶에 다가간다. 다른
사람들의 동기를 의심하지 않고, 다른 사람들이 하는 말
의 진위를 의심하지 않는다. 다른 사람들에게서 좋은 면을
찾으려 하고 칭찬할 만한 점을 찾아낸다. 마음이 깨끗하면
하나님이 보시는 것처럼 다른 사람들을 본다(마 6:22 참조).
반면에 마음이 더러우면 당신과 관련된 모든 것이 부정하
게 보인다.

당신 눈에는 다른 사람들의 말과 행동이 어떻게 보이는
가? 그들에 대해 비판적인가? 자꾸만 판단하게 되는가?
그렇다면 하나님께 당신의 마음을 깨끗하게 해 달라고 기
도하라. 하나님이 그렇게 해 주시면 자유를 얻어, 하나님
이 보시는 것처럼 당신 자신과 다른 사람들을 볼 수 있을
것이다.

280
기도를 시작하라

그러나 이제 그들의 죄를 사하시옵소서
그렇지 아니하시오면 원하건대 주께서 기록하신 책에서
내 이름을 지워 버려 주옵소서 출 32:32

모세는 시내 산에 올라가 40일 동안 하나님과 교제하며 보냈다. 하나님은 그에게 이스라엘 백성의 절망적인 상태와 곧 그들에게 임할 하나님의 심판을 보여 주셨다(출 32:7 참조). 백성에 대해 하나님과 똑같은 동정심을 느낀 모세는 백성을 살려 주지 않으시려거든 차라리 자기 이름을 생명책에서 지워 달라고 하였다. 모세가 하나님과 함께하는 동안, 하나님은 그의 백성을 위한 능력 있는 중보자를 세우신 것이다.

하나님은 당신의 기도 시간을 사용하여 당신의 마음을 부드럽게 하고 또 당신의 초점을 변화시키신다. 다른 사람들을 위해 기도할 때 성령이 당신의 마음속에서 역사하시어 그들을 향해 하나님과 같은 긍휼함을 품게 해 주신다(롬 8:26-27 참조).

다른 사람들을 사랑하는 마음이 부족하면 그들을 위해 기도하라. 하나님이 원하시는 만큼 하나님을 섬기는 일에 적극적으로 참여하고 있지 않다면 기도를 시작하라. 하나님과 함께하는 시간이 당신을 변화시키고 더욱더 그리스도를 닮아 가게 만들 것이다.

281
고난을 허락하시는 하나님

무지한 말로 생각을 어둡게 하는 자가 누구냐
너는 대장부처럼 허리를 묶고
내가 네게 묻는 것을 대답할지니라 욥 38:2-3

욥은 큰 고난을 겪으면서 좌절한 나머지 왜 하나님이 그런 고난을 허락하셨는지 물었다. 그러자 하나님은 폭풍우 속에서 욥에게 다가와 정신이 번쩍 들 만한 질문들을 던지셨다. "내가 땅의 기초를 놓을 때에 너는 어디 있었느냐? 내가 바다를 만들 때 너는 어디 있었느냐? 내가 별들의 자리를 정할 때 너는 어디 있었느냐?"

하나님의 질문은 욥을 겸손하게 했고, 그 자신의 지혜는 하나님의 지혜와 비교도 할 수 없다는 것을 깨우쳐 주었다. 욥의 삶이 우주적 싸움의 초점이었다는 사실을 욥이 알았는지는 확실치 않다. 아마 사탄의 도전 앞에서 욥의 경험이 하나님께 영광을 돌려 드렸다는 것을 전혀 깨닫지 못했을 것이다(욥 1:8-12 참조). 그러나 욥은 하나님의 지혜가 완벽하다는 사실을 알게 된 것으로 만족했다.

때로는 왜 사랑의 아버지 하나님이 당신에게 고난을 허락하시는지 이해가 안 될 것이다. 그럴 땐 욥으로부터 배우라. 전능하신 하나님의 크나큰 능력과 지혜를 돌아보라(욥 38-41장 참조). 욥의 하나님이 당신의 길도 선하게 인도하고 계신다!

282
하나님의 최선을 믿으라

**너는 가서 히스기야에게 이르기를 네 조상 다윗의 하나님
여호와께서 이같이 말씀하시기를 내가 네 기도를 들었고
네 눈물을 보았노라 내가 네 수한에 십오 년을 더하고 사 38:5**

하나님의 축복을 경험할 때는, 하나님이 무엇이 최선인지 알고 계신다고 믿기가 쉽다. 그러나 하나님이 우리 삶에 슬픔을 허락하실 땐, 하나님의 지혜를 의심하고픈 유혹이 생길 수 있다.

하나님이 히스기야 왕에게 생을 마감할 준비를 하라고 충고하시자 히스기야는 하나님께 살려 달라고 간구했다(사 38:3 참조). 의로운 히스기야를 사랑하셨던 하나님은 은혜를 베풀어 15년을 더 살게 해 주셨다. 그런데 그 연장된 기간 동안 므낫세가 태어났고, 히스기야의 뒤를 이어 95년 동안 유대를 통치했다(왕하 21:1 참조). 므낫세는 온 나라에 우상 숭배를 장려했고, 자기 아들을 불에 태워 바치기까지 했다. 그가 통치하는 동안 수많은 사람들이 고통을 받았다.

이 모든 고난이 므낫세 때문에 일어났다. 히스기야가 자기 인생에 대한 하나님의 뜻을 받아들였다면 태어나지 않았을 므낫세 왕 때문에! 게다가 히스기야의 연장 통치로 인해 유다는 결국 바벨론에게 패하고 말았다(왕하 20:12-20 참조). 하나님은 무엇이 최선인지 아신다. 하나님의 인도를 온전히 신뢰하라.

283
하나님만 의지하라

나에게 이르시기를 내 은혜가 네게 족하도다
이는 내 능력이 약한 데서 온전하여짐이라 고후 12:9상

우리는 문제들을 두 가지 범주로 나누는 경향이 있다. 하나님의 도우심이 필요하다고 생각하는 문제와 우리 자신의 힘으로 해결할 수 있다고 생각하는 문제다.

바울은 육체의 가시 때문에 괴로워했고(고후 12:7 참조), 이것은 바울을 겸손하게 만들었다. 죽은 자를 살릴 만큼 놀라운 기적을 행한 그였지만 하나님이 주신 고통은 없앨 수가 없었고, 그 고통이 그가 하나님을 의지하게 만들었다. 세상은 바울이 자신의 힘으로 한 일을 보았고, 그것은 소름 끼치는 일이었다. 이제 하나님은 바울의 인생을 통해 하나님의 능력을 발휘하기 원하셨다.

바울이 스스로 강하다고 생각했을 땐 하나님의 힘을 의지하지 않았다. 오직 약할 때에만 하나님을 전적으로 의지했다. 삶의 한 영역에서 자신이 강하다고 느낀다면, 조심하라! 오히려 약점보다 강점이 하나님을 의지하는 데 방해가 될 때가 많다. 하나님을 의지하게 하는 데 필요하다면 하나님이 당신을 약하게 만드실 것이다. 그러므로 당신의 약함을 경멸하지 말라. 그것이 하나님의 능력을 의지하도록 이끌어 주기 때문이다.

284
인생의 주인

**여호와께서 사무엘에게 이르시되 백성이 네게 한 말을 다 들으라
이는 그들이 너를 버림이 아니요
나를 버려 자기들의 왕이 되지 못하게 함이니라** 삼상 8:7

이스라엘의 왕은 바로 하나님 자신이었다. 그러나 이스라엘 백성은 자기들도 다른 나라들처럼 세속적인 통치자를 갖고 싶다며 불평했다. 하나님의 리더십보다 인간의 지혜를 택한 것이다.

그리스도인의 삶에서는 하나님이 우리의 삶과 가족과 교회의 지도자이시다. 하나님이 방향을 정하시고, 우선순위를 세우시며, 자원을 제공해 주신다. 우리는 관리자들일 뿐이다. 하나님이 주신 것을 가지고 하나님이 지시하시는 대로 일한다.

지도자를 뜻하는 성경 용어는 '주'다. 우리 주 그리스도는 우리 인생의 방향을 제시할 권한이 있으시다. 주님은 우리의 직업을 택하시고, 배우자를 만나게 하시며, 매일 우선순위를 정하도록 도와주신다. 우리의 책임은 주님이 우리 가족을 인도하시어 그리스도를 닮아 가게 하실 때 순종하는 것이다. 그리스도는 교회의 주인이시다. 오직 주님만이 우리 교회를 위해 무엇이 최선인지 알고 계신다. 우리의 임무는 하나님이 맡기신 역할을 충실하게 수행하는 것이다. 주님을 따르고 오직 주님만 의지하라.

285
충분히 준비하라

**그들이 사러 간 사이에 신랑이 오므로 준비하였던 자들은
함께 혼인 잔치에 들어가고 문은 닫힌지라** 마 25:10

영적인 준비를 잘해 두면 뜻하지 않은 위기나 기회에 대비할 수 있다. 그러나 당신이 준비되어 있지 않으면 예기치 않은 사건이 발생할 때 쉽게 상처를 입는다. 혼인 잔치를 위해 신랑을 기다리던 열 명 가운데 미리 계획을 세운 다섯 명은 신랑과 함께 혼인 잔치를 치르고 집으로 들어갔다. 그러나 미리 준비하지 않았던 다섯 명은 성문이 닫혀서 혼인 잔치에조차 참석하지 못했다.

영적으로 준비가 되어 있으면, 위기가 닥쳤을 때 급히 도움을 받기 위해 그리스도와의 관계의 질을 향상시키려고 애쓸 필요가 없다. 영적으로 준비된 상태에서 예배를 드리면 반드시 하나님과 만난다. 또 당신이 영적으로 충만한 상태에서 슬픔에 빠진 사람을 만나면 그 사람에게 많은 걸 줄 수 있다.

당신의 삶에 미리 안전장치를 세워 두면 유혹에 넘어가지 않을 것이다. 그리스도인들이 하나님의 역사를 경험할 많은 기회들을 놓쳐 버리는 것은, 하나님과의 관계에 충분한 시간을 들이지 않았기 때문이다.

286
핍박당할 때

무릇 그리스도 예수 안에서 경건하게 살고자 하는 자는
박해를 받으리라 딤후 3:12

경건한 삶을 산다고 해서 고난이 없는 건 아니다. 세상이
점점 악해질수록 세상적인 사람들은 점점 더 경건함을 참
지 못한다.

어두움은 빛을 견디지 못한다. 당신의 삶이 그리스도의
임재를 나타낼수록 더 많은 어둠의 세력들이 반대할 것을
예상해야 한다. 그리스도를 닮은 당신의 성품이 그리스도
의 주권을 거역하는 사람들을 불쾌하게 만들 것이다. 당
신은 최근에 죄를 회개하고 하나님께 순종하기 위한 새로
운 걸음을 내딛었을지도 모른다. 그러나 축복은커녕 반대
에 직면했는가? 심지어 당신의 동기를 오해한 다른 그리스
도인까지 당신을 핍박했는가? 하나님께 순종했는데, 칭찬
대신 비난을 받았는가?

진심으로 주님의 인도를 따르고 있다면 낙심하지 말라.
세상이 하나님의 아들을 십자가에 못 박았으니, 성령의 능
력으로 사는 사람에게 적대적인 건 당연하다. 핍박은 당신
의 삶이 그리스도의 삶과 비슷하다는 가장 좋은 증거다.

287
진실은 밝혀진다

**숨은 것이 장차 드러나지 아니할 것이 없고
감추인 것이 장차 알려지고 나타나지 않을 것이 없느니라** 눅 8:17

    사탄의 교활한 거짓말 가운데 하나가, 당신이 몰래 어떤 일을 해도 절대 발각되지 않으리라는 것이다. 그러나 성경은 어둠 속에서 행한 모든 일들이 언젠가 밝히 드러날 거라고 강조한다. 미심쩍은 일을 행하기 전에 진지하게 자문해 보라. 내가 하려고 하는 일을 다른 사람들이 알기를 바라는가? 내가 이 활동에 참여하는 걸 하나님이 보시기 원하는가?

    하나님이 우리의 행동을 보고 계신다는 사실, 우리가 모든 말과 행동에 대한 책임을 져야 한다는 확신이 죄를 짓지 못하게 막아야 한다(고후 5:10 참조). 그러나 우리가 하나님으로부터 너무 멀어지면 이것을 알아도 죄를 지을 수 있다. 하나님은 우리 죄를 공공연히 드러내어, 다른 사람들에게 우리의 행동을 설명해야 할 거라고 말씀하신다. 우리가 하는 모든 일들이 심판 날에 드러날 것이다.

Experiencing GOD

288
승리의 약속

**여호와께서 너를 대적하기 위해 일어난 적군들을
네 앞에서 패하게 하시리라 그들이 한 길로 너를 치러 들어왔으나
네 앞에서 일곱 길로 도망하리라** 신 28:7

승리가 보장되었다는 것은, 이스라엘 백성이 갑옷을 입고 전쟁터에 나갈 필요가 없었다는 뜻이 아니다. 힘을 들이지 않고 쉽게 승리할 거라는 보장 또한 아니었다. 때로는 원수들이 사납게 공격해 왔고, 아주 치열한 싸움이 벌어지기도 했다. 그러나 이스라엘 백성이 하나님과 친밀하게 동행하는 동안에는 노력하고 애쓰면 항상 승리한다는 것을 알았다.

우리가 하나님과 동행하고 그분의 말씀에 순종하면, 하나님이 우리 편에 서서 어떤 도전도 이길 수 있게 해 주신다. 우리가 직접 싸워야 하지만, 하나님의 뜻 안에 있으면 반드시 승리할 거라고 약속해 주신다. 그러나 하나님에게서 멀어지는 쪽을 택하면 반드시 힘든 일을 만난다.

이스라엘 백성과 마찬가지로 우리가 어떤 결정을 했는지는 결과를 통해 명백히 드러날 것이다. 인생의 위기에 시달리고 있다면 당신의 마음이 하나님에게서 멀어졌는지도 모른다. 하나님의 음성에 귀를 기울이라. 어떤 일을 당하든지 하나님의 말씀에 순종하라. 그러면 승리를 경험할 것이다.

289
하나님의 위로를 받으라

그가 대답하되 …… 이스라엘 자손이 주의 언약을 버리고 주의
제단을 헐며 칼로 주의 선지자들을 죽였음이오며 오직 나만 남았거늘
그들이 내 생명을 찾아 빼앗으려 하나이다 왕상 19:14

하나님을 섬기기 위해 당신이 가진 모든 것을 바치고도
지쳐서 나가떨어질 수 있다. 하나님은 엘리야를 사용하여
하늘에서 불을 내리심으로 거룩한 능력을 나타내셨다. 그
러나 들뜬 기분도 잠시, 엘리야는 죽음의 위협 때문에 목
숨을 부지하기 위해 도망쳐야 했다. 이때 하나님이 오셔서
지칠 대로 지치고 낙망한 채 홀로 남아 있는 엘리야를 위
로하셨다. 그리고 조력자이자 친구이자 동료가 되어 줄 엘
리사를 보내셨다. 또한 한동안 사역을 중단하고 쉬면서 하
나님과 함께 시간을 보낼 수 있게 해 주셨다. 백성이 다음
에 엘리야를 보았을 때 그는 회복되어 다시금 하나님이 주
신 사명에 집중하고 있었다.

당신이 하나님 나라의 일들에 압도되어 더 이상 하나님
께 초점을 두지 않고 해야 할 일들에만 몰두하고 있다면
하나님의 위로를 받으라. 하나님의 부드러운 음성을 들으
라. 그분이 당신을 격려해 주시며, 앞으로 올 일들에 대비
하기 위해 꼭 필요한 것을 주실 것이다. 하나님은 당신을
격려하는 법을 정확히 알고 계신다. 하나님이 그 일을 하
시게 하라.

바쁜 그리스도인

어떤 사마리아 사람은 여행하는 중 거기 이르러
그를 보고 불쌍히 여겨 눅 10:33

　　너무 바쁜 일정 때문에 하나님의 일에 집중하지 못하는 것을 누구보다 잘 이해했을 사람은 단연 예수님이었을 것이다. 예수님은 비유로 말씀하셨다. 어떤 유대 사람이 여리고로 가는 길에 강도를 만나 폭행을 당하여 길에 쓰러져 죽어 가고 있었다. 처음엔 레위인, 그 다음엔 제사장이 그곳을 지나갔다. 종교 지도자들이었던 이들은 당연히 다친 사람을 보고 불쌍한 마음이 들었을 것이다. 그러나 가야 할 곳이 있었고 지켜야 할 약속이 있어 그냥 지나쳐 버렸다.

　　너무 바쁘면 곤경에 처한 사람을 돌아보지 않게 된다. 좋은 일로 일정이 꽉 차 있어서 정작 주변 사람들에겐 아무 도움도 주지 못할 수 있다. 하나님이 당신의 주변 사람들을 도우실 때 당신이 많은 시간을 할애하여 동참하기를 요구하실 때도 있다. 하나님이 하던 일을 멈추고 도우라고 하실 때, 그 음성을 무시할 만큼 중요한 계획은 없다. 너무 바빠서 하나님을 섬길 기회들을 놓치지 않도록 우선순위를 바로 세우라.

291
나의 영향력

너는 일어나서 백성을 거룩하게 하여 이르기를 너희는 내일을 위하여
스스로 거룩하게 하라 이스라엘의 하나님 여호와의 말씀에
이스라엘아 너희 가운데에 온전히 바친 물건이 있나니 수 7:13상

한 그리스도인의 순종이 다른 이들에게 축복을 가져다줄 수 있듯이, 한 그리스도인의 죄가 다른 많은 이들에게 해를 끼칠 수 있다. 승승장구하던 이스라엘 자손들은 아이라는 작은 도시 점령에 실패했다. 그들 가운데 누군가가 여리고에서 소유물을 가져오지 말라는 하나님의 명백한 명령을 어겼기 때문이다. 한 사람과 그의 가족의 불순종이 한 나라 전체를 무력하게 만들어 버린 것이다.

당신의 죄는 다른 이들에게 영향을 미친다. 하나님께 불순종함으로써 당신의 가족이 하나님의 축복을 잃어버릴 수 있다. 당신이 불순종하며 삶으로 인해 당신의 교회에 하나님의 능력이 나타나지 않을 수 있다. 당신이 의롭게 살지 않음으로써 당신의 친구들이 고난을 당할 수 있다. 하나님의 모든 말씀에 순종하도록 부지런히 힘쓰라. 당신의 불순종이 주변 사람들에게 어떤 영향을 미칠지 모르기 때문이다. 성경은 하나님께 순종하면 당신의 삶이 다른 사람들에게 축복을 전하는 통로가 될 거라고 약속한다(시 37:25-26 참조).

292
광야를 지날 때

**내가 주께 대하여 귀로 듣기만 하였사오나
이제는 눈으로 주를 뵈옵나이다 욥 42:5**

욥은 당대에 세상에서 가장 의로운 사람이었다. 하나님이 사탄에게 욥을 지목해 말씀하시면서 기뻐하실 만큼 경건한 사람이었다(욥 1:8 참조). 그러나 하나님을 사랑하고 하나님의 명령에 부지런히 순종했던 욥도 하나님을 온전히 알지는 못했다.

역경을 통해서만 깨달을 수 있는 하나님의 속성들이 있다. 그래서 하나님은 사탄이 고난을 통해 욥을 시험하도록 허락하신 것이다. 마침내 욥은 귀로 듣기만 했던 하나님을 고난을 통해 이제는 눈으로 보게 되었노라고 고백할 수 있었다(욥 42:5 참조).

당신이 시련 한가운데 있을 때, 주님은 당신이 전혀 모르는 방법으로 그분의 성품을 보여 주실 것이다. 당신은 하나님의 강하고 위로가 되는 임재를 경험할 것이다. 욥처럼, 다른 사람들이 모두 당신을 버려도 하나님만은 떠나지 않으신다는 걸 알게 될 것이다. 하나님이 어둠의 시간을 통과하게 하실 때 당신은 하나님을 좀 더 분명히 볼 수 있을 것이다. 그리고 전에는 다른 사람들에게 듣기만 했던 하나님을 직접 경험할 것이다.

293
말씀은 생명이다

이는 너희에게 헛된 일이 아니라 너희의 생명이니
이 일로 말미암아 너희가 요단을 건너가 차지할 그 땅에서
너희의 날이 장구하리라 신 32:47

하나님의 말씀은 단순히 유익한 제안이나 예방적인 경고, 또는 영감을 주는 생각만 담긴 것이 아니다. 그 자체가 생명이다. 하나님은 이스라엘 백성에게 그분의 말씀을 마음에 새기고, 부지런히 자녀들에게 가르치며, 가정에서 정기적으로 말씀을 나누라고 명령하셨다(신 6:4-9 참조). 이렇게 하나님의 말씀은 백성의 일상생활에서 중요한 자리를 차지할 만큼 본질적이고 필수적인 것이었다.

우리가 하나님의 말씀을 얼마나 존중하는지는 우리의 말뿐 아니라 행동을 통해서도 드러난다. 하나님의 말씀보다 사람들의 말을 읽고 연구하는 데 더 많은 시간을 보낸다면, 그것은 우리의 마음 상태를 드러내는 것이다. 하나님의 말씀을 대놓고 무시하는 건 생명 자체를 거부하는 것이다. 하나님의 말씀에 순종하는 것이, 하나님이 우리를 위해 예비해 두신 모든 것을 경험하는 가장 확실한 길이다.

294
하나님이 받으시는 예배

그가 은을 연단하여 깨끗하게 하는 자같이 앉아서
레위 자손을 깨끗하게 하되 금, 은같이 그들을 연단하리니
그들이 공의로운 제물을 나 여호와께 바칠 것이라 말 3:3

레위인들은 당시 예배를 인도했는데, 그들의 임무는 사람들을 대표하여 제물을 바치는 것이었다. 하나님은 그들이 예배를 드리기 전에, 먼저 연단하는 불로 그들을 연단하여 더러운 것들을 깨끗하게 하겠다고 선언하셨다.

종교적인 직분을 가진 자로서 성전에서 공적인 임무를 수행하고 예배 의식을 진행한다고 해서 반드시 그들의 종교적 활동들이 거룩하신 하나님께 받아들여지는 건 아니었다. 오늘날 우리는 예배의 질을 높이기 위해 외적인 것들에 치중하는 경향이 있다. 그러나 진정한 예배의 질은 우리 안에서 결정된다. 하나님이 먼저 우리를 정결케 해주지 않으시면 우리 예배에는 하나님의 임재가 없을 것이다. 마음이 깨끗하지 않아도 제물은 바치겠지만 하나님께 받아들여지지 않을 것이다.

당신이 드리는 예배의 질이 만족스럽지 않다면 성급하게 환경을 탓하지 말고, 먼저 자신의 마음을 들여다보라. 하나님이 흡족하실 때까지 당신의 마음을 연단하시게 하라. 그러면 하나님이 원하시는 대로 자유롭게 하나님을 예배할 수 있을 것이다.

295
전도에 힘쓰자

**그가 먼저 자기의 형제 시몬을 찾아 말하되 우리가 메시야를 만났다
하고 (메시야는 번역하면 그리스도라) 요 1:41**

안드레는 다른 사람들을 예수님께 인도한 것으로 유명하
다. 안드레가 예수님께 인도한 첫 번째 사람은 그의 형제
베드로였다. 베드로는 제자들의 무리에 합류하자마자 열
두 제자를 대표하는 인물이 되었으나, 안드레는 여전히 앞
에 나서지 않았다. 또한 안드레는 떡과 물고기를 가진 소
년을 발견하여 예수님께 데려갔다(요 6:8-9 참조). 안드레가
설교를 했다거나 기적을 행했다거나 성경책을 썼다는 기
록은 어디에도 없다. 그는 사람들을 예수님께 인도한 사람
으로 기억될 뿐이다.

안드레는 우리에게 좋은 역할 모델이 된다. 우리의 일은
사람들을 그리스도인으로 변화시키는 것도 아니고, 그들
의 죄를 깨닫게 하는 것도 아니다. 사람들이 마땅히 해야
할 일을 하게 만드는 것은 우리의 책임이 아니다. 우리의
임무는 그저 그들을 예수님께 인도하는 것이다. 그러면 예
수님이 그들의 삶에서 거룩한 일을 이루실 것이다.

296
지식을 조심하라

**천지의 주재이신 아버지여 이것을 지혜롭고 슬기 있는 자들에게는
숨기시고 어린아이들에게는 나타내심을 감사하나이다
옳소이다 이렇게 된 것이 아버지의 뜻이니이다** 눅 10:21

하나님의 말씀을 듣는 데 방해가 되는 것 가운데 하나가
우리 자신의 지혜다. 지혜는 성공과 마찬가지로, 우리가
학생이 아닌 교사 역할을 해야 한다고 착각하게 만들 수
있다. 지식이 우리를 속여, 어떤 도전이든 대처할 수 있는
지혜가 우리에게 있다고 생각하게 만든다. 우리 자신이 지
혜롭다는 믿음은 다른 사람들의 단점을 판단하도록 부추
긴다. 그러나 정작 우리 자신이 아직 얼마나 더 성장해야
하는지는 모른다.

종교 지도자들이 영적인 실패를 경험할 때, 사람들은 종
종 그들의 몰락에 충격을 받고 한다. 그러나 놀랄 필요 없
다. 가장 많은 지식을 갖춘 종교적인 사람들이 정작 하나
님의 말씀에 반응하지 않는 경우가 더러 있기 때문이다.
지식이 있으면 교만해지기 쉽고, 교만은 하나님을 찾지 못
하게 방해한다. 지금 당신이 가진 제한된 지식 때문에 하
나님이 보여 주고자 하시는 위대한 진리들을 보지 못하는
일이 없어야겠다.

297
한번에 순종하자

여호와의 말씀이 두 번째로 요나에게 임하니라 욘 3:1

하나님은 요나에게 고국을 떠나 니느웨라는 원수의 성읍으로 가라고 지시하셨다. 거기서 요나는 악한 우상 숭배의 중심지에 있는 사람들에게 하나님의 임박한 심판에 대해 경고하고 회개를 촉구해야 했다. 그러나 당시 유대인들은 니느웨 사람들을 싫어했고, 하나님이 맡기신 일이 마음에 들지 않았던 요나는 도망을 쳤다. 그러자 하나님은 그에게 똑같은 말씀을 다시 하신다. 그 사이 요나는 폭풍우에 시달렸고 3일 동안 물고기 배 속을 여행했다. 그제야 요나는 하나님의 말씀에 순종한다. 하나님은 예레미야 선지자에게도 두 번 말씀하셨다(렘 33:1-3 참조). 그러나 예레미야는 첫 번째에 하나님의 말씀을 받아들였다. 그런데도 하나님이 한 번 더 말씀하신 것은, 처음 말씀을 더 완전히 보여 주시기 위해서였다.

하나님이 다음에 어떤 말씀을 하실지는 우리가 예전 말씀에 어떻게 반응했는지에 따라 달라진다. 요나처럼 하나님의 지시에 불순종했으면, 두 번째로 그 말씀을 해 주실 것이다. 반면에 예레미야처럼 첫 번째 지시에 순종했으면, 그분의 뜻을 더 깊이, 더 새롭게 보여 주실 것이다(마 25:23 참조).

298
항상 기뻐하라

**비록 무화과나무가 무성하지 못하며 ······ 우리에 양이 없으며
외양간에 소가 없을지라도 나는 여호와로 말미암아 즐거워하며
나의 구원의 하나님으로 말미암아 기뻐하리로다** 합 3:17–18

하박국은 자신이 중요시했던 많은 것들이 무너져 내리는 것을 지켜보았다. 그러나 상실과 실패와 실망을 겪으면서 그는 자신에게 소중한 것과 덧없고 무상한 것을 구분할 수 있게 되었다. 결국은 자기를 둘러싼 모든 것이 실패하더라도 하나님으로 말미암아 기뻐할 거라고 진심으로 말할 수 있게 되었다. 모든 것이 기대에 미치지 못하는 것을 볼 때 찬양이 쉽게 나오지는 않겠지만, 그럼에도 불구하고 하나님을 찬양할 것이다.

하박국은 무화과나무에 무화과가 열리게 할 수 없었다. 양떼와 소떼의 생식을 주관할 수 없었다. 그러나 하나님에 대한 자신의 반응은 주관할 수 있었다. 그는 하나님을 찬양하기로 결정했다.

주변 모든 일들이 실패하는 것 같은가? 그래도 하나님을 찬양할 수 있다. 하나님을 찬양하는 것은 당신의 노력이 성공을 거두었기 때문이 아니라, 하나님의 속성과 당신을 향한 사랑과 신실하심 때문이다. 세상 일들을 돌아보면서 하나님을 찬양해야 할 이유를 깨닫도록 도와 달라고 기도하라.

299
하나님의 행하심을 주목하라

**너희는 여러 나라를 보고 또 보고 놀라고 또 놀랄지어다
너희의 생전에 내가 한 가지 일을 행할 것이라 누가 너희에게
말할지라도 너희가 믿지 아니하리라** 합 1:5

제자들은 예수님이 명령으로 사나운 폭풍우를 잠잠케 하시는 것을 봄으로써 하나님의 능력에 대해 많은 것을 알게 되었다.

예수님이 악명 높은 죄인이었던 삭개오와 함께 식사하시는 것을 보고, 죄인을 사랑하시는 하나님의 사랑에 대해 깨달았다. 예수님이 십자가에 달리시는 것을 지켜봄으로써, 하나님이 사람들을 죄에서 해방시키기 위해 하시려는 일에 대한 강력한 메시지를 들었다. 빈 무덤을 발견함으로써 하나님이 죽음을 이기셨다는 놀라운 진리를 알게 되었다. 영적인 분별력이 있는 사람들에게, 하나님의 행위는 하나님의 마음과 뜻을 보여 주는 중요한 계시가 된다.

하나님의 음성을 듣기 원한다면 주변을 돌아보며 하나님이 하시는 일을 보라. 하나님이 행하시는 일을 주의 깊게 지켜보면, 그로 인해 하나님의 성품을 알게 되며 하나님께 어떻게 응답해야 하는지도 새롭게 깨달을 것이다.

300
부흥의 시작

**여호와여 내가 주께 대한 소문을 듣고 놀랐나이다 여호와여
주는 주의 일을 이 수년 내에 부흥하게 하옵소서 이 수년 내에
나타내시옵소서 진노 중에라도 긍휼을 잊지 마옵소서** 합 3:2

누구나 신앙생활을 시작할 때는 열정이 있고 흥분과 기대가 가득하다. 그러나 시간이 흐르면 분주한 일들이 살며시 기어 들어온다. 그래서 마음이 흐트러지고 죄에 대해서도 신경 쓰지 않게 된다. 하나님과의 관계를 당연시하고, 영적인 생명력이 다 소진되었다는 것을 발견할 때까지는 점점 쇠약해져 가는 것을 느끼지 못한다.

지금 예배에 활력이 없고 하나님의 능력이 그저 추억으로만 남아 있는가? 많은 활동을 계획하고 주변 사람들을 권고할 수는 있지만, 죽은 것을 소생시키는 건 오직 하나님만 하실 수 있는 일이다. 당신의 삶이나 교회에서 영적인 활력이 사라진 것을 느낀다면, 하나님이 기도하라고 초청하시는 것이다.

하나님은 당신의 중보기도를 통해 새롭게 역사하길 원하신다. 예수님은 자신이 생명이라고 말씀하셨다. 당신이 구하기만 하면 생생하고 풍성한 생명을 주신다고 하나님이 약속하셨는데, 영적으로 죽은 상태로 머물러 있을 필요는 없지 않은가!

301
기쁨을 함께 나누자

**내가 여러 해 아버지를 섬겨 명을 어김이 없거늘
내게는 염소 새끼라도 주어 나와 내 벗으로
즐기게 하신 일이 없더니** 눅 15:29

하나님은 사람들을 사망에서 생명으로 옮기는 일에 관심이 있으시다. 한때 반항했던 사람이 하나님께 돌아오면 더없이 기뻐하신다. 당신의 마음이 하나님과 같다면, 당신도 죄인이 아버지께 돌아오는 것을 보고 기뻐할 것이다. 예수님이 말씀하신 탕자의 비유에서, 남아 있던 큰아들은 돌아온 동생에게 후히 대하는 아버지가 못마땅해 아버지와 함께 기쁨에 동참하는 축복을 전혀 누리지 못했다.

당신은 교회에서 가장 열심히 일하는 일꾼이지만, 남들이 당신의 짐을 나누어 지지 않는다고 마음에 원망이 가득할지도 모른다. 당신이 하는 영적인 일들에 몰두하느라 하나님이 다른 사람들의 삶에서 기적을 일으키실 때 그 기쁨을 함께 누리지 못할 수도 있다. 기쁨과 감사가 아니라 의무감으로, 또는 습관적으로 하나님을 섬긴다면 스스로 희생자처럼 느껴질 것이다. 이는 하나님이 당신을 위해 계획하신 풍성한 삶이 아니다. 잔치에 참여하여 아버지와 함께 시간을 보내며 그분의 기쁨을 함께 나누라!

302
순종의 유산

의를 따르며 여호와를 찾아 구하는 너희는 내게 들을지어다
너희를 떠낸 반석과 너희를 파낸
우묵한 구덩이를 생각하여 보라 사 51:1

그리스도인으로서 물려받은 유산은 우리의 정체성을 이해하게 도와주며, 하나님이 우리를 어디로 인도하시는지를 깨닫게 해 준다. 이스라엘 백성은 풍부한 유산을 받았다. 그들의 나라는 아브라함과 사라의 신실한 믿음으로 말미암아 시작되었고, 하나님은 그들을 애굽에서 그들 소유의 부유한 땅으로 인도하심으로써 은혜를 보여 주셨다. 하나님은 역사상 가장 큰 기적들을 통해 그분의 나라를 세우셨다. 그런데 불행히도 이사야 시대에 하나님의 백성은 자신들이 받은 유산을 잊어버렸다. 그들은 풍부한 유산을 물려받은 상속자이자 왕 같은 제사장으로 살지 않고, 오히려 영적인 극빈자처럼 살았다.

마리아, 세례 요한, 열두 제자, 사도 바울, 수많은 사람들이 당신의 영적 조상이다. 더 중요한 것은, 우리에겐 믿음의 주요 또 온전하게 하시는 이인 예수님이 계시다는 것이다(히 12:2 참조). 당신의 가정은 몇 세대에 걸친 믿음의 역사를 갖고 있을지도 모른다. 하나님은 잃어버린 세상을 구원하기 위한 하나님의 계속되는 역사에 당신이 동참하길 원하신다. 오늘 당신의 순종이 다음 세대들에게 믿음의 유산을 물려 주게 될 것이다.

303
함께 기도하라

그때에 여호와를 경외하는 자들이 피차에 말하매
여호와께서 그것을 분명히 들으시고 말 3:16

하나님은 그리스도인들이 같은 마음으로 하나가 되게 하려고 하나님 나라를 세우셨다. 우리는 다른 그리스도인이 우리와 같은 관심사와 고민을 갖고 있는 걸 알게 되면 흥분을 감추지 못한다. 하나님이 당신에게 주신 일이나 관심사에서 도움을 줄 수 있는 사람을 당신 곁으로 인도하실 때가 종종 있다. 성경은 두 명 이상의 그리스도인들이 모여 경건하게 하나님에 관한 문제들을 논할 때, 하나님이 그들의 이야기를 기꺼이 들으시고 응답해 주신다고 말한다. 두세 명의 신자들이 함께 기도하면, 하나님의 강한 임재를 그들 가운데 나타내심으로 그들의 하나 된 마음에 응답을 주신다(마 18:19-20 참조).

당신 혼자 걱정 근심을 짊어지려고 하지 말라. 혼자서 그 문제들에 대해 기도할 수도 있지만, 다른 신자들과 함께 연합하여 서로 기도해 주고 하나님의 임재를 맛보는 축복은 누리지 못할 것이다. 걱정거리가 생기거든, 당신을 지지해 주고 당신의 짐을 함께 져 줄 수 있는 믿음의 성도들을 찾으라.

Experiencing GOD

304
영적전쟁

**우리의 씨름은 혈과 육을 상대하는 것이 아니요
통치자들과 권세들과 이 어둠의 세상 주관자들과
하늘에 있는 악의 영들을 상대함이라 엡 6:12**

바울은 항상 사탄을 경계했다. 사람들이 그를 공격할 때도 바울은 그들이 진짜 적들이 아니라는 것을 알았다. 그들은 단지 무의식중에 영적인 어둠의 세력의 도구로 사용될 뿐이었다. 신앙에 대한 반대에 부딪혔을 때, 제일 먼저 보이는 반응은 반대자들을 향해 화내는 것이다. 이렇게 되면 당신의 싸움의 더 깊고 영적인 면들에 관심을 집중하지 않게 된다. 당신을 대적하는 자들은 죄의 노예가 되어 어찌할 도리가 없을 것이다. 그러니 보복하기보다는 그 자리에서 진심으로 그 사람을 위해 중보기도를 해야 한다. 원수의 반대는 곧 그를 영적인 속박에서 자유케 하려는 하나님의 구속 사역에 동참하라는 초청이다.

주변에서 벌어지는 영적 싸움에 늘 주의하라. 그것은 실제적이며 당신과 당신이 돌보는 사람들에게 해를 끼칠 수 있다. 당신의 진짜 적이 누구인지 알고 있으면 다른 사람을 원망하거나 용서 못하는 일이 없을 것이다. "너희 안에 계신 이가 세상에 있는 자보다 크심이라"(요일 4:4)는 사실에 우리의 희망이 있다. 인간에게 소망을 두지 말고, 이미 원수를 이기신 하나님을 신뢰하라.

사탄은 이미 패배했다

**통치자들과 권세들을 무력화하여 드러내어 구경거리로 삼으시고
십자가로 그들을 이기셨느니라 골 2:15**

우리의 오랜 적인 사탄은 그리스도가 십자가에서 돌아가시고 부활하심으로써 완전히 패했다. 사탄에 관하여 우리가 할 일은 그리스도가 이미 이루신 승리를 믿고, 예수님이 하셨던 것처럼 매일 진리로 사탄을 대적하는 것이다. 사탄은 거짓말쟁이요 거짓의 아비다(요 8:44 참조). 사탄을 대적한다는 것은, 예수님이 사탄을 이기셨고 당신이 사탄의 세력을 이기게 해 주셨다는 것을 인정하는 것이다. 하나님은 사탄의 어떤 공격에도 대항할 수 있는 영적인 전신갑주를 당신에게 주셨다(엡 6:10-20 참조).

그리스도인들은 사탄과의 싸움에 마음을 빼앗길 수 있다. 자칫하면 그리스도가 이미 우리를 위해 이루신 일을 스스로 하려고 시간과 힘을 쏟는 꼴이 된다. 사탄을 두려워하는 것은 전쟁 포로를 두려워하는 것이나 마찬가지다. 당신은 사탄을 정복할 필요도, 의무도 없다. 다만 그리스도의 승리를 삶의 모든 영역에 적용하고 승리하는 그리스도인의 삶을 살면 된다.

사랑하는 사람을 위한 기도

믿음 안에서 참아들 된 디모데에게 편지하노니
하나님 아버지와 그리스도 예수 우리 주께로부터
은혜와 긍휼과 평강이 네게 있을지어다 딤전 1:2

'은혜'는 아버지가 자녀들에게 거저 주시는 선물이다. 하나님이 우리와 관계를 맺으시는 것도 오로지 은혜로 된 것이다. 우리는 멸망해야 마땅하나 하나님의 은혜로 구원을 얻었다(엡 2:8 참조). 하나님의 은혜는 우리에게 천국의 부요함을 주고, 힘들 때에 평안을 주며, 날마다 좋은 것들을 주신다(딤전 1:14 참조).

'긍휼'은 우리가 마땅히 죗값으로 받아야 할 벌을 하나님이 면제해 주시는 것이다. 죄의 결과는 사망이지만, 예수님이 우리 대신 이 대가를 치르셨다(롬 6:23 참조). 하나님은 우리가 다 회개하고 하나님의 구원의 선물을 받게 하려고 오래 참으시며 형벌의 날을 미루고 계신다(벧후 3:9 참조).

'평강'은 우리를 향한 하나님의 은혜와 긍휼에 대한 확신이 있을 때 경험하는 마음 상태다. 평강은 가장 힘든 위기의 순간에도 하나님의 은혜가 우리를 지탱해 준다는 것을 아는 데서 온다(빌 4:7 참조).

사랑하는 사람들을 위해 어떻게 기도하는가? 성경의 본보기를 따르라. 그들에게 하나님의 은혜와 긍휼과 평강을 넘치게 부어 달라고 기도하는 것보다 더 좋은 간구는 없을 것이다.

307
말씀대로 순종하라

**그러므로 사람이 선을 행할 줄 알고도
행하지 아니하면 죄니라 약 4:17**

하나님이 보실 때 미루는 것은 불순종과 다를 바 없다. 때로는 선한 의도를 갖고 있다 해도 선한 의도에 부합하는 행동이 없으면 불순종이다. 하나님을 만나 하나님께 어떤 명령을 받았을 때, 일기에 그 날짜를 기록해 두거나 친구들과 교회에 우리의 '결심'을 이야기하는 것만으로는 충분치 않다. 하나님이 요구하시는 것은 '결심하라'는 것이 아니라 '순종하라'는 것이다. 순종하기로 결심하는 것과 순종하는 것은 다르다(마 21:28-31 참조). 우리의 선한 행위로 대체하는 것도 순종하는 것과 다르다.

하나님은 사울 왕에게 사무엘 선지자가 올 때까지 기다리라고 하셨다. 그러나 사울은 기다리지 않고 자기가 나서서 제물을 바쳤다. 사울은 다른 경건한 행위들이 하나님의 명백한 명령에 순종하는 것을 대신할 수 없다는 것을 알고 낙담했다(삼상 15:22 참조). 하나님은 당신이 하나님이 말씀하신 대로 모두 순종하기를 기대하신다. 순종을 원하시는 하나님의 마음을 만족시켜 드릴 것은 순종밖에 없다!

308
맡은 일에 충실하기

**나를 능하게 하신 그리스도 예수 우리 주께 내가 감사함은
나를 충성되이 여겨 내게 직분을 맡기심이니** 딤후 1:12

바울은 "죄인 중에 괴수"요, 비방자요, 박해자요, 폭행자였다(딤전 1:13-15 참조). 그런데 하나님이 바울을 구원하시자 모든 것이 바뀌었다.

바울은 그리스도인들을 반대하던 때와 똑같은 열정으로 그리스도인의 삶을 받아들였다. 크고 작은 일을 막론하고, 모든 임무에 충성하려고 노력했다. 마침내 하나님은 바울의 충성을 보시고 주요 복음 전도자로 위임하셨다. 바울은 자기가 하나님 나라를 위해 성취한 모든 일들이 다 하나님이 주신 능력 덕분이었다는 것을 알았다.

당신이 하나님을 섬길 수 있는 능력은 과거에 어떠했는지가 아니라 현재의 신실함에 달려 있다. 하나님이 맡기신 일에 충성한다면, 하나님이 그 일을 성취할 수 있는 능력을 주실 것이다. 충성을 다하도록 노력하라. 바울과 함께, 당신을 충성되이 여기셔서 일을 맡겨 주신 하나님을 찬양할 수 있을 것이다(눅 16:10 참조).

309
약함을 통해 일하신다

누구든지 네 연소함을 업신여기지 못하게 하고
오직 말과 행실과 사랑과 믿음과 정절에 있어서
믿는 자에게 본이 되어 딤전 4:12

디모데는 하나님 섬기기를 진심으로 갈망하는 신실한 청년이었다. 그러나 디모데는 종교적 지도자가 되기엔 많이 어렸고, 틀림없이 그의 능력을 의심하는 사람들이 있었을 것이다. 바울은 디모데를 비판하는 사람들에게 반박하기보다는, 디모데에게 경건의 본이 되는 삶을 살라고 촉구했다. 말과 행실과 사랑과 믿음과 정절에 있어 아무 흠이 없어, 다른 교인들에게 본이 되는 삶을 살라고 조언했다. 하나님은 디모데의 연소함과 소심함, 육체적인 연약함을 뛰어넘어 그의 진실한 마음을 보셨다.

당신이 하나님의 뜻을 따르려 할 때, 어쩌면 당신의 어떤 점들이 하나님을 효과적으로 섬길 자격을 박탈하는 것처럼 보일 수도 있다. 그리스도인이 된 지 얼마 안 돼서, 과거에 죄를 많이 지어서 등의 이유로 하나님의 뜻을 따르지 못하는 일이 없어야 한다. 당신의 약함은 곧 하나님이 그분의 강함을 보여 주시는 수단이 될 수 있다(고후 12:9 참조). 하나님이 당신의 삶을 변화시켜 경건의 본이 되게 하심으로써, 당신을 부르셨다는 것을 입증하시게 하라.

310
지혜는 시간이 입증한다

지혜는 자기의 모든 자녀로 인하여 옳다 함을 얻느니라 눅 7:35

　지혜는 논쟁이나 토론이 아닌, 시간의 흐름에 의해 입증된다. 어떤 행동의 타당성을 입증해 주는 건 그 행동의 결과이지, 얼마나 떠들썩하게 선전을 했느냐가 아니다.

　하나님이 말씀하신 일에 순종하려 할 때, 때로는 당신의 행동이 옳다고 생각하지 않는 사람들의 반대와 비판에 부딪힐 것이다. 그럴 때 가장 먼저 나오는 반응이 자신을 정당화하려는 것이다. 그러나 참고 기다리면, 당신이 애써 주장하는 것보다 시간이 당신의 행동을 훨씬 더 잘 변호해 줄 것이다.

　당신이 듣는 모든 말들을 성경말씀에 비추어 평가해 보는 것이 중요하다. 하나님의 말씀에 기초하여 인생의 중요한 선택들을 한다면, 시간이 당신을 변호해 주고 당신의 선택이 옳았음을 확인해 줄 것이다. 만일 시간이 갈수록 당신이 틀렸다는 것을 확실히 깨달을 경우에는 하나님께 용서를 구하고 성경을 통해 새로운 말씀을 달라고 구하라. 그 말씀에 순종하고, 하나님이 당신의 삶에서 그분의 지혜를 확증해 주시는지 보라.

311
하나님이 하신다

예수께서 이르시되 갈 것 없다 너희가 먹을 것을 주라 마 14:16

예수님은 제자들에게 명백히 불가능한 일을 하라고 하셨다. 남자들만 오천 명에 가족들까지 같이 있는데, 있는 것이라고는 떡 다섯 개와 물고기 두 마리를 무리들에게 나누어 주라고 명령하셨던 것이다. 제자들은 얼마나 어처구니가 없었겠는가. 그리스도께서 당신을 불가능해 보이는 여러 상황으로 이끄시거든 그 상황을 피하지 말라. 그 가운데 머물러 있으라. 그러면 하나님을 체험할 수 있을 것이다. 우리에게 불가능해 보이는 일을 실제로 가능하게 하는 것은 바로 우리 주님의 말씀이다. 믿음은 하나님의 거룩한 명령을 받아들이고, 오직 하나님만이 온전히 이루실 수 있는 일을 시작한다.

당신이 가진 눈에 보이는 자원들로 해낼 수 있는 일들만 시도한다면, 당신 주변 사람들은 하나님이 일하시는 것을 보지 못할 것이다. 당신은 잘했다고 인정받겠지만, 하나님은 그 일에 전혀 관여하지 않으실 것이다. 당신이 현재 직면하고 있는 결정들을 잘 살펴보라. 아무리 불가능해 보여도 하나님이 말씀하신 일을 계속해 나간다면, 하나님이 기적을 행하시는 것을 보며 기쁨을 체험할 것이다.

312
하나님의 타이밍을 믿으라

**아비새가 다윗에게 이르되 하나님이 오늘 당신의 원수를
당신의 손에 넘기셨나이다 그러므로 청하오니 내가 창으로
그를 찔러서 단번에 땅에 꽂게 하소서 삼상 26:8**

　　인생의 목적지를 향해 가다 보면 때때로 지름길을 택하려는 유혹을 받는다. 다윗은 왕위에 오르기까지 여러 번 이런 유혹에 직면했다. 사울 왕을 피해 도망하던 다윗에게 믿기지 않는 절호의 기회가 왔다. 사울이 무방비 상태로 군대와 함께 잠들어 있는 것을 발견한 것이다. 다윗의 전사인 아비새가 사울을 죽이자고 제안했다. 그럼 다윗은 타향살이를 끝내고 하나님이 기름 부으신 종으로서 왕위에 오를 수 있었다. 그러나 다윗은 왕이 되기 위해 자신의 고결함을 더럽히지 않았다.

　　때로는 결과가 수단을 정당화해 줄 거라는 생각, 자신의 상황을 스스로 지배하고 싶은 유혹이 심하게 당신을 뒤흔들 것이다. 우리는 하나님의 완벽한 타이밍을 신뢰해야 한다. 하나님은 당신이 어떤 자리에 도달하거나 새로운 길로 가도록 계획하셨지만, 아직은 때가 아닐 수 있다. 당신의 마음을 잘 지켜라. 하나님의 뜻을 따를 때, 다른 사람들의 꾐에 넘어가 당신의 고결함을 더럽히지 말라.

313
굳게 결심하라

예수께서 승천하실 기약이 차가매
예루살렘을 향하여 올라가기로 굳게 결심하시고 눅 9:51

예수님은 십자가를 지실 때가 되었을 때, 예루살렘을 향하여 올라가기로 굳게 결심하심으로써 아무것도 아버지의 뜻을 이루는 데 방해가 되지 못하게 했다. 예루살렘으로 가시려는 예수님의 결심이 확고했기에, 유대인들을 미워하던 사마리아인들은 유대인인 예수님이 그들의 마을을 지나 그들이 싫어하는 예루살렘 성으로 가시려는 것을 알고 받아들이지 않았다.

예수님은 주어진 사명에서 옆길로 빗나가지 않기로 결심하셨지만, 가는 길에 많은 사람들을 도와주셨다. 예수님은 갈보리로 가시는 동안 다른 사람들을 돕는 일을 거절하지 않으셨지만, 궁극적으로 아버지의 뜻을 이루지 못하게 방해하는 일은 거절하셨다. 하나님이 당신에게 원하시는 일이 무엇인지 안다면, 반드시 그 일을 성취하겠다는 굳은 결심으로 단호하게 그 목표를 향해 시선을 고정시켜야 한다(잠 4:25 참조). 순종을 미루거나 아예 포기하려는 유혹에 지지 말라. 하나님으로부터 분명한 사명을 받았으면 동요하지 말고 순종해야 한다.

314
적극적 기다림

**오직 여호와를 앙망하는 자는 새 힘을 얻으리니 독수리가 날개치며
올라감 같을 것이요 달음박질하여도 곤비하지 아니하겠고
걸어가도 피곤하지 아니하리로다** 사 40:31

너무 지치고 힘들어서 더 이상 앞으로 나아갈 자신이 없을 때 우리 주님은 새 힘을 주시고, 예비하신 풍성한 삶을 누릴 수 있게 해 주신다. 중요한 것은, 하나님이 그렇게 하시기를 앙망하며 기다리는 것이다. 우리 세대는 기다림을 즐기지 않는다. 속도를 늦추고 하나님께 귀를 기울이는 것 또한 하나님의 회복 과정의 일부다. 하나님을 기다리는 동안 하나님은 그분의 능력을 전적으로 의존해야 한다는 것을 깨우쳐 주고, 그분의 계획을 보여 주실 것이다.

성경적으로 하나님을 기다리는 것은 결코 수동적인 행위가 아니다. 하나님을 기다리려면 우리 자신이 추구하는 일을 멈추고 하나님께 온전히 집중해야 한다. 우리 삶을 가득 채운 활동 가운데 일부를 포기해야 할지도 모른다. 하루 종일 조용히 하나님 앞에 앉아 있어야 할지도 모른다. 예수님은 당신보다 더 많은 책임을 맡고 계셨다. 당신을 필요로 하는 사람들보다 예수님을 필요로 하는 사람들이 더 많았다. 그러나 예수님은 압박감을 느끼거나 주어진 일을 감당하지 못하는 일이 절대로 없으셨다. 이제는 그리스도가 당신을 인도해 주시니, 당신은 아버지의 뜻을 이룰 것이며 매일 필요한 힘을 얻을 것이다(마 11:28 참조).

315
앞으로 나아가라

**형제들아 나는 아직 내가 잡은 줄로 여기지 아니하고
오직 한 일 즉 뒤에 있는 것은 잊어버리고
앞에 있는 것을 잡으려고 빌 3:13**

세상은 당신의 과거가 당신의 삶에 지배적인 영향력을 행사하고 있다고 말한다. 그러나 "이전 것"은 지나갔고 "새 것"이 왔다(고후 5:17 참조). 그리스도인들은 과거를 잊어버리진 않지만 과거에 의해 좌우되거나 자극을 받지 않는다.

그리스도인은 희망을 가지고 미래를 바라본다. 세상 사람들은 자신이 무엇을 이기고 있는지에 초점을 맞춘다. 그리스도인들은 자신이 어떤 사람으로 변해 가는지에 초점을 둔다. 그리스도인들은 성령이 그들을 그리스도의 형상으로 만들어 가신다는 걸 안다. 결국은 모든 부정이 사라지고 모든 상처가 가라앉으리라는 것을 안다. 사탄과 죽음 자체가 결국은 종말을 맞이하리라는 것을 안다. 그리스도인의 미래는 충만하고 부유하며 흥미진진하여, 과거에 일어난 어떤 일도 소용이 없어진다.

아직도 과거에 얽매여 있다면, 하나님께 당신의 눈을 열어 주셔서 당신을 기다리는 놀라운 미래를 보게 해 달라고 기도하라. 아울러 바울처럼 앞에 있는 것을 향해 나아가게 해 달라고 기도하라.

Experiencing GOD

316
내려놓음

**누구든지 제 목숨을 구원하고자 하면 잃을 것이요
누구든지 나를 위하여 제 목숨을 잃으면 찾으리라** 마 16:25

하나님과 함께 사명을 수행하는 데 가장 큰 방해가 되는 것 가운데 하나가 당신의 '정당한 권리'에 대한 생각일 것이다. 당신이 마땅히 경험하고 즐길 권리가 있다고 생각하는 것들 말이다. 없어져도 손해가 아니거나 차라리 없었으면 하는 것을 그리스도께 내어 드리는 것은 어렵지 않다. 오히려 당신과 하나님의 뜻 사이에 장애물이 되는 것은 좋은 것들과 당신에게 소중한 것들일 것이다.

당신은 물질적인 것들을 누릴 권리가 있다고 생각하지만, 하나님은 당신이 가진 모든 것을 하나님과 하나님의 목적을 위해 바칠 것을 요구하실 수도 있다(마 19:21 참조). 예수님은 하늘의 평안을 누릴 정당한 권리가 있으셨다. 그러나 그 권리를 주장하지 않으셨다. 자신의 모든 것을 제물로 바치는 것도 큰 희생으로 여기지 않으셨다(빌 2:5-11 참조). 그 결과 하나님은 예수님을 높여 주셨고 깨진 세상을 구원해 주셨다. 당신은 자신의 목숨을 구원하려고 애쓰고 있는가? 그렇게 함으로써 실제로는 하나님이 주시고자 하시는 생명을 잃어버리고 있다는 것을 알았는가?

317
큰 그림이 있다

또 이르시되 나는 네 조상의 하나님이니 아브라함의 하나님,
이삭의 하나님, 야곱의 하나님이니라 모세가 하나님 뵈옵기를
두려워하여 얼굴을 가리매 출 3:6

모세를 인도하시고, 엘리야를 통해 역사하시고, 바울의
길을 이끌어 주시고, 수세기에 걸쳐 하나님의 사람들을 각
각 인도해 주신 하나님이 바로 당신에게 다가와 그분의 사
역에 동참하라고 하신다. 이는 당신 자신보다 훨씬 더 큰
것의 중요한 일부가 되는 것이다.

우리는 현재만 생각하는 경향이 있다. 직접적인 결과를
보기 원하고, 영원에 대한 감각이 없다. 마치 하나님이 우
리에게 다가오시기 전에는 우리가 있는 곳에서 전혀 역사
해 오지 않으신 것처럼 행동할 때가 종종 있다. 혹 하나님
이 우리 안에서 시작하신 일을 다른 사람을 통해, 또는 다
른 세대를 통해 완수하고자 하시면 안달이 난다.

모세는 몇 백 년에 걸친 하나님의 역사의 맥락에서 자신
이 하나님의 사역에 동참하게 되었음을 깨달았다. 모세는
자신의 선조들을 인도하셨던 그 하나님을 만났을 때 매우
겸손해졌다. 당신의 삶이 하나님의 영원한 목적의 한 부분
이라는 것을 알겠는가?

318
슬픈 마음 있는 사람

형제들아 자는 자들에 관하여는 너희가 알지 못함을
우리가 원하지 아니하노니 이는 소망 없는 다른 이와 같이
슬퍼하지 않게 하려 함이라 살전 4:13

예수님 당시에 장례식은 슬픔을 열정적으로 표현하는 시간이었다. 장례식에서 큰소리로 통곡하는 것은 고인을 존경한다는 표시였다. 예수님도 친한 친구의 장례식에서 우셨다. 그러나 예수님이 우신 건, 소망이 없어서가 아니라 사랑하는 사람들이 절망하는 것을 보셨기 때문이다. 예수님의 친구들은 바로 그들 가운데 부활과 생명이 계신데도 슬퍼하고 있었으니 말이다(요 11:25 참조).

예수님이 죽음을 이기셨을 때, 그리스도인이 죽음을 바라보는 관점도 영원히 바뀌었다. 물론 여전히 사랑하는 사람들을 잃으면 슬프지만, 하나님이 어떤 상황에서든 선한 것을 이끌어 내실 수 있다는 것을 알기에 우리에겐 소망이 있다(롬 8:28 참조). 우리에게 소망이 있는 것은, 예수님이 우리를 하늘나라로 데려가 그분과 함께 거하게 하시며 아무제약 없이 주님과 교제하며 영원히 기쁨을 누리게 하실 것이기 때문이다(요 14:3 참조).

그리스도인이라도 인생의 슬픔을 피할 순 없다. 그러나 부활하신 그리스도에 대한 소망으로 슬픔을 달랠 수는 있다. 그분은 당신의 소망이요 위로가 되시기 때문이다.

319
미쁘신 하나님

너희를 부르시는 이는 미쁘시니
그가 또한 이루시리라 살전 5:24

이스라엘 백성이 홍해에 다다랐을 때, 하나님이 그들에게 하신 약속을 어기셨다고 생각했을지도 모른다. 바다가 그들의 앞길을 막고 있었고 뒤에서는 무시무시한 애굽 군대가 그들을 잡으러 돌진해 오고 있었다. 그러나 하나님은 언제나 그러셨던 것처럼 백성에게 하신 모든 약속을 반드시 이루신다는 것을 입증해 보여 주셨다.

하나님이 당신에게 어떤 일에 대해 특별히 상세히 말씀해 주셨을지도 모른다. 이를테면 교회 사역이나 자녀들을 어떻게 키우라는 것, 또는 직장에서 해야 할 일에 대해서 말이다. 그래서 순종했는데 홍해를 만났고, 하나님이 이루실 거라고 생각했던 일은 전혀 일어날 기미가 안 보이는가? 그 순간에도 하나님의 인격을 신뢰하라! 하나님은 미쁘신 분이다. 현재 상황이 아무리 막막하더라도 희망을 잃지 말라. 하나님이 신실하지 않으시다는 것을 경험한 사람은 아무도 없었다. 하나님이 당신에게 그분의 미쁘심을 보여 주실 시간을 드려라. 언젠가는 하나님이 행하신 일을 묵상하며 당신을 향한 그분의 절대적인 신실하심을 찬양하게 될 것이다.

Experiencing GOD

320
분을 품지 말라

**분을 내어도 죄를 짓지 말며
해가 지도록 분을 품지 말고 엡 4:26**

그리스도인에게 분노보다 더 해로운 것은 없다. 분노는 자제심을 잃게 만들고, 평상시에는 생각도 못할 말과 행동을 하게 만든다. 그냥 내버려 두면 분노가 원한으로 바뀌어 우리 마음을 파먹는다. 때때로 우리는 에베소서 4장 26절 말씀을 인용하여 분노를 정당화하려 한다. 그러면서 예수님이 '의분'으로 성전을 정화하신 사건을 또 하나의 증거로 댄다. 예수님은 분을 내셔도 죄를 짓지 않으실 수 있었다. 또한 성경은 예수님이 성전을 정화하실 때 분노하셨다고 말하지 않는다(마 21:12-14, 막 11:15-18, 눅 19:45-46 참조).

에베소서 4장 31절은 '모든' 분냄을 버리라고 말한다. 다른 사람들의 죄 때문에 우리까지 죄를 짓지 말라는 뜻이다. 어떤 일을 보고 의분이 생기거든, 당신이 과연 마음속에 분노를 품고도 죄를 짓지 않고 있는지 살펴야 한다. 분노가 원한으로 변해서 남의 험담을 하고 있지는 않은가? 그 때문에 당신 자신의 경건치 못한 행동에 대해 변명을 하고 있지는 않은가? 당신 안에 분이 있는지 살펴보고, 분노에서 비롯된 악한 태도들을 하나님께 제거해 달라고 기도하라.

321
비판을 그치라

비판하지 말라 그리하면 너희가 비판을 받지 않을 것이요
정죄하지 말라 그리하면 너희가 정죄를 받지 않을 것이요
용서하라 그리하면 너희가 용서를 받을 것이요 눅 6:37

비판과 분별 간에는 중요한 차이점이 있다. 하나님만이
벌 받을 만한 자들을 정확히 심판하실 수 있다.

우리의 문제는 우리 자신이 심판석에 앉아 우리 생각에
죄 지은 자들에게 유죄 판결을 선언하고 싶어 한다는 것이
다. 성경은 다른 사람을 비판하거나 정죄하지 말라고 명한
다. 왜냐하면 우리는 심판과 속죄를 동시에 받을 수 없기
때문이다. 우리가 어떤 사람을 비판하면 그 사람을 위해
진심으로 기도하기가 어렵다.

하나님은 우리가 분별력을 가진 사람이 되길 원하신다.
예수님은 사람들의 삶의 열매를 보면 영적 상태를 알 수
있다고 하셨다(마 7:16 참조). 우리는 단지 분별할 뿐이다. 성
경은 거만한 자나 미련한 자와 어울리지 말라고 명령한다
(잠 22:10, 17:12 참조). 거만한 자들과 미련한 자들을 식별해 내
지 못하면 하나님의 명령에 순종할 수가 없다.

지금까지 다른 사람들을 비판해 왔다면, 하나님께 용서
를 구하고 화목게 하는 일꾼으로 쓰임 받겠노라고 서약하
라(고후 5:18 참조).

322
주의 오심을 예비하라

주의 날이 밤에 도둑같이 이를 줄을
너희 자신이 자세히 알기 때문이라 살전 5:2

성경을 보면, 주의 날을 준비하라는 권고가 불신자들이 아니라 보통 하나님의 백성을 향한 것임을 알 수 있다. 그리스도인들은 그리스도의 재림을 준비하여, 합당한 자세로 주님을 맞이할 수 있도록 해야 한다. 주의 날은 예고 없이 임한다. 성경에는 주의 날을 언급하는 구절이 몇 번 나온다. 주로 예수님의 초림이나 재림에 관한 말씀이 많지만, 또한 하나님이 구원이나 심판을 위해 그분의 백성에게 오시는 때를 말할 수도 있다(사 13:6, 욜 2:11, 말 3:2 참조).

주의 마지막 날에는 그리스도가 다시 오실 것이다. 그 사이에 하나님이 당신과 당신의 가족과 친구들에게 오시는 때가 있을 것이다. 하나님이 당신의 자녀들과 친구들, 그리고 동역자들 안에서 죄를 깨닫게 해 주시는지 잘 살펴야 한다. 하나님이 당신의 교회 안에서 사람들의 삶에 특별한 일을 일으키기 시작하실 때 주의해야 한다. 그럴 때 당신은 하나님의 임재에 대한 특별한 느낌을 받아, 회중을 위해 중보기도를 시작할 수 있다. 지금 마음의 준비를 하고, 주변 사람들의 삶에서 어떤 일이 일어나는지 눈여겨 보라.

323
예수님과 교제하고 있는가

마르다는 준비하는 일이 많아 마음이 분주한지라 예수께 나아가 이르되 주여 내 동생이 나 혼자 일하게 두는 것을 생각하지 아니하시나이까 그를 명하사 나를 도와주라 하소서 눅 10:40

마르다는 예수님을 무척 사랑했고, 예수님을 위해서라면 뭐든지 하려 했다. 그래서 아무것도 안 하고 가만히 있기가 힘들었다. 마르다는 예수님을 섬기는 데 많은 시간을 보내느라 정작 예수님과의 교제를 즐기거나 그분을 더 잘 알아 가는 시간을 가질 수가 없었다. 마르다가 예수님을 완벽하게 대접하기 위해 종종걸음으로 집 안을 돌아다닐 때 마리아는 예수님의 발 앞에 앉아 있었기 때문이다. 마르다의 섬김은 기쁜 마음으로 시작되었지만 결국은 분노와 질투심으로 악화되고 말았다.

주님이 당신을 위해 해 주신 일에 대한 감사와 사랑의 표현으로 그리스도를 섬기고 싶어 하는 것은 좋다. 그러나 당신의 활동이 시간과 에너지를 다 빼앗아서 주님과 함께 보낼 시간이 없다면 당신은 너무 바빠진 것이다. 당신도 마르다처럼 자신이 그 일을 하지 않으면 일이 안 된다고 생각할지 모른다. 하지만 예수님은 당신과 주님의 관계가 최우선이라고 가르치신다. 때로는 주님의 발 앞에 가만히 앉아 말씀을 듣는 것이 더 중요하다.

324
감사하는 삶

**그 중의 한 사람이 자기가 나은 것을 보고 큰소리로
하나님께 영광을 돌리며 돌아와 예수의 발 아래에 엎드리어 감사하니
그는 사마리아 사람이라** 눅 17:15-16

감사는 우리가 받은 축복의 표면을 넘어 그 근원을 바라볼 때 나오는 의식적인 반응이다. 예수님은 나병환자 열 사람을 제사장에게 보내셨고, 그들은 순종함으로 병이 나았다. 그런데 그 나병환자들 가운데 한 사람인 사마리아인만이 걸음을 멈추고 예수님께 돌아와 감사 인사를 했다. 예수님은 "다른 사람들은 어디 있느냐?"고 물으셨다. 아홉은 기뻐 어쩔 줄을 모르며 급히 사랑하는 사람들에게 좋은 소식을 전하러 갔던 것이다. 그런데 그 가운데 오직 한 사람만이 그 축복의 근원을 생각하고, 생명을 되찾게 해 주신 분께 감사하기 위해 돌아왔다.

우리도 구세주에 의해 치유 받고 온전케 되었다. 구세주께서 은혜로 주신 풍성한 삶을 마음껏 누릴 자유가 있다. 그러나 아홉 명의 나병환자들처럼 우리를 구속하신 주께 감사하지 않고, 그저 우리가 받은 복을 자랑하러 급히 달려가 버리진 않았는가? 우리의 예배, 기도, 봉사, 그리고 매일매일의 삶에 하나님을 향한 감사가 가득해야 한다(빌 4:6 참조).

325
복 주기를 기뻐하신다

네가 네 하나님 여호와의 말씀을 청종하면
이 모든 복이 네게 임하며 네게 이르리니 신 28:2

하나님은 당신에게 복을 주기 원하신다. 하나님의 축복은 종종 일상생활 중에 찾아온다. 바쁜 아침 시간에 걸려온 한 통의 격려 전화, 힘든 하루를 마쳤을 때 받은 한 통의 편지가 그런 것이다. 당신이 지쳐 있을 때 한 친구가 갑자기 찾아와 도움을 주거나, 궁핍할 때에 예상치 못했던 재정적 도움을 받을 수도 있다. 이처럼 하나님의 축복은 특별히 눈에 띄지 않고 분주한 일상생활 중에 올 때가 많다. 그것은 당신이 하나님의 사랑의 표현을 가장 필요로 할 때 온다.

축복은 순종의 결과로 온다. 하나님과 친밀하게 동행하면, 당신이 축복을 구하는 것과 상관없이 축복이 올 것이다. 당신의 순종으로 말미암는 축복은 또한 당신의 주변 사람들과 자손들에게도 미칠 것이다.

하나님의 선물을 당연히 여기지 말라. 뜻밖의 축복을 받았으면 하나님의 계속되는 사랑에 감사하고, 다음에는 하나님의 축복이 당신에게 임하는 것을 알아차릴 수 있도록 주의를 기울이라.

Experiencing GOD

326
질투심을 주의하라

**사울은 다윗이 크게 지혜롭게 행함을 보고
그를 두려워하였으나** 삼상 18:15

하나님은 우리를 그분의 자녀로 삼으셨다. 우리 가운데 어느 누구도 이 선물을 받을 자격이 없다. 따라서 우리가 받은 축복을 다른 하나님의 자녀들의 것과 비교할 필요가 없다. 질투는 최악의 이기심으로, 우리의 기쁨을 빼앗아 가며 만족하지 못하게 만든다. 마음을 굳게 만들고 감사하는 마음을 짓눌러 버린다. 사울은 다윗을 향한 질투심에 사로잡혀 중요한 것을 소홀히 했고, 그로써 백성에게 고난과 고통을 초래했다. 사울의 질투심 때문에 그의 가정도 무너졌다.

당신의 마음을 잘 살피라! 다른 사람의 성공을 기뻐할 수 없다면 주의하라! 질투심이 당신의 마음을 더럽히지 못하게 하라. 질투심 때문에 하나님이 당신에게 주기 바라시는 기쁨과 만족을 더 이상 빼앗기기 전에 회개하라. 당신의 성공과 다른 사람의 성공을 비교하고 싶은 마음이 들 때는, 하나님이 모든 면에서 당신이 받을 자격도 없는 복을 주셨다는 것을 깨닫게 해 달라고 기도하라.

327
서로를 돌아보라

**두 사람이 한 사람보다 나음은 그들이 수고함으로
좋은 상을 얻을 것임이라 혹시 그들이 넘어지면 하나가
그 동무를 붙들어 일으키려니와 전 4:9-10상**

하나님은 우리가 서로 협력하도록 만드셨다. 성경 전체에 걸쳐 하나님은 그분의 백성을 하나의 공동체로, 즉 따로따로 있을 때보다 함께 있을 때 더 많은 일을 성취하는 공동체로 언급하신다. 힘든 시기에 다른 그리스도인들과 교제하며 지내는 것이 정말 중요하다. 위기가 닥쳤을 때 홀로 견뎌 내기는 너무나 힘들다. 그러나 서로 지지해 주는 우정을 키워 왔다면, 사람들의 위로와 격려에서 힘을 얻을 것이다. 상호의존은 또한 유혹을 당할 때 우리를 보호해 준다. 유혹에 빠졌던 사람들이 일관되게 간증하는 것이 다른 신자들로부터 고립되어 그리스도인 친구들의 도움을 받지 못했다는 것이다.

아직 서로 돌아보는 그리스도인의 공동체에 속하지 않았다면, 하나님이 당신을 위해 계획하신 것을 누리지 못하는 것이다. 하나님의 뜻을 구하는 다른 사람들과 함께 연합하여 살라. 기꺼이 다른 사람들과 연합하여 하나님의 사명을 수행하는 사람이 되도록 노력하라. 당신의 주변 사람들이 필요로 하는 지원과 격려를 줄 수 있는 사람이 되라.

328
죄 다스리기

네가 선을 행하면 어찌 낯을 들지 못하겠느냐
선을 행하지 아니하면 죄가 문에 엎드려 있느니라
죄가 너를 원하나 너는 죄를 다스릴지니라 창 4:7

마음과 생각에 유혹이 들어올 때, 그것을 처리하고 다스리지 않으면 결국 죄악된 행동을 하게 된다. 처음 유혹을 받을 때부터 그에 대한 반응을 결정하기 전까지의 시간이 중요하다. 그 기간에 많은 것이 결정되기 때문이다.

가인은 하나님이 자신을 기뻐하지 않으시고 아벨을 기뻐하신다는 걸 알았다. 시샘 어린 분노가 가인의 마음속에 슬며시 들어오고, 살인에 대한 생각이 머릿속을 가득 채웠다. 하나님은 죄가 그의 인생의 문 앞에서 기다리고 있으며 들어올 기회를 찾고 있다고 경고하셨다. 죄에 압도당하기 전에 얼른 끊어 버려야 할 때였다. 그런데 불행히도 가인은 죄를 다스리지 못했다. 대신 죄가 그를 정복하여 그의 인생을 파괴해 버렸다.

예기치 못한 유혹의 순간에 성령께서 당신의 생각과 감정이 이끌어 가는 방향을 하나님이 기뻐하지 않으신다고 경고해 주실 것이다. 그것을 깨닫는 순간, 당신 인생의 문 앞에 웅크리고 있는 죄를 다스려야 한다. 비참한 결과를 가져오기 전에, 당신 삶의 문 앞에 있는 죄를 다스리라. 하나님의 경고에 주의하면 불필요한 고난을 피할 수 있다.

329
경건의 능력을 갖추자

**하나님의 나라는 말에 있지 아니하고
오직 능력에 있음이라** 고전 4:20

　바울은 초대교회들 사이에서 끊임없이 그의 사역에 대한 비판을 받았다. 그를 비난하는 자들 가운데 일부는 고린도 같은 도시에 가서 바울이 잘못하는 일들을 떠벌리고 다니곤 했다. 때로는 교회 안의 성도들이 꾐에 넘어가 사도에 대해 비방하는 말을 그대로 믿기도 했다. 그럴 때 바울은 유창한 말이 아니라 삶에서 나타나는 영적인 능력을 보고 진짜 하나님 나라의 시민인지 알 수 있다는 사실을 깨우쳐 주었다. 바울은 일부 사람들의 주장처럼 그의 말이 유창하지 않다는 것을 솔직하게 인정했다(고후 10:10 참조). 그러나 그들도 바울의 삶에서 나타나는 하나님의 능력은 의심할 수 없었다. 그의 말에는 하나님으로부터 오는 영적인 능력과 권위가 있었다.

　어떤 사람이 하나님의 능력에 대해 말하지만 그의 삶에 승리의 증거가 나타나지 않는다면, 그의 말은 아무 의미가 없다. 만일 당신이 경건의 모양만 있고 그에 부합하는 영적인 능력이 없다면(딤후 3:5 참조), 하나님께 당신의 죄를 깨끗이 씻어 주시고 성령 충만하게 해 주셔서 당신 삶에 능력이 나타나게 해 달라고 기도하라.

330
성령에 민감하라

성령을 소멸하지 말며 살전 5:19

하나님이 세상에서 그분의 사역을 이루어 가시는 것을 우리 힘으로 막을 수는 없지만, 우리 삶에서 성령을 소멸할 수는 있다. 하나님은 우리에게 성령의 역사를 거역할 수 있는 자유를 주셨다. 그래서 성령의 말씀을 무시하거나 불순종하거나 거절하면 우리 안에서 성령의 사역을 소멸하는 것이다.

당신이 죄를 범할 때 성령은 회개의 필요성을 깨닫게 해주신다. 성령이 당신을 향한 하나님의 뜻에 대해 말씀해 주시는데 당신이 행동을 취하지 않으면, 당신의 삶에서 성령의 음성이 들리지 않는 때가 올 것이다. 성령의 자극을 계속 거부하면, 어느 날 하나님의 말씀이 더 이상 들리지 않을 것이다.

당신의 삶에서 성령의 음성을 거역하지 않도록 주의하라. 성령이 당신에게 하시는 말씀이 언제나 마음을 편안하게 하지는 않겠지만, 그분의 말씀은 당신을 풍성한 삶으로 인도할 것이다.

331
책임지는 습관

아담이 이르되 하나님이 주셔서 나와 함께 있게 하신 여자
그가 그 나무 열매를 내게 주므로 내가 먹었나이다 창 3:12

아담과 하와는 어떻게든 자신의 죄에 대한 책임을 회피하려 했다. '그가 그 나무 열매를 내게 주었나이다'라고 말하며 아내를 탓했다. 게다가 '하나님이 주셔서 나와 함께 있게 하신 여자'라고 말함으로써 하나님께 책임을 돌리려고까지 했다. 하와는 "뱀이 나를 꾀므로 내가 먹었나이다"(창 3:13)라고 뱀의 탓으로 돌렸다. 인류의 비극 가운데 하나가 자신의 행동에 대한 책임을 지지 않으려 하는 것이다. 우리 문제를 남의 탓으로 돌리려 한다. 그러나 우리가 자신의 행동에 대한 책임을 온전히 받아들이기 전까지 용서와 회복의 역사는 일어나지 않는다.

악한 행위에 대해 핑계를 댄다는 것은 진정으로 회개하지 않았다는 분명한 표시다. 우리 잘못을 남의 탓으로 돌리는 버릇이 있다면 정직한 회개에 이르지 못할 것이다. 하나님은 우리 자신의 행동에 대한 책임을 다른 사람이 아닌 우리에게 지우신다(고후 5:10 참조). 항상 자신의 죄를 인정하고 책임을 지려고 하라. 그러면 자유함을 얻어 하나님의 용서를 받고 계속해서 영적으로 성숙해질 것이다.

Experiencing GOD

332
하나님이 함께하신다

그날에는 말이 다른 이방 백성 열 명이 유다 사람 하나의 옷자락을 잡을 것이라 곧 잡고 말하기를 하나님이 너희와 함께 하심을 들었나니 우리가 너희와 함께 가려 하노라 하리라 슥 8:23

하나님의 바람은 그분의 백성을 성령으로 충만하게 하셔서 다른 사람들이 그들 안에서 하나님의 강한 임재를 느끼게 하시는 것이다. 전능하신 하나님의 영이 믿는 자에게 충만할 때, 그는 더 이상 예전과 같은 삶을 살 수 없다. 다른 사람들도 그로 인해 하나님을 볼 것이다.

당신 삶에 그리스도가 함께하심이 분명히 나타나, 주변 사람들이 당신에게 가까이 다가와야 한다. 당신의 자녀들이 경건한 영향력을 받으며 자란다는 이유로, 그들의 자녀들이 당신의 자녀들과 함께 있기를 원해야 한다. 고용주은 그들의 일터에서 당신을 원해야 한다. 사람들은 당신이 하나님 앞에서 온전한 사람이라는 것을 알기에 당신을 지도자로 삼으려 해야 한다. 당신의 삶과 가정은 마치 사람들을 끌어당기는 자석과 같아야 한다. 그리스도의 임재가 당신의 삶에서 분명히 나타날수록 사람들은 더욱 당신을 가까이하며 하나님을 발견할 것이다.

333
어디서든 격려자가 되자

그러나 에바브로디도를 너희에게 보내는 것이 필요한 줄로
생각하노니 그는 나의 형제요 함께 수고하고 함께 군사 된 자요
너희 사자로 내가 쓸 것을 돕는 자라 빌 2:25

모세가 사역 때문에 힘들어할 때 이드로가 모세를 찾아가 격려해 주었다. 이드로는 지혜로운 충고로 모세의 부담을 덜어 주었다(출 18:1-27 참조).

바울은 살면서 여러 가지 시련을 겪었으나, 하나님이 그 주변에 실제적이고 희생적인 도움을 아낌없이 제공하는 경건한 친구들을 두심으로써 그를 지탱시켜 주셨다. 바울이 감옥에 갇혀 사랑하는 사람들과 멀리 떨어져 있을 때, 에바브로디도는 자신의 건강과 안전을 위협받으면서도 바울에게 가서 그를 도왔다(빌 2:25-30 참조). 바울은 디모데로부터도 힘과 격려를 얻었다(딤후 4:9, 빌 2:19-20 참조). 바울은 또한 누가에게 격려를 받고자 했고, 다른 사람들이 모두 없을 때도 누가는 바울과 함께 있었다(딤후 4:11 참조).

하나님은 다른 사람들에게 힘을 주고, 가족이나 친구들, 이웃, 그리고 동역자들에게 위로와 격려를 줄 수 있는 사람으로 당신을 성장시켜 가기 원하신다.

334
지금은 마지막 때

이 모든 것은 재난의 시작이니라 마 24:8

그리스도가 언제 다시 오실까? 그리스도인이 하는 모든 일의 배경에는 예수님의 임박한 재림이 있다. 예수님은 어떤 사건들이 그분의 재림이 가까웠음을 알리는 신호가 될 거라고 말씀하셨다.

전쟁과 전쟁의 소문이 있을 것이며, 기근과 지진이 있을 것이다. 그리스도인들은 그리스도를 위해 박해를 당할 것이다. 거짓 선지자들이 나타나 이단을 가르치며 많은 사람들을 미혹케 할 것이다. 사람들이 각자 자기 눈에 옳은 대로 행할 때 불법이 성행할 것이다. 권위자들이 범죄를 다스리지 못할 것이다. 불법 때문에 사람들은 냉소적이고 소심해질 것이며, 다른 사람들에 대한 사랑이 식을 것이다(마 24:6-12 참조). 이러한 것들은 시작에 불과하다. 예수님은 전쟁과 지진과 범죄의 빈도가 점점 증가하다가, 마침내 그리스도의 재림으로 모든 것이 끝을 맺을 거라고 말씀하셨다.

우리 시대에 예수님이 말씀하신 모든 일이 전례 없이 증가하고 있다. 그리스도인들이 그 어느 때보다 더 예수님의 재림에 주의를 기울여야 할 때가 바로 오늘이다.

335
진정한 안식

수고하고 무거운 짐 진 자들아 다 내게로 오라
내가 너희를 쉬게 하리라 마 11:28

신앙생활에 지쳐서 진이 다 빠졌다면, 당신은 관계를 누리기보다는 종교적인 의무를 행하는 것이다. 예수님은 그분과의 관계가 당신의 영혼을 쉬게 해 줄 거라고 말씀하셨다. 주님과 함께하면 결코 지치지 않을 것이다. 오히려 당신에게 원기를 북돋워 주고, 힘을 회복시키며, 삶에 활력을 줄 것이다. 육체의 피로와 아울러 감정과 영혼의 피로가 있다. 그럴 경우 휴가를 떠나도 영혼은 회복되지 않는다. 이런 상태에서는 오직 그리스도 안에서 쉼을 얻어야만 나아질 수 있다.

예수님은 지상에서 사역하시는 동안 대부분의 시간을 궁핍한 군중들과 함께 보내셨다. 거센 반대에 부딪히셨고, 밤새 기도하신 적도 있었으며, 사생활이 거의 없으셨다. 그러나 항상 아버지로부터 오는 쉼과 힘을 얻으셨다. 예수님이 열심히 일하지 않으신 것이 아니라, 영적인 쉼을 얻는 방법을 알고 계셨다는 뜻이다. 지금 힘들고 지쳐 있는가? 예수님께 가서 쉼을 얻으라. 오직 예수님이 주시는 휴식만이 당신의 영혼을 회복시켜 줄 수 있을 것이다.

336
논쟁은 해결책이 아니다

주의 종은 마땅히 다투지 아니하고 모든 사람에 대하여 온유하며
가르치기를 잘하며 참으며 딤후 2:24

때로는 사람들이 하나님의 말씀에 관한 당신의 생각에
동의하지 않을 수도 있다. 어쩌면 하나님이 당신을 인도해
주신다고 말하는 것에 대해 문제를 제기하거나, 하나님에
대한 당신의 믿음을 의심할지도 모른다. 그러한 때에 논쟁
하는 것은 전혀 도움이 안 된다. 토론을 통해 다른 사람을
하나님 나라로 인도할 수 없다.

하나님이 그분의 때에 그분의 방법으로 당신의 정당함을
입증해 주시도록 맡기면, 언젠가 당신의 선택이 지혜로웠
다는 것이 명백히 드러날 날이 올 것이다(눅 7:35 참조). 하나
님은 당신에게 논쟁에서 이기라고 명령하지 않으신다. 다
른 사람들이 당신을 부당하게 대할 때에도 그들을 친절하
게 대하고 용서하라고 하신다. 하나님의 이름으로 토론에
이겨도 전혀 하나님께 영광이 되지 않는다. 그러나 당신을
학대하거나 당신의 동기를 오해하는 사람들에게 인내를
나타내 보이면, 그때 당신은 그리스도를 닮은 성품을 나타
내는 것이다. 그리스도처럼 그들을 사랑하면 시간이 갈수
록 많은 친구를 얻을 것이다.

337
성경의 유익

**모든 성경은 하나님의 감동으로 된 것으로 교훈과 책망과 바르게 함과
의로 교육하기에 유익하니 이는 하나님의 사람으로 온전하게 하며
모든 선한 일을 행할 능력을 갖추게 하려 함이라 딤후 3:16-17**

성경의 모든 구절은 하나님의 감동으로 쓰인 것으로 우리에게 유익하다. 그러므로 어떤 구절만 특별히 골라서 읽고 연구해서는 안 된다. 죄를 깨닫게 하는 구절들은 무시하고 자기 마음에 드는 구절만 골라서 보면 안 된다. 예수님의 성숙한 제자들이 되려면 모든 성경말씀을 통해 하나님이 우리에게 가르쳐 주고자 하시는 것들을 듣고 배워야 한다. 성경말씀으로 우리가 배우는 교리들이 옳은지 판단할 수 있다. 다른 사람들을 책망하거나 바로잡을 때도 성경말씀을 근거로 해야 한다.

하나님의 말씀에 확고히 뿌리를 내리지 않으면, 갖가지 교리와 생활양식과 행위들로부터 공격을 받을 것이다. 하나님의 말씀을 떠나서는 의로운 삶을 발전시킬 수 없다. 성경은 하나님이 당신에게 어떤 선한 일을 맡기시더라도 감당할 수 있는 준비를 갖추게 해 준다. 하나님이 맡기신 일을 하기에 역부족이라는 생각이 들면 성경을 보라. 그 안에서 하나님의 사명을 수행하는 데 필요한 지혜를 발견할 것이다. 하나님의 말씀이 당신의 삶에 골고루 스며들어, 당신의 삶을 인도하고 부유하게 해 주기를 바란다.

338
낫기를 바라는가

**예수께서 그 누운 것을 보시고 병이 벌써 오래된 줄 아시고
이르시되 네가 낫고자 하느냐** 요 5:6

예수님은 사람들이 자신의 필요를 말로 표현하고 구체적으로 병을 낫게 해 달라고 구하기를 바라신다. 우리가 영적으로 병들었다고 해서, 또는 단지 치유의 장소 근처에 있다고 해서 반드시 낫기를 원한다고 볼 수는 없는 것이다. 교회에 꼬박꼬박 참석하면서도 여전히 죄 가운데 살기를 택할 수 있지 않은가?

우리 세대는 성경이 죄로 규정하는 많은 행위들을 버리지 않으면서, 그것에 중독이나 인격적 결함, 또는 가정에서 학대받으며 자란 결과라는 딱지를 붙인다. 마치 어떤 중독에 빠진 것이 하나님의 명령에 불순종하는 충분한 변명거리라도 되는 것처럼 행동한다. 그리스도인으로서 우리는 더 이상 죄의 무기력한 희생자가 아니다. 우리 주님의 치유의 손길이 미치지 못하는 악한 습관이나 과거의 상처는 없다.

몇 년 동안 영적인 치유를 받지 못하고 지내 왔는가? 하나님은 당신을 자유케 해 주실 수 있는데 당신이 죄 가운데 안주해 버렸을 수 있다. 당신이 치유받기를 원치 않을 수도 있다. 진정으로 영적인 건강을 얻기 원하면 하나님이 오늘이라도 주실 수 있다. 하나님은 당신이 구하기를 원하신다.

339
복음의 힘

**그는 주 앞에서 자라나기를 연한 순 같고
마른 땅에서 나온 뿌리 같아서** 사 53:2

예수님이 태어나셨을 때 백성은 하나님의 말씀에 대해 마음이 굳어져 있었다. 400년 동안 하나님이 그분의 백성에게 말씀하셨다는 기록이 없다. 물론 예수님 당시 종교 지도자들은 성경을 연구하고 암송했지만, 그들에게 그 말씀은 죽은 것이었다. 그들이 진리에 대해 얼마나 적대적이었는지, 하나님의 아들이 그들에게 오셨는데 그를 죽이고 말았다. 그러나 사람들이 적의를 품었음에도 불구하고 예수님은 그분을 믿는 모든 이들에게 생명을 주었다.

예수님은 아무리 복음에 대해 냉담하거나 적대적이어도, 모든 사람, 모든 사회, 모든 문화에 생명을 주실 수 있다. 예수님이 한 사람의 삶에서 일으키시는 역사가 처음에는 미미해 보일지 모른다. 그러나 작은 겨자씨처럼 그것은 결국 아주 튼튼하게 자라날 것이다. 당신이 돌보는 누군가를 위해 기도할 때, 이 사람이 예수님께 반응을 보이지 않는다고 해서 낙심하지 말라. 딱딱하고 수용력이 없는 환경에서도 자라날 길을 찾는 연한 순처럼, 예수님의 사랑은 완전히 무감각해 보이는 삶에서도 모습을 드러내신다.

340
선한 것을 굳게 붙들라

**범사에 헤아려 좋은 것을 취하고
악은 어떤 모양이라도 버리라** 살전 5:21-22

삶에 있는 좋은 것을 당연하게 여기지 말라. 좋은 것은 꼭 붙잡고 있지 않으면 세상이 빼앗아 간다. 사람들은 당신이 행하는 선한 일에 이의를 제기할 것이다. 당신의 도덕적인 자세나 자녀 양육법, 재정 관리, 교회에 봉사하는 걸 가지고 비판할지도 모른다. 시간적인 압박이 당신의 삶에 있는 좋은 것을 공격할지도 모른다. 기도 시간, 성경 공부하는 시간, 가족과 함께 보내는 시간, 교회에서 봉사하는 시간들이 당신의 관심을 요하는 다른 많은 시간들에 의해 압박을 받을 것이다.

선한 일을 계속해 나가기 위해서는 모든 형태의 악을 버려야 한다. 악은 하나님이 당신을 위해 계획하신 것을 빼앗아 간다. 기도는 하나님의 놀라운 선물이다. 그러나 죄는 기도의 능력을 빼앗아 간다(사 1:15 참조). 하나님의 계명들은 당신을 제한하는 것이 아니다. 오히려 당신을 자유케 하여 하나님의 최선을 경험하게 해 준다. 악은 어떤 모양이라도 버리도록 힘쓰라. 그러면 하나님이 당신을 위해 예비하신 모든 좋은 것들을 누릴 수 있다.

341
사랑하는 마음을 원하신다

나는 인애를 원하고 제사를 원하지 아니하며
번제보다 하나님을 아는 것을 원하노라 호 6:6

하나님을 위해 아무리 많은 일을 해도 하나님께 합당한 마음을 대신할 수는 없다. 오랫동안 하나님의 백성은 그들의 마음 상태와 상관없이 하나님께 드리는 제물과 봉사로 하나님을 기쁘게 해 드릴 수 있다고 믿었다.

사울 왕은 많은 제물을 바치면서, 하나님이 자신의 불순종을 눈감아 주시기를 바랐다(삼상 15:22-23 참조). 다윗은 하나님을 위해 모든 일을 행한 후에, 하나님이 자신의 죄를 너그럽게 봐주시기를 기대했을지도 모른다(삼하 12:7-15 참조). 아나니아와 삽비라는 교회에 헌금을 많이 했으니 그들이 속인 것쯤은 괜찮겠거니 생각했다(행 5:1-11 참조).

하나님을 위해 아무리 많은 일을 해도, 교회에서 아무리 활발하게 활동해도, 그리스도인 공동체에서 아무리 좋은 평판을 받아도, 하나님은 악한 마음을 눈감아 주지 않으실 것이다. 하나님이 바라시는 것은 온 마음을 다해 하나님을 알고 사랑하는 데 전념하는 것이다.

342
말씀을 맞이할 채비

**너희가 자기를 위하여 공의를 심고 인애를 거두라
너희 묵은 땅을 기경하라 지금이 곧 여호와를 찾을 때니 마침내
여호와께서 오사 공의를 비처럼 너희에게 내리시리라** 호 10:12

하나님은 하나님의 말씀에 대해 냉담한 호세아 시대 사람들에게 마음의 묵은 땅을 기경하라고 명하셨다. 그들은 하나님의 말씀이 그들의 마음을 관통하지 못하도록 막고 있는 죄악의 장애물들을 삶에서 제거해야만 했다. 한편, 세례 요한은 사람들에게 예수님을 맞이할 준비를 하라고 권면했다.

우리도 다른 사람들에게, 하나님의 의가 그들의 삶에 들어와 가득 채워지도록 준비하라고 권면할 수 있다. 그들의 삶에 죄가 스며드는 것을 보면 회개를 촉구할 수 있다. 하나님의 말씀이 우리에게 주는 기쁨을 나눌 수 있고, 또 친구들도 하나님의 뜻을 구하도록 권면할 수 있다. 우리가 순종함으로써 받은 축복들에 대해 이야기할 수 있다. 다른 사람들의 마음속에 있는 묵은 땅을 기경하도록 도와줄 수 있다. 호세아는 하나님의 백성에게 하나님의 공의가 그들에게 비처럼 내릴 때까지 하나님을 찾으라고 권고했다. 그리스도인으로서 우리는 항상 마음과 생각을 갈고 닦아, 하나님이 무슨 말씀을 하시든 받아들일 수 있어야 한다.

343
어린아이처럼

작은 일의 날이라고 멸시하는 자가 누구냐 슥 4:10상

하나님은 종종 평범한 사람들과 보잘것없어 보이는 사람들을 통해 역사하신다. 역사를 통해 볼 때, 하나님은 위기의 순간마다 아기를 보내셨다. 이삭, 모세, 사무엘, 세례 요한, 그리고 예수님은 모두 위급한 때에 하나님의 응답으로 태어났다. 예수님이 처음 제자들을 선발하실 때 수많은 사람들이 그를 따르게 하실 수 있었지만 단 열두 명만 택하셨다. 또 예수님은 한 소년이 점심으로 싸 온 떡 다섯 개와 물고기 두 마리로 수많은 무리들을 먹이셨다.

예수님은 하나님 나라를 겨자씨(마 13:31-32 참조)와 누룩에 비유하셨다. 어린아이들이 예수님께 다가오자 제자들은 성가신 존재로 여겨 쫓아내려 했다(마 19:13-15 참조). 그러나 예수님은 하나님 나라에 들어가려면 어린아이처럼 하나님께 다가가야 한다고 말씀하셨다.

그리스도인들은 종종 사역에 동참하는 사람들의 수로 성공을 판단한다. 하나님의 능력이 눈에 띄게 나타나기를 구한다. 그러나 우리는 하나님의 관점으로 성공을 바라볼 줄 알아야 한다. 하나님은 마음을 중요시하시며, 순종을 기뻐하신다.

Experiencing GOD

344
오직 성령으로 된다

여호와께서 스룹바벨에게 하신 말씀이 이러하니라
만군의 여호와께서 말씀하시되 이는 힘으로 되지 아니하며
능력으로 되지 아니하고 오직 나의 영으로 되느니라 슥 4:6

이스라엘 백성이 70년 포로 생활에서 벗어나 예루살렘으로 돌아왔을 때, 그들의 도시는 폐허로 변해 있었다. 장엄한 성전이 파괴되었고 성벽도 무너졌다. 그들은 근사한 도시를 재건할 자원이 없었다. 망명 생활에서 돌아온 그들로서는 앞에 놓인 거대한 임무를 본 순간 그들의 가난과 연약함을 깨닫고 크게 실망할 수밖에 없었다.

그때 하나님의 말씀이 임했다. 하나님은 그들이 도시를 재건하게 될 거라고 약속하셨다. 그러나 그 일이 그들 자신의 힘과 자원으로는 되지 않고 성령으로 이루어질 거라고 말씀하셨다.

하나님께 순종하면 정말 있을 수 없는 상황이 벌어질 때가 있다. 그럴 때 당신 자신의 기술이나 지식, 자원을 바라보면 실망할 수밖에 없다. 그러나 당신이 그리스도인이 되었을 때 하나님이 그분의 영을 당신 안에 두셨다. 이제 당신은 하늘의 자원들을 얼마든지 사용할 수 있다. 당신의 노력의 성공 여부는 당신의 자원을 어떻게 활용하느냐가 아니라 성령께 얼마나 복종하느냐에 달렸다.

345
믿는 만큼 누린다

**그의 신기한 능력으로 생명과 경건에 속한 모든 것을
우리에게 주셨으니 이는 자기의 영광과 덕으로써
우리를 부르신 이를 앎으로 말미암음이라 벧후 1:3**

당신은 그리스도인으로서 거룩하고 풍성한 삶을 살기 위해 필요한 모든 것을 가졌다(벧후 1:3-11). 당신의 지성이나 교양, 가정 환경이 당신의 삶의 거룩함을 결정짓지 않는다. 승리하는 삶, 기쁨이 넘치는 삶, 풍성한 삶을 사는 데 필요한 모든 것이 당신 안에 거하시는 성령 안에 있다(갈 5:22-23 참조). 베드로의 말에 의하면, 각 그리스도인은 믿음으로 덕과 하나님을 아는 지식, 절제, 인내, 경건, 형제 우애, 그리고 사랑과 같은 자질들을 얻을 수 있다.

하지만 아무리 큰 재산을 상속받아도 그것이 당신 것이라는 걸 모르면 아무 소용없다. 하나님이 우리에게 주신 모든 것을 활용하는 비결은 바로 믿음이다. 하나님이 이러한 자질들을 우리의 삶에 형성하기 원하신다는 것을 믿어야 한다. 복음서에서 예수님은 사람들에게 그들의 믿음대로 될 거라고 말씀하셨다(마 8:13, 9:29, 15:28 참조). 하나님은 진실한 믿음을 가진 자들에게 구원과 치유로 보상해 주셨다. 반면에 믿지 않는 자들에게는 절대로 상을 주지 않으셨다(막 6:5-6 참조).

346
유혹에 대처하는 법

시험하는 자가 예수께 나아와서 이르되 네가 만일 하나님의
아들이어든 명하여 이 돌들로 떡덩이가 되게 하라 마 4:3

　세례 요한이 물에서 예수님을 일으켰을 때, 예수님은 아버지로부터 '잘했다'라는 말씀을 들으셨다. 그 후 곧바로 광야에서 40일간 금식하셨다. 그때 사탄이 예수님을 만나 세 가지 유혹을 던졌다. 첫째, 사탄은 하나님의 능력을 사용하여 돌들을 떡으로 변하게 하라고 예수님을 꾀었다. 예수님은 배가 고팠지만 금식하도록 인도하신 건 아버지 하나님이셨기에 꾀임에 넘어가지 않았다. 다음에 사탄은 아버지의 뜻을 이루는 데 사탄의 수단을 사용하도록 예수님을 설득하려 했다. "네가 만일 하나님의 아들이어든 뛰어 내리라"(마 4:6). 예수님은 이것이 세상의 방법인 줄 아셨기에 역시 하지 않으셨다. 마지막 유혹으로 사탄 자신에게 경배하면 천하 만국을 주겠노라고 했다(마 4:8-9 참조). 그러나 예수님은 하나님만 경배해야 하며, 사탄을 경배하면 완전히 실패하고 말리라는 것을 아셨다.

　예수님은 하나님의 말씀을 의지하여, 자칫하면 그를 멸망시키고 하나님의 계획을 망칠 수도 있었던 유혹을 통과하면서 하나님을 바라보셨다. 우리가 모든 유혹에 어떻게 대처해야 하는지 예수님이 친히 모범을 보여 주신 것이다.

347
장막터를 넓히라

**네 장막터를 넓히며 네 처소의 휘장을 아끼지 말고 널리 펴되
너의 줄을 길게 하며 너의 말뚝을 견고히 할지어다 사 54:2**

이사야는 하나님이 오실 때 당신의 삶에 하나님을 위한 공간을 만들어 두어야 한다고 선언했다. 당신의 장막터를 넓혀야 한다. 하나님의 임재로 당신의 삶에, 가정에, 교회에 새로운 차원의 일들이 나타날 것이기 때문이다. 단순히 당신의 바쁜 생활에 '그리스도를 포함시키고' 평소에 하던 일을 계속해 나가는 것이 아니다. 그리스도가 당신의 주님이 되시면 모든 것이 달라진다. 전에는 당신을 통해서나 당신의 삶에서 선한 것들이 나올 거라고 기대하지 않았겠지만, 이제는 가능하다. 당신의 삶이 더 부유하고 충만해질 것이다. 또한 당신의 삶을 통해 다른 이들도 축복하신다. 나아가 하나님이 당신의 삶을 통해 그분의 능력을 점점 더 크게 나타내실 것이다.

당신의 삶에 그리스도를 위한 공간을 만들기 위해서는 죄를 회개해야 한다. 그리스도가 당신 안에서 마음껏 일하시게 하라. 하나님의 역사를 간절히 구하라. 앞으로 그리스도가 그분의 능력으로 당신을 충만하게 해 주실 것이며 하나님을 위해 전에 해 보지 못했던 일들을 할 수 있게 해 주실 것이다.

348
하나님의 뜻

주 여호와께서는 자기의 비밀을 그 종 선지자들에게 보이지
아니하시고는 결코 행하심이 없으시리라 암 3:7

그리스도인들은 '하나님의 뜻을 구하는 것'에 대해 이야
기하면서 많은 시간을 보낸다. 마치 그 뜻이 감추어져 있
거나 찾기 어려운 것인 양 말이다. 그러나 하나님은 그분
의 뜻을 숨기지 않으신다. 우리보다 하나님이 더 간절히
그분의 뜻을 알려 주고 싶어 하신다. 때로 우리는 하나님
이 이미 하신 일들을 해 달라고 간구하기도 한다.

예수님은 아버지와 친밀하게 동행하셨으므로 항상 아버
지가 무슨 일을 행하시는지 알았다(요 5:19-20 참조). 우리 눈
이 깨끗하면 하나님을 볼 것이며 그분의 행위를 알아볼 것
이라고 말씀하셨다(마 6:22 참조). 우리가 하나님이 하시는 일
을 보지 못한다면, 그것은 계시가 부족해서가 아니다. 문
제는 우리의 죄가 그것을 알아보지 못하게 막는 것이다.
하나님의 계시는 그분의 구원 사역에 동참하라는 초대장
과 같다. 주변에서 나타나는 하나님의 역사에 주목하라.
당신의 영적인 눈이 깨끗하면, 하나님이 당신 주위에서 행
하시는 모든 일들을 보고 감격에 젖을 것이다.

349
끝까지 견디라

나는 선한 싸움을 싸우고 나의 달려갈 길을 마치고 믿음을 지켰으니 딤후 4:7

경주를 성공적으로 마치려면 시작을 잘해야 할 뿐만 아니라 끝도 잘 맺어야 한다. 바울은 자신이 경주를 시작했을 뿐 아니라 끝마쳤다는 사실을 기뻐했다. 마침내 그는 하나님에 대한 강한 믿음과 하나님의 강력한 임재가 충만한 삶을 상으로 받았다.

그리스도인의 삶은 쉽지 않다. 어떤 이들은 일단 하나님의 자녀가 되면 싸움이 끝난다고 착각한다. 많은 그리스도인들이 열정적으로 그리스도와 함께 신앙생활을 시작하지만, 어려운 일을 많이 당할수록 낙심하여 순례여행을 포기하고 만다. 그래서 바울은 자신의 신앙생활을 싸움으로 묘사했다.

하나님에 대한 당신의 믿음은 경주를 시작할 때가 아니라 끝까지 참고 견딜 때 입증된다. 교회에서 그리스도에 대한 헌신을 공적으로 선언하는 것과 실제로 평생 주의 일에 헌신하는 것은 비교도 되지 않는다. 바울을 본보기로 삼으라. 언젠가는 '내가 선한 싸움을 싸우고 나의 달려갈 길을 마치고 믿음을 지켰노라'고 말할 수 있는 삶을 살라!

Experiencing GOD

350
기본에 충실한 삶

**사람아 주께서 선한 것이 무엇임을 네게 보이셨나니 여호와께서
네게 구하시는 것은 오직 정의를 행하며 인자를 사랑하며
겸손하게 네 하나님과 함께 행하는 것이 아니냐** 미 6:8

하나님은 결코 우리에게 그분의 기대를 감추지 않으신다. 사람들이 미가 선지자에게 물었다. "우리가 많은 제물을 가지고 하나님께 나아가야 합니까? 천천의 숫양이나 만만의 강물 같은 기름을 가지고 가야 합니까? 우리의 맏아들을 드림으로 우리의 헌신을 표현하면 하나님이 기뻐하실까요?"(미 6:6-7 참조) 미가는 간단 명료하게 대답했다. "사람아 주께서 선한 것이 무엇임을 네게 보이셨나니."

미가는 하나님이 바라시는 것 세 가지를 열거했다. 첫째, 하나님은 우리가 정의를 나타내기 원하신다. 다른 사람들을 공정하게 대하고, 한번 뱉은 말은 꼭 지켜야 한다. 둘째, 인자를 사랑해야 한다. 모든 이에게 자비를 베풀고, 나아가 우리에게 잘못한 사람들에게도 자비를 보여야 한다. 마지막으로, 하나님은 우리가 겸손하게 하나님과 함께 행하기를 원하신다. 우리는 그리스도인의 삶을 너무 복잡하게 생각한다. 하나님이 지키라고 하신 말씀을 앞에 두고도 회피하기 때문이다. 먼저 기본적인 일에 온전히 순종하라. 그러면 더 복잡한 임무들도 명백해질 것이다.

351
반석 위에 세운 삶

그러므로 누구든지 나의 이 말을 듣고 행하는 자는
그 집을 반석 위에 지은 지혜로운 사람 같으리니 마 7:24

　예수님은 가장 심오한 진리들이 담긴 산상수훈을 이제막 끝마치셨다. 그러나 그 순간에도, 절대로 그 말씀을 삶에 적용하지 않을 자들이 있다는 것을 아셨다. 하나님의 말씀을 듣고 삶에 적용하는 사람은 반석 위에 집을 짓는 지혜로운 사람 같다고 예수님이 말씀하셨다. 반석 위에 토대를 쌓으려면 엄청난 노력이 필요하다. 그러나 수고한 만큼 반석 위에 집을 지은 사람은 안전하다.

　당신의 삶이 어떤 기초 위에 세워졌는지 궁금하다면 폭풍우가 몰아칠 때 어떤 일이 일어나는지 보라. 하나님의 말씀에 주의하지 않는 삶은 폭풍우에 휩쓸려 가도, 하나님의 말씀 위에 세워진 삶은 폭풍우를 잘 견딜 것이다. 영적 성숙에 이르는 지름길은 없다. 오로지 노력과 하나님 말씀에 대한 순종을 통해서만 성숙할 수 있다. 다음에 예수님의 말씀을 들으면, 즉시 그 진리를 당신의 삶에 굳게 새기도록 하라. 그러면 폭풍우가 몰아쳐도 끄떡없을 것이다.

352
넘치게 축복해 주라

**내가 너희 보기를 간절히 원하는 것은 어떤 신령한 은사를
너희에게 나누어 주어 너희를 견고하게 하려 함이니 롬 1:11**

당신의 의도와 상관없이, 당신의 삶은 당신이 만나는 모든 사람들에게 영향을 미친다. 그것이 그들에게 긍정적인 경험이 될 수도 있고 부정적인 경험이 될 수도 있다. 바울은 로마에 있는 그리스도인들의 소식을 듣고, 그들에게 가서 그들의 신앙을 세워 주고 싶었다. 그래서 한 번도 만난 적이 없는 그들을 위해 늘 기도했다(롬 1:10 참조).

우리도 바울처럼 주변 모든 사람들에게 신령한 복을 나누어 주려는 목표를 가져야 한다. 신령한 복은 우연히 주어지는 것이 아니라 선택하는 것이다. 우리는 자기 중심적인 마음 때문에 다른 사람들에게 축복을 받으려고만 하고 나누어 주지는 않을지 모른다. 축복을 받는 것보다 주는 것에 초점을 두기로 결단하라. 그때야 비로소 하나님이 바울에게 주신 사역자의 자질을 우리도 갖출 수 있다.

당신이 인식하지 못할 수도 있지만, 당신의 삶은 만나는 모든 이들에게 축복이 될 수 있다. 살아가면서 항상 만나는 모든 이들에게 긍정적인 영향을 미치도록 노력하라.

353
흉내만으로는 불가능하다

**악귀가 대답하여 이르되 내가 예수도 알고 바울도 알거니와
너희는 누구냐 하며** 행 19:15

　바울은 하나님과 동행하며 능력을 나타냈다. 바울의 몸
에 닿았던 천들을 가져다 아픈 사람에게 얹으면 병이 나았
다(행 19:10-12 참조). 바울의 설교와 가르침은 에베소에 강한
교회를 세우는 데 큰 역할을 했다. 당시에는 바울의 사역
을 모방하려는 사람들도 있었다. 제사장 스게와의 일곱 아
들들도 바울이 했던 방법으로 귀신을 쫓아내려고 시도했
다. 악귀와 맞서서 "바울이 전파하는 예수를 의지하여"(행
19:13) 악귀를 쫓아내려 했다. 그러나 바울의 말은 따라할
수 있었지만, 하나님과의 개인적인 관계를 통해 얻은 능력
은 흉내도 낼 수 없었다. 이에 악귀가 반박했다. "내가 예
수도 알고 바울도 알거니와 너희는 누구냐?"
　영적으로 성숙한 그리스도인의 말과 행동은 따라할 수
있지만, 그와 하나님과의 친밀한 관계는 물려받을 수 없
다. 그리스도인으로서 성숙하려면 노력과 시간이 필요하
다. 기도하는 자리를 무시하고 그리스도와의 관계를 소홀
히 하면 믿음은 성장하지 못한다. 다른 사람들의 믿음을
흉내내도 승리할 수 없다.

Experiencing GOD

당신의 우상은 무엇인가

이와 같이 주의 말씀이 힘이 있어
흥왕하여 세력을 얻으니라 행 19:20

바울이 에베소에 간 것은 우상을 숭배하는 자들을 비난하기 위해서가 아니라 예수 그리스도의 복음을 담대하게 선포하기 위해서였다. 바울이 하나님의 진리를 전파하고 사람들이 죄의 속박에서 해방되면서, 우상 숭배는 점차 쇠퇴했다. 돌로 만든 조각품과 삶을 변화시키는 하나님의 능력의 현저한 차이가 점점 분명해졌다. 승리하는 그리스도의 증언이 우세해지자, 기독교가 성장하고 우상 숭배가 줄어들면서 온 도시의 경제가 흔들렸다.

우리 사회도 바울이 살던 때처럼 우상을 숭배한다. 재산, 쾌락, 또는 출세를 우상으로 삼아 시간과 돈과 에너지를 쏟아붓는다. 우리는 굳이 오늘날의 우상들을 찾아내 비난할 필요는 없다. 그냥 신앙을 따라 살면서 하나님이 주시는 풍성한 삶을 누리다 보면, 자연스레 주변 우상들이 내쳐질 것이다. 우리 하나님과 자신들이 섬기는 신들의 차이점 때문에 분노한 사람들이 우리를 반대하고 대적할지도 모른다. 그러나 우리가 목적이 있고 승리하는 삶으로 그리스도를 나타내면 다른 사람들은 뭔가 다르다는 걸 깨닫고 하나님과 그분이 주시는 생명에 이끌릴 것이다.

355
낙심하지 말라

그들이 떠난 후에 주의 사자가 요셉에게 현몽하여 이르되
헤롯이 아기를 찾아 죽이려 하니 일어나 아기와 그의 어머니를 데리고
애굽으로 피하여 내가 네게 이르기까지 거기 있으라 하시니 마 2:13

　믿지 않는 자들에게 영적인 공격을 당하는 것이 오히려 당신이 하나님의 뜻 가운데 있다는 것을 나타낼 수도 있다. 마리아의 남편 요셉은 하나님을 경외하는 의로운 사람이었으나, 하나님께 순종하려니 목숨을 구하기 위해 외국으로 피신해야만 했다. 요셉에게 고난이 찾아온 것은 죄를 지었기 때문이 아니라 순종했기 때문이다.

　반대에 직면할 때 낙심하지 말라. 반대는 당신이 하나님께 순종하며 행하고 있다는 것을 나타낼 수도 있다. 당신의 마음을 살펴보라. 하나님이 당신에게 명하신 일을 했으면, 하나님과 함께하지 않는 사람들의 반대를 잘 이겨 낼 수 있도록 하나님이 도와주실 것을 믿으라. 제자들은 박해를 당할 때 하나님께 그들의 대적들을 제거해 달라고 구하지 않았다. 담대하게 반대에 맞서게 해 달라고 기도했다(행 4:24-31 참조). 당신을 향한 하나님의 뜻 안에 하나님의 아들이 그러셨던 것처럼(요 15:20 참조) 고난이 포함되어 있을 수도 있다. 그러나 하나님은 당신을 사랑하시며, 당신이 감당할 수 없는 고난은 당하지 않게 하실 것이다.

356
신실한 기도에 응답하신다

안나라 하는 선지자가 있어 ······ 과부가 되고 팔십사 세가 되었더라
이 사람이 성전을 떠나지 아니하고 주야로 금식하며
기도함으로 섬기더니 눅 2:36-37

신실함은 당신에게 많은 기회를 가져다준다. 하나님은
신실한 마음에서 나오는 기도에 응답하기를 기뻐하신다.

안나는 여러 해를 과부로 살아왔다. 당시 과부는 사회적
지위가 매우 낮았고 사실상 자신의 힘으로 할 수 있는 게
없었다. 안나는 메시아를 보기를 바라며 밤낮 성전에서 기
도하고 금식하며 지냈다. 당시 하나님이 택하신 소수의 사
람들만 아기 예수님을 만날 수 있었다. 그리고 안나는 그
몇 안 되는 사람들 가운데 한 명이었다. 안나는 기도가 응
답될 때까지 계속 성실하게 기도했고, 그녀의 삶이 거의
끝나갈 무렵 마침내 기도 응답이 이루어졌다.

이처럼 신실한 기도는 응답을 받기 위해 평생 기다리는
것을 의미할 수도 있다. 하나님은 응답을 받을 때까지 계
속 믿음으로 기도하는 중보자들을 찾으신다.

357
예수님을 경험하는 삶

너희는 주의 길을 준비하라 그의 오실 길을 곧게 하라 ……
모든 육체가 하나님의 구원하심을 보리라 눅 3:4, 6

세례 요한은 하나님의 사자로서, 사람들이 세상의 구세
주를 맞이할 준비를 하도록 도와주었다. "회개하라 천국이
가까이 왔느니라"(마 3:2). 요한의 메시지를 듣고 미리 준비
한 사람들은 예수님이 오셨을 때 그분을 알아보았고, 모든
것을 버리고 예수님을 따라갔다.

하나님은 구체적으로 어떤 준비를 해야 하는지 말씀해
주셨다. "회개하라"는 이 말씀은 하나님을 향한 생각과 마
음과 의지와 행동이 완전히 변화되는 걸 뜻한다. 예수님 당
시에 종교 지도자들은 대부분 예수님을 맞이할 준비가 되
어 있지 않았다. 그들은 메시아가 오신다는 것을 알았다.
그가 어디서 태어나실지도 알았다(마 2:4-6 참조). 그러나 구
세주가 태어나셨다는 소식을 들었을 때 그분을 만나려고
애쓰지 않았고 대신 종교적인 의식을 수행하느라 바빴다.

당신도 준비하지 않으면 예수님을 경험할 기회를 놓치고
만다. 신앙생활을 해도 하나님을 만나지 못할 것이다. 다
른 사람들이 하나님으로부터 새로운 말씀을 받을 때 당신
은 고통스러운 침묵을 경험할 것이다. 종교적인 활동은 결
코 하나님 앞에서 순결한 마음을 대신할 수 없다.

358
영적 성숙도

예수는 지혜와 키가 자라가며 하나님과 사람에게
더욱 사랑스러워 가시더라 눅 2:52

우리는 여러 가지 방법으로 발달 과정을 측정하는 데 익숙해져 있다. 학교에서 시험을 보고, 직장에서 평가를 받고, 의사들에게 신체 검사를 받는다. 그러나 영적 성장이나 사회적 성장은 측정해 본 적이 없을 것이다.

모든 그리스도인은 성숙해지려고 노력해야 한다(히 6:1 참조). 초신자일 때는 질투, 분노, 또는 용서하지 않는 마음과 싸워야 할 수도 있다. 그러나 그리스도와 오래 동행할수록 다른 사람들과의 관계에서도 더욱 예수님을 닮아 가야 한다. 그러면 하늘에 계신 아버지께서 그 아들을 기뻐하신 것처럼 당신의 순종에 점점 더 흡족해하실 것이다.

시시때때로 당신의 영적 생활의 진보를 평가해 보라. 주변에 있는 성숙한 그리스도인들에게 당신의 행동에서 영적인 성숙함이 나타나는지 물어보라. 하나님께 당신의 영적 성숙도를 평가해 주시고, 하나님과의 관계가 완전히 성숙할 때까지 만족하지 않게 해 달라고 기도하라.

359
행복한 예배자

아버지께 참되게 예배하는 자들은 영과 진리로
예배할 때가 오나니 곧 이 때라 아버지께서는 자기에게
이렇게 예배하는 자들을 찾으시느니라 요 4:23

우리는 신령과 진정으로 하나님을 예배하도록 만들어졌다. 예수님이 우물가에서 사마리아 여자에게 말을 거신 것은, 하나님의 생수를 그녀에게 나눠 줌으로써 그녀가 이런 예배를 드리도록 도우시려는 것이었다(요 4:13-14 참조). 아버지 하나님은 우리 각 사람과 실제적이고 개인적인 만남을 갖기 원하신다. 예배는 종교나 의식이 아니다. 한 인격과의 친밀하고 생생한 만남을 갖는 것이다.

참된 예배 안에는 하나님을 온전히 아는 것이 포함된다. 참된 예배는 삶을 변화시켜, 우리의 예배를 받으시는 하나님이 그 삶을 통해 나타난다. 참된 예배는 회개와 순종, 거룩함에 대한 열망을 가져온다(사 6:1-8 참조). 참된 예배는 자비를 나타내고 용서를 표현하고자 하는 갈망을 일으킨다. 사마리아 여자가 얼른 다른 사람들에게 달려가 예수님을 만난 이야기를 했던 것처럼, 참된 예배는 다른 사람에게 전하지 않을 수 없게 만든다. 이 여자가 예수님을 만남으로써 그녀의 마을에 사는 많은 사람들까지 예수님을 알게 되었다. 진실하게 예배를 드린 사람은 하나님에 대한 확신에 찬 기대와 평안을 느낄 것이다.

Experiencing GOD

360
믿는 자의 축복

**주께서 하신 말씀이 반드시 이루어지리라고 믿은
그 여자에게 복이 있도다** 눅 1:45

하나님 나라에 들어가려면 반드시 믿음이 있어야 한다.
하나님은 마리아에게 말씀하시고 확신을 주셨다. 이제 마
리아가 하나님을 믿기만 하면 되었다. 하나님은 항상 그분
의 백성을 이렇게 대하셨다. 마리아는 미래를 알 수 없었
고, 앞으로 그녀와 그녀의 아이가 당하게 될 모든 일들을
전혀 알 수 없었다. 마리아가 아는 것은 하나님이 그녀에
게 말씀하셨다는 것뿐이었고, 그러면 충분했다. 그래서 마
리아는 이렇게 대답했다. "주의 여종이오니 말씀대로 내게
이루어지이다"(눅 1:38).

하나님이 그분의 계획에 대해 말씀하실 땐 항상 그 말씀
을 이루실 만반의 준비를 다 해놓고 말씀하신다. 그리고
단순히 당신에게 그분을 믿으라고 하신다. 하나님께 절대
적인 믿음을 둘 때 큰 축복을 경험할 것이다. 하나님은 당
신이 기도해 온 사람을 구원하시기 위해, 또는 당신의 친
구를 치유해 주시거나 당신에게 필요한 것을 공급해 주시
기 위해 무엇을 행하실지 정확히 알고 계신다. 하나님은
모든 것을 준비해 두셨다. 그분을 믿겠는가?

361
마음에서 우러나는 찬양

**마리아가 이르되 내 영혼이 주를 찬양하며
내 마음이 하나님 내 구주를 기뻐하였음은** 눅 1:46-47

찬양은 하나님 앞에서 감사하는 자녀에게서 자연스럽게 우러나는 반응이다. 하나님을 알고 그분을 친밀하게 경험하는 사람은 가장 깊은 찬양을 주님께 드린다. 마리아는 자신을 향한 하나님의 선하심에 감동했다. 그래서 성경에서 볼 수 있는 가장 아름다운 노래를 불렀다. 감사하는 마음에서 우러나는 찬양을 멈추려 하는 것은 마치 거대한 폭포의 물줄기를 막으려는 것과 같다. 하나님은 그분을 찬양하게 하려고 우리를 만드셨다. 우리가 천국에서 하나님의 보좌 앞에 모일 때 할 일이 바로 찬양이다.

하나님을 찬양하는 시간을 즐거워하라. 하나님이 당신을 어디서 구원해 주셨는지 잊지 말라. 하나님과 함께 영원히 살게 된 것을 당연시하지 말라. 다른 신자들과 함께 누리는 영적인 친족관계를 가벼이 여기지 말라. 하나님이 당신에게 보여 주신 무한한 사랑과 자비를 깊이 생각하라. 그러면 자연스레 그분을 찬양하고 싶을 것이다. 마음에서 우러나는 찬양이 진정한 찬양이다. 찬양은 거룩하신 하나님을 만난 감격과 감사가 넘치는 마음의 진실하고 개인적인 표현이다.

362
불가능은 없다

**대저 하나님의 모든 말씀은
능하지 못하심이 없느니라** 눅 1:37

인간의 논리로는 처녀가 아기를 낳는다는 건 있을 수 없는 일이었다. 그러나 그 일이 일어났다. 하나님이 불가능한 일을 하겠다고 말씀하시면 그것은 더 이상 터무니없는 일이 아니다. 하나님은 지금도 불가능한 일을 하신다.

우리는 하나님이 원하시는 일은 무엇이든 하실 수 있다는 믿음의 고백을 하고 나서 다음과 같은 안전 조항을 덧붙일 때가 너무 많다. "하지만 하나님이 나에게 그렇게 하실 거라고는 생각지 않는다!" 하나님이 기적을 행하실 수 있다고 믿지만 우리 자신의 삶에서는 기적을 기대하지 않는, 실제적인 무신론자로 사는 것이다.

하나님은 모든 사람을 구원하기 원하신다. 그리스도인과 도덕적인 사람의 차이는 거룩함이다. 교회와 사교적인 모임의 차이는 기적이 나타나는 것이다. 그리스도인의 도덕성을 흉내낼 수 있는 사람은 있지만, 그리스도인이 경험하는 기적을 재현할 수 있는 사람은 아무도 없다. 하나님께는 불가능한 일이 없음을 믿는가?

363
예수님의 마음 품기

**너희 안에 이 마음을 품으라
곧 그리스도 예수의 마음이니 빌 2:5**

마음가짐은 저절로 만들어지는 게 아니라 우리가 선택하는 것이다. 바울은 신자들에게 예수님과 같은 마음을 품으라고 강조했다. 예수님은 아버지 하나님의 아들로서의 권리를 주장하지 않으셨다. 아버지를 너무나 사랑하기에, 아버지께 순종하기 위해서라면 어떤 희생도 마다할 수 없었다. 흙으로 만든 피조물의 죄 때문에 자신이 고통당할 의무가 없다고 항변하지도 않으셨다(사 53:7 참조).

대신 인간이 되기 위해 하늘나라의 영광을 포기하셨다. 그분은 마굿간에서 태어나셨고, 구유 안에서 주무셨다. 그분의 삶은 고통스러운 십자가 죽음을 준비하며 보냈다. 이 모든 일을 예수님은 기꺼이 하셨다.

아들에게 철저한 순응을 요구하신 아버지 하나님께서 우리에게도 특권과 안락함을 희생하라고 요구하실 수도 있다. 그런데 하나님이 그분의 뜻에 맞게 당신의 삶을 조정하려 하실 때마다 거부하는가? 그렇다면 예수님이 보여 주신 헌신적인 마음 자세를 당신에게도 달라고 성령께 구하라.

364
영혼의 양식

**예수께서 이르시되 나의 양식은 나를 보내신 이의 뜻을 행하며
그의 일을 온전히 이루는 것이니라 요 4:34**

예수님이 우물가의 여자와 대화를 나누실 때, 제자들은
인근 마을로 먹을 것을 구하러 가고 없었다. 제자들이 육
신의 양식을 찾아다니는 동안, 예수님은 이 여자의 영혼을
영원히 만족시켜 줄 '생수'를 주셨다.

제자들이 돌아와서 예수님께 음식을 권했다. 그러자 예
수님은 그의 '양식'은 아버지의 뜻을 행하는 것이라고 대답
하셨다. 제자들은 관심이 온통 육신의 문제들에 쏠려 있었
기 때문에 예수님의 대답을 이해할 수 없었다.

예수님의 생명 자체가 아버지께 순종함으로써 온 것이
었다. 그날 예수님이 순종하셨기 때문에 그 여자가 영생을
얻었다. 여자는 흥분에 가득 차서 다른 사람들을 예수님께
데려와 말씀을 듣게 했고, 많은 이들이 예수님이 정말 그
리스도이시며 세상의 구세주이심을 믿게 되었다(요 4:39-42
참조). 사도 바울은 예수님이 제자들에게 주신 가르침을 이
해했다. 그래서 로마의 성도들에게 편지를 쓸 때 "하나님
의 나라는 먹는 것과 마시는 것이 아니요 오직 성령 안에
있는 의와 평강과 희락이라 이로써 그리스도를 섬기는 자
는 하나님을 기쁘시게 하며 사람에게도 칭찬을 받느니라"
고 강조했다(롬 14:17-18).

365
다 이루어지리라!

예수께서 신 포도주를 받으신 후에 이르시되 다 이루었다 하시고
머리를 숙이니 영혼이 떠나가시니라 요 19:30

하나님은 언제나 시작하신 일을 끝마치신다(빌 1:6 참조).
그분이 하신 말씀은 책임지고 이루신다(사 55:11 참조). 그리
스도는 알파와 오메가요, 처음이자 마지막이시다(계 1:8, 17
참조). 그리스도는 일을 시작하실 때나 마치실 때나 동일하
시다. 예수님은 중대한 명령을 받으셨다. 그분이 십자가에
서 죽으심으로 성경에 이미 언급된 수많은 예언들을 이루
셨다(마 26:24, 31, 54, 56, 27:9, 35, 46, 요 19:28, 36-37 참조). 예수님
은 그렇게 복잡하고 어려운 임무를 받으셨음에도 불구하
고 십자가에서 "다 이루었다!"고 외치실 수 있었다.
그리스도는 지금 각 신자들 안에 거하신다. 오늘날 예수
님의 임무는 각 그리스도인 안에서 하나님의 뜻을 이루시
는 것이다. 예수님 자신에 대한 하나님의 뜻을 이루신 것
처럼 우리 안에서도 단호하게 이 일을 하신다. 아직 당신
안에서 하나님의 사역이 열매를 맺지 못한 것은, 그리스도
처럼 하나님의 역사가 당신 안에서 완성되는 것을 보겠다
는 굳은 결단이 없어서다. 오늘 하나님께 당신의 의지를
드리기로 결단하라.

Experiencing GOD

날짜별 읽기표

날짜별 읽기표

날짜별 읽기표

지은이_ 헨리 블랙커비(Henry Blackaby)

날마다 크고 놀라우신 하나님을 경험하며, 전세계 부흥과 영적 각성을 위한 사역을 펼치고 있다.

캐나다 브리티시콜롬비아대학교와 골든게이트침례신학교를 졸업했고, 미국 캘리포니아와 캐나다에 있는 교회에서 찬양 책임자와 담임목사로 섬겼다. 블랙커비국제선교회의 명예회장이다. 공식적으로는 은퇴했지만, 많은 강연과 글쓰기로 활발하게 활동하고 있으며, 현재 아내와 함께 미국 조지아 주 애틀랜타에 산다.

저서로는 전세계적으로 9백만 부 이상 판매된 「하나님을 경험하는 삶」(요단)을 비롯하여 2003년 한국기독교출판문화상 일반부문 최우수상을 수상한 「영적 리더십」, 「예수님을 경험하는 삶」, 「하나님 음성에 응답하는 삶」, 「직장인의 황금률」(이상 두란노) 등이 있다.

리처드 블랙커비(Richard Blackaby)

헨리 블랙커비의 다섯 자녀 중 장남이다. 블랙커비국제선교회의 설립자이자 회장이며, 작가이자 강연가다. 담임목회를 하다가 알베르타에 위치한 캐나다 남침례교신학교 총장으로 13년을 재직했다. 사랑하는 아내 리사와의 사이에 세 자녀를 두었으며, 캐나다 알베르타에 산다.

옮긴이_ 유정희

서강대학교를 졸업하고 생명의말씀사 편집부에서 근무했다. 현재 프리랜서로 기독교 서적 번역 일을 하고 있다. 역서로는 「앤드류 머레이의 기도 응답의 비밀」, 「토미 테니의 돌이킴」, 「예배자로 사는 법 49가지」(이상 두란노), 「존 비비어의 동행」(NCD) 등이 있다.